编委会：

刘柠　吴强　王晓渔　成庆

启真馆 出品

不列颠笔记

孙骁骥 著

*An Observer's Notes
on Britain*

ZHEJIANG UNIVERSITY PRESS
浙江大学出版社

图书在版编目（CIP）数据

不列颠笔记／孙骁骥著. —杭州：浙江大学出版社，
2013.5
ISBN 978-7-308-11430-1

Ⅰ.①不… Ⅱ.①孙… Ⅲ.①英国-研究-文集
Ⅳ.①K956.1-53

中国版本图书馆CIP数据核字（2013）第092843号

不列颠笔记

孙骁骥 著

责任编辑	赵　琼
文字编辑	周元君
装帧设计	蔡立国
营销编辑	李嘉慧
出版发行	浙江大学出版社
	（杭州天目山路148号　邮政编码310007）
	（网址：http://www.zjupress.com）
制　　作	北京百川东汇文化传播有限公司
印　　刷	北京中科印刷有限公司
开　　本	635mm×965mm　1/16
印　　张	18
字　　数	217千
版 印 次	2013年7月第1版　2013年7月第1次印刷
书　　号	ISBN 978-7-308-11430-1
定　　价	38.00元

"地球村语境"下的英国写作

留英的学子千千万万，像孙骁骥这样的有心人并不多。

英国作为一个题材，在中国的大众传播领域处于一个有趣的局面：一方面，在国际新闻领域，英国的声音甚微，中国的受众很难从本国的新闻媒体中了解到英国议会里正在热辩的主题，也很难感受到英国人更关心苏格兰独立还是英国脱离欧盟。而另一方面，在时尚设计领域，英国作为文化鼻祖和潮流排头兵，被提及的几率又极高。不过后者这一领域，其受众更多集中于发达的一二线城市，在浩浩汤汤的十几亿民众总数之中，又仿似小众。

孙骁骥留英归来之后，正好供职于媒体领域。他有一个优势，便是既深受英国政治文化熏陶，又身处于时尚类媒体之中。这两者的结合，使他对英国的了解和把握，比起一般人来，有兼容并包之优势。而他又勤于笔耕，效率极高，因而文字多见诸报端，并时有专著面世。

这一本小册子所收录的文章，是孙君近年来在媒体发表的以英国为主题的文章集锦。算起来，他之前出版的两部专著《英国议会往事》和《致穷》，都是以英国作为背景的，可见他对英国主题的坚持和专注，在这纷繁杂扰的时代尤为难得。

　　而对于读者来说，这本书可能是他三部与英国有关的书中最容易读的一本。因为它以笔记的形式，从政治、历史、文化、传媒等角度，以一件件具体事例，小切口进入，描绘大图景，剖析英国社会的各种现状。文笔轻松有趣，读者不需要预先有太多知识储备，亦可从中受益。

　　更可贵的是，我认为此书提供了"地球村语境"下的全球化阅读范例。自 20 世纪 80 年代以降，随着国人逐渐走出国门，先行者们无不以文笔描述各自所见的欧美诸国风物，但由于写作者和读者之间存在巨大的现实环境差异，以及社会文化背景未能对接等原因，阅读体验经常有天地相隔之感。读者虽然可以从中窥见欧美风土人情，但仍然只有一鳞半爪，关键在于无法完全进入写作者的语境。

　　进入 21 世纪之后，进出国门已是国人常事，国界和他城之感逐渐模糊，互联网的兴起又使"地球村"的概念和感受深入人心，以此开始，阅读异域文字，常常并无异域之感，大抵上常令人感觉只是邻舍之事，而且往往可以作为镜鉴。在这种写作者和阅读者高度平等，而且信息不对称程度日益缩小的情况下，跨国写作迎来了新的挑战。

　　我认为，孙骁骥关于英国的文本尝试无疑是成功的。从读者熟悉的材料（甚至只是主题）逐步进入其背后的制度差异、历史沿革乃至文化底蕴，全在其丝丝入扣的穿插和组织之中。在看似奇异的现象之中发现人性共通之处，在看似微小的事实之中探索制度的本质差异，做到此两者，殊为不易。孙君的写作，亦给我本人不少启迪。

　　我相信读者诸君也会喜欢这样的文字，特向大家推荐之。

李梓新

你不应该错过的英国

　　伦敦政治经济学院的凯瑟琳教授寄来了她的英文新书，并告诉我说，今年她的书也将刊印简体汉字本了。我为她感到高兴。凯瑟琳教授是社会学家，她在书里研究当代英国人的收入情况，发现长相靓丽、身材修长的人要比一般人收入高十几个百分点。言下之意，英国人的眼光变得比以往"势利"了，更重视外表装束而忽视内在精神

　　的确，英国人变得愈加实际，或者说"庸俗"了。爱钱、爱窥私、爱看娱乐节目、对政治漠然……这些标签式的词汇似乎都顺理成章地贴在了今天的英国人身上。就社会的浮夸层面而言，英国几乎与中国没多少不同。不过，如果仅仅因为两者表面某些相似的特征而拒绝深入了解英国政治、文化、社会的内在纹理及其与我们的差异，无疑是一件可惜的事情。可惜在于，我们不该错过一次通过对照、比较他者，从而更真切地看清自身的机会。

　　当然，这些话也可视为我诓人买书的幌子。分明是两个国家、两个民族，硬要扯到一起，来个相互"映照"，究竟能"照"出什么来呢？我想，海外的生活经历就像一面镜子，个人际遇与处境的不同，让每个人内心的这面西洋镜总是凹凸有别、明暗各异。我所做的，不过是把这些年自己的

一些所见所思记录下来，着墨的重点在于中英之间那些"相异"之处而不是"趋同"之处。至于笔下的这个英国，距离真实的英国到底有多远，我也没有把握。或者我的内心根本就装着一面哈哈镜，转述之中，早已彻底扭曲了真实的英国面貌。如此，持有异议的读者就更非得亲自前往那座遥远的小岛，一探究竟不可。

　　清末外交家伍廷芳早年在伦敦的林肯律师学院（Lincoln's Inn）攻读法学，他每天到图书馆温课时，座位对面都坐着同一位英国青年。两人一直没有机会说话，因为每当伍廷芳抬头欲语，对方都立刻沉默地低下头作为回应。这倒不是因为那个英国青年排华。伍廷芳在回忆录里说，后来他才了解到，英国绅士在未经人介绍的情况下不会与陌生人说话。原来，对方是碍于面子，不好意思讲话。但如果事先了解一些英国人的习惯、文化乃至社会政治背景，伍廷芳当年或许就能交到这一个英国朋友。这种戏剧性的"擦肩而过"，很是遗憾。在资讯交流如此频繁的今天，我们更没有理由因为某种"技术原因"而错过英国及其背后意味着的一切。以下文字，聊作观察英国的参考笔记。

孙骁骥

2013 年春于北京

目录

昔日帝国：现状与焦虑

今天的英国，早已褪去了日不落帝国的荣光。像一位洗尽铅华的贵妇，脱下了昔日贵族的华服，换上简朴素雅的淡装，但新的现状与焦虑依然困扰着她。这是一个充满了矛盾、张力与各种可能性的新英国社会。从王公贵族、政客，到一般民众以及新移民，没有人再能置身事外，每个人都成为这新的现状与焦虑的一部分。

扶不起的英国贵族

"英国是一个充满矛盾的国家，但矛盾之中他们自己会找一个位置，调节的位置，从中找到和谐的一点。既有等级，也会有平等，讲人权自由，但亦讲贵族传统的身份，两者并行不悖。"香港文坛才子陶杰曾经用这段话概括英国。

陶杰做过八年英国广播公司（British Broadcasting Corporation，以下简称 BBC）的记者，对于一般人眼中有些光怪陆离的英国社会，早已是见怪不怪，尤其是遗存至今的贵族政治传统。即使是自夸有绅士风度如陶杰者，在伦敦一间古老的绅士俱乐部（Gentlemen's Club）门前也因为身份问题不得其门而入，于是自我解嘲说："这对于好多人，觉得大惑不解，但实际在英国一切就是这么自然。"

于今，陶杰所谓的"自然"，可能面临着一次翻天覆地的改变。英国的副首相克雷格前不久在众议院发表演说，称新组建的联合政府将启动一个特别委员会，旨在推行英国议会的彻底改革。BBC 新闻称，这项改革将取消由不需经过选举的贵族把持的上议院（House of Lords），改其为成员由选举产生的上议院。那些靠着在议会开会时报名，从而领取政府补贴的英国贵族们，将来在英国政治生活中的地位会日渐式微，甚至被这个社会边缘化。

其实，自 19 世纪以来，英国上议院权势一直在"缩水"，到今天，其权力已远不如由选举产生的下议院。取消上议院的"世袭气息"，不仅是议会选举改革的一部分，它背后还折射出一个世纪来英国社会的沿革和人们阶级意识的转变。

持续数个世纪的"两院之争"

克雷格在媒体面前把自己提出的改革叫做"1832 年以来英国民主的最大变革"。但 1832 年发生了什么呢？如果走进伦敦特拉法加广场旁的国家肖像馆，就会发现答案。这里的展厅里安放着海特（George Hayter）爵士创作的一幅油画，描绘的内容正是 1832 年议会改革后第一次开会的情形，但身为贵族的他，并没有描绘当时会场里的资产阶级议员，仍旧把贵族议员们摆在画布中议会的显要位置。

但实际上，自从英国通过旨在"重新分配议席，削减贵族阶级权力"的 1832 年议会改革法案以来，贵族议员人数越来越少，权力越来越小，上议院越来越像是贵族阶层的"养老院"。须知，在英国贵族制度最为鼎盛的维多利亚女王时代，7000 多个贵族家庭，却同时占有 80% 的英国土地以及贵族院 431 个世袭席位，权势之大，令人咋舌。

英国的上下议院制，大致在 14 世纪英王爱德华三世在位期间形成，上院由圣职者及世袭贵族组成，下院由经选举的郡县自治代表组成，两者权力大致对等。后来，上议院的政治贵族与神职人员曾经凭借其影响力对下议院形成权力上的优势。不过，下议院影响力却随着现代民主进程的发展而日长。1649 年查理一世遭处决后，克伦威尔支配的英格兰联邦（Commonwealth of England）成立，上议院基本被拆分成为无权无势的机构。1649 年到 1660 年期间，上议院还曾经一度遭解散，英王复辟之后，上议院才又告开会，与下议院分庭抗礼。

历史作家约翰·韦尔斯（John Wells）所著的《上议院：从撒克逊人的战神到现代参议院》一书这样记叙道：自19世纪以来，伴随着大英帝国在全球范围内的衰落，贵族的没落，英国上下议院又开始了长期的"对掐"，而进入20世纪，英国的历届政府在"对付"上议院的贵族老爷们方面，可以说一点也不手软。1911年、1949年、1958年以及1963年，英国政府四次通过法案，削减上议院议员的人数和任期，并且允许妇女和新的世袭成员进入上议院。这让拿惯了国家俸禄的贵族议员们感到非常恼火。

但最激烈的改革要数工党1997年上台后。布莱尔政府提案撤除所有贵族于上议院中世袭的议席，此为改革上议院的第一步。《1999年上议院法案》获通过，法案规定除92名议员留任外，其余600多名世袭贵族失去上院议员资格。当年的BBC新闻评论其为"非常深入而激进的民主改革"，但是，在此之后，虽然各方争执不断，议会改革却再无进一步的进展，一搁置就是10余年。

直到2007年3月，《每日电讯报》报道司法大臣兼上院大法官杰克·斯特劳（Jack Straw）提出将上院席位由现在的704个减少到300个并且取消议员世袭制度，议会改革才又一次引起人们广泛的讨论。对此，不少工人阶级出身的平民都表示赞同。当然，反对者也不少。

反对的声音主要来自贵族阶层本身。第12任德文郡公爵在评价历届政府针对贵族的改革所造成的后果时，难掩失望："贵族阶层在今天的英国不是正在死亡，而是已经死了。这是盖棺定论的事情。"已经是白发苍苍的他颤颤巍巍地说，当《每日电讯报》的专栏作家托比·杨（Toby Young）来到他豪华的庄园拜访时，他告诉对方，他觉得现在还头顶世袭的称号其实有点令人困惑，"还不如直接回到被人们直呼卡文迪什这个姓的时候"。

托比·杨十分赞同德文郡公爵的话，他在《每日电讯报》发表文章坦承，如今贵族在英国政治中扮演的角色已经显得无足轻重，但是，他接着话锋一转，贵族政治的"消失"并没有改变英国的社会不公平和阶级差异，"不列颠实际上从来没有像现在这样的阶级分明过"。

没落的英国贵族阶层

尽管英国上议院的官方网站上至今还明确地写着"贵族成员们在监督政府的决定方面起着重要的作用"，但这些自 1688 年"光荣革命"以来就保持着贵族血统的"上等人"，60% 以上已经很少出席会议。每年能够出席贵族院一半会议的成员仅占 1/6。如今去议会报到的贵族议员们，其原因已有不少与政治无涉。英国有位叫哈德维克的爵爷，据说每次贵族院开会他都积极参加，后来人们发现，这并不是因为他关心政治，而是为了专程去领取几十英镑的餐费和交通补助。

贵族淡出政治的背后，反映的是整个英国传统贵族阶层的没落。随着特权的逐渐丧失，再加上大多数人又不善于理财，英国贵族的奢华日子变得难以为继。多数英国贵族除了依靠祖上留下的财产外，就是参加公共活动比如开业典礼等赚点并不算多的酬劳。然而，由于他们日常开销很大，常常需要出席圈子内外的社交活动，以及要把自己的子女送到正宗的贵族学校接受体面的教育，因此经济状况难免会捉襟见肘、狼狈不堪。

所以，不少英国贵族们为稻粱谋，只好放下身段，将自己的庄园和私人领地开放给一般民众与游客们参观。最先是贝德佛公爵在自己的森林里建了"月亮公园"，紧接着巴斯侯爵建立了野生动物园，理查蒙公爵甚至领头在著名的古德伍德皇家赛马会附近建造了一个赛车场，连英国女王也同意用出租汉普顿宫空房间的方式来弥补亏空。

也有一部分英国贵族选择了另一条生活的道路——商业。查尔斯王子在 1990 年成立了生态食品公司——"公爵原味"（Duchy Originals），将英国王室的噱头变成了最大的促销广告，充分利用人们怀有追逐时髦和贵族虚荣的消费心理，否则，王子开的食品公司的账户为何每年都有数百万英镑的盈余呢？

"自力更生"的选择也发生在汉凯家族。莫里斯·汉凯是英国的外交家，由于在第一次世界大战期间出任战时内阁的秘书长，汉凯在 20 世纪 30 年代被册封为男爵。不过，他的后代并没有像世袭的贵族那样坐吃山空，不思进取。其后代唐纳德·汉凯（Donald Hankey）并没有进入所谓的贵族学校接受教育，而是成了一名建筑领域的专家。在他的身上，虽然保存着某些老式贵族的做派，但是在心态上，汉凯这样的册封贵族和一般的普通人差距已经很小。他说过一句话："现在的贵族更多是人们选择的一种生活方式，而不是一个世袭称号。就像伦敦的绅士俱乐部，不仅只有世袭贵族可以进入。"

这点出了问题的关键。贵族对于今天的英国人来说仅仅意味着一个头衔和荣誉，但是，正如伦敦历史悠久的绅士俱乐部过去是贵族阶层的专有领地，现在不仅贵族可以进入，只要是受过牛津剑桥贵族式教育的社会精英分子，都有机会成为其中的会员。贵族这个词，对于英国人的吸引力，或许依旧强烈如狄更斯《远大前程》中上等生活之于主角皮普那般，是一心想进入上流社会圈的人们心中的迷梦。换言之，传统的世袭贵族没落了，但贵族阶层和上流社会依然存在，它对于每个人也依然有着独特的吸引力。

贵族走了，但贵族阶级还在

果然如托比·杨所言，虽然贵族在当代的英国日渐衰弱，但这里依然是世界上等级制度最森严的国家吗?《星期日泰晤士报》刊登的评论很支持托比·杨的看法,这份报纸直接将等级制度宣称为"不列颠肮脏的秘密"。

BBC 4 频道的编辑简尼·罗素(Jenni Russell)在谈到这个人尽皆知的"肮脏的秘密"时说道:"真的,来自于英国中等和低等收入阶层的人们也许具有更良好的素质,但是这对于他们相对的处境来说,并没有多少帮助。社会的不平等依然不断在扩大。与整个欧洲相比较,英国的社会流动性依然是最差的。那些幸运的上流阶层依然把持着英国最好的学校和最好的职业。"

这些传媒人士的话绝非危言耸听,英国就业与养老金部数据显示,英国当前贫富差距创下自 20 世纪 60 年代以来最高纪录。这份数据还说,英国最富裕的 10% 人口人均资产价值为 85.3 万英镑,最贫穷的10% 人口的人均资产只有 8800 英镑,相差近百倍。

"在英国,你的父母是谁往往比在其他国家更为重要。"一次聊天时,住在北京的英国人菲利帕·约翰斯对我这样说。约翰斯早年就读于英国的一间学费不菲的私立学校[1](public school),但是 1980 年她就离开了英国。现在在一家研究机构担任顾问的她,提到当年的英国依然会感觉反感:"70 年代的英国,虽然社会开放,各种新思潮和想法都涌现出来,但是社会等级依旧森严,人们做事过于循规蹈矩。"

当约翰斯翻看今年某期《经济学人》增刊时,她找到了多年前看过的一幅照片。在那张拍摄于 1937 年的泛黄照片中,两名哈罗公学(Harrow School)身着体面干净的礼帽和西服的学生,在路旁等车,临近他们的,是三个衣着粗鄙的工人阶级家庭的孩子,带着羡慕的眼神

---

[1]　英国的私立学校虽名为公学(public school),却不表示是由政府设立的,只表示学校可以公开招生。办学经费主要来自捐款和其他进款,不依靠国家和地方政府拨款。

望着两位遥不可及的贵族学校的同龄人。

这幅著名的照片多年来一直被众多媒体登载，从《生活》杂志到左派的《卫报》，都用它来证明英国社会不平等的严重性。2008 年地区选举时，工党的活动家竟然穿上照片中人的装束，讽刺当时保守党的领袖卡梅伦出身伊顿公学，所接受的是一般老百姓根本支付不起的"精英教育"。

"为什么要把票投给这些特权阶层？"约翰斯有点激动，她始终不理解，英国政治总是走不出陈腐的老路。她叹一口气说，或许这是贵族制度的遗毒。在今天，这种对于上流社会的向往，更直接地转化为金钱和权力的衡量标准。

"我们有我们的生活，他们的生活是他们的。在过去你只能接受各自的生活。"那幅黑白照片中的一位小孩在数十年垂垂老去后如此回忆当年的情景。英国的阶级社会虽云"井水不犯河水"，但在今天，一方面贵族阶层日渐没落，同时，社会阶级的隔阂仍在。国家平等小组（National Equality Panel）今年的一份调查说，这些接受贵族教育的孩子在 20 岁到 30 岁之间的收入会比接受普通教育的孩子高出至少 8%，并且这个差距会随着时间而增加。可想而知，英国社会的"王子与贫儿"戏码，还将继续上演。

贵族爵位：食之无肉，弃之有味

一

随着英国上议院的华裔议员韦鸣恩勋爵通过媒体进入中国读者的视野，人们对于英国的贵族体系也逐渐有了猎奇性的了解。尤其是最近有中文媒体大篇幅报道说，韦鸣恩虽然贵为勋爵，但却是"最窘迫的终身贵族"，首相顾问、终身贵族、上院议员，这三个身份带给他的金钱收益仅仅是每次出席上议院会议领取的 86.5 英镑交通补贴。

这个事实在重视头衔、称号的中国人看来有些难以理解，尤其当这些头衔和称号是政府授予的时候。照理说，贵族的生活应该符合一般人对于所谓"上层社会"的想象，出门有宝马香车接送，回家有众多奴仆簇拥，更有良田千亩、金银无数。总之，无论如何也不该沦落到还要外出打工赚钱补贴家用的地步。

种种对于英国贵族爵位的误解，恐怕在很大程度上源于一种"治人者食于人"的思想。受禄封爵者，不正是一国的所谓"统治阶级"吗？但实际上，如今不列颠的"治人者"早就不再是高高在上的贵族阶层，而是普通的人民大众。英国早在 20 世纪初就进行了首次普选，

"人民"自此成为国家的实际统治者。不过，英国的贵族封号和爵位，并没有因为普选的到来而遭取缔。相反，我们若看一眼英国历届首相的花名册，就会发现上面的名字后面大多跟有爵位尊号，其中比较著名者，早期如托利党人利物浦勋爵，连续五届政府的首相职位，都有他的份儿。又如晚近一点的萨里斯伯爵，他依靠选举赢得了 19 世纪末的 5 届政府首相一职。自他之后百余年间，若论当选次数，只有工党首相哈罗德·威尔逊庶几可与之比肩。

但顺着这份名单往下看，就会发现进入 20 世纪以后，英国选民投票选出的首相当中却很少再有人顶着贵族爵位的高帽子上位，即使有爵位者，不少都是在当选为首相之后的荣誉性质封号。当然，在和民众一样信奉个人主义的英国首相当中，也有人对于国王颁发的爵位封号丝毫不买账。纵横 20 世纪 50 年代英国政坛的保守党首相麦克米兰在退休后，女王伊丽莎白二世想为他授勋封爵，谁料赋闲在家的麦克米兰婉言谢绝，称自己只是"苏格兰高地一个小佃农的曾孙"，因此不宜受封爵位。

这就好比，女王礼节性伸出去的手，麦克米兰不仅没有握，反而挥掌给了对方一巴掌。这倒并非对女王不敬，而是体现出英国人对于不断贬值的贵族封号的不屑。这类新授予的爵位，与实际利益没半点关系，纯属一项个人荣誉。表现得对其过于热衷，反而容易被公众视为贪慕虚荣，还不如拒绝爵位更能体现个人气节。当然，这有以今人之心度古人之腹的嫌疑。仅供参考。

说起来，贵族的封号，原本并不是这么不受人待见。在古代英国，贵族封号与土地产权一度是直接挂钩的，爵位较高者，名下的土地就越多，爵位较小者，土地自然较少。这个规矩自从诺曼底公爵威廉征服英格兰以来，便定下了。不过，后世的英国君王为了增加王室收入，却干起了买卖爵位的勾当，自 15 世纪开始，各类大小爵位明码标价、挂牌出售，有钱人对此趋之若鹜，于是爵位遭到抢购，卖官鬻爵者多为当时的草根一族——新兴的资产阶级。至此开始，拥有爵位的人在英国多了起来，爵位的含金量也因此逐渐下降。而"光荣革命"之后数百年间的历次议会改革，次次旨在削减贵族权力，延续至今，贵族的特权已经被削减殆尽，爵位约等于国王授予的荣誉称号。换到中国，也就是一面锦旗而已。

这类荣誉，最为国人熟知的可能是 16 世纪时伊丽莎白女王授予海盗船长德雷克勋爵爵位，以表彰他率领船队为英国君主抢夺财富、阻击西班牙舰队等"丰功伟绩"。当然，与中国人相关的一个例子要算是国民党将领孙立人因入缅作战、救援英军有功，而被英国授予帝国司令勋章、加封爵士的佳话。可见，受封爵位的前提，必须是要为英国的国家利益作出令人瞩目的贡献。德雷克和孙立人，一为寇，一为兵，却都为了相同的原因而获得了这项英国的最高荣誉。也正因这类爵位为荣誉性的爵位甚至虚衔，因此在 1958 年英国采用了终身贵族制，之后新封的爵位大多不再世袭，及受封者身殁而终。英超曼联足球队教练弗格森所受的爵位便可被归属此类。

"华人贵族"韦鸣恩勋爵的爵位迟至 2010 年才获得受封。按照惯例，这个爵位也并非世袭，不过，韦鸣恩所受封的爵位较高，为男爵（Baron），名列"公侯伯子男"之末流，足可令其直接进入上议院，这与仅为低级骑士（Knight Bachelor）[1] 的弗格森爵爷不可作等量之观。

不过，即使进入上议院，韦鸣恩们对英国政治的直接影响力也十分有限。早在 1911 年的议会改革法之后，英国上议院就失去了对议案的直接否决权。换言之，上院的贵族议员们已经整整当了一百年的英

---

[1] 骑士现在也算是爵士的一种，属于比男爵还要低的爵位。曼联教练弗格森是爵士，但级别太低还不够资格进入上议院。

国政治看客。有意从政之人，纷纷掉头挤进势力更大的议会下议院当议员。如今上议院的不少议员参加开会，仅仅是为了领取并不多的餐饮和交通补贴而已。上议院走上议院的独木桥，下议院走下议院的阳关道，两套系统，并不完全"兼容"。

但正是这上下议院之间的"不兼容"，却又闹出至少两次著名的"乌龙事件"。1960年，工党著名政治家托尼·本恩（Tony Benn）原本已经在议员选举中获胜，但他同时也继承了父亲的子爵爵位，可以让他直接进入上议院席位。而当时的法规规定，上下议院议员不能兼任，因此托尼·本恩只能郁闷地将已经到手的下议院议席拱手让人。同样的事情在1963年又发生在了保守党领袖霍姆伯爵（Earl of Home）身上，这一次，霍姆伯爵干脆放弃继承而来的贵族爵位称号，以"爵士"的准平民身份当选议员，最后成为英国首相霍姆爵士。

说起来，成全了霍姆爵士的其实还是麦克米兰。这是因为在1963年，不待见贵族封号的首相麦克米兰促使政府通过了《终身贵族法案》（Peerage Act）。该法案规定，每个继承了贵族爵位的人都有一年的时间考虑，是继承爵位还是放弃贵族的称号。如果是下议院的议员同时获得了爵位称号，那么他只有一个月时间来作出决定。无疑，这个法案给了议员更加公平的选择机会，是要加官进爵还是踏踏实实在下议院做事。霍姆爵士就采用了"弃爵位以明志"的做法来完成他个人的政治选择。

而那些还眷恋着爵位称号的贵族们，或许也只能在上议院沉闷的开会气氛中暗自哀叹：冠盖满京华，斯人独憔悴。

二

如今的英国贵族虽然有几分"过气老倌"的意思，但贵族也并非在英国的社会生活中可有可无。这或许有些费解：既然"过气"了，又如何"并非可有可无"？前段时间不少英剧迷都在追看一部名为《唐顿庄园》的电视剧。实际上，这部英国独立电视台的产品，对于理解这个事关当代英国贵族的责任和地位的疑问，很有帮助。

私下与朋友交流时，我发现很多观众被剧作中的服饰、对白、人物之间纠结的关系所吸引，认为这部剧"很写实"。的确，在细节上考究的英国人对于历史的"还原"工夫已做足，仿佛直接把观众拽回了第一次世界大战前后的不列颠。不过，我倒是以为，影像上的"还原"之外，《唐顿庄园》对于贵族精神的描写，更为精到。唐顿庄园的主人格兰瑟姆伯爵，就是最佳的切入点。

第一次世界大战爆发之初，不少贵族投军从戎，格兰瑟姆伯爵被选为郡治安长官，也换上了一身戎装。但他对于这个空有虚衔的职位并不感到满意，抱怨说"这并不是真正重返了军队"，直到一天早晨，

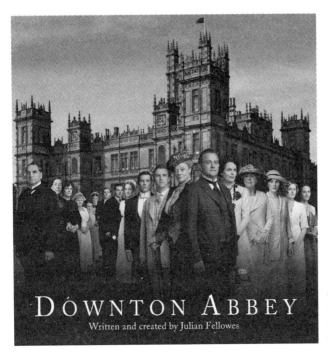

英剧《唐顿庄园》对于英国贵族阶级生活的细腻刻画可谓登峰造极。

他收到来自罗宾森上将的书面邀请，请他出任北雷丁志愿军的上校。这个消息令格兰瑟姆伯爵喜出望外，因为他不仅借此能统率真正的部队，实现"重返军队"的夙愿，同时也能在战时承担地方治安乃至军事作战上的责任，总算不负他伯爵的贵族头衔。须知剧中的这位伯爵并非战争狂热分子，而在国家危难时能有此身先士卒的觉悟，自然令其形象变得高大起来。

观剧至此，如果仅仅把这段故事理解为"剧情需要"，显然是偏颇之见。实际上，在第一次世界大战的阵亡者名单中，就包含了 6 名上院贵族、16 名从男爵、近百名上院贵族之子。数千名参战的伊顿公学子弟中，伤亡率高达 45%。此外，史载第一次世界大战期间，剑桥大学有万余名在校师生参战，其中数千人阵亡。当时的剑桥大学，并未脱离"贵族子弟校"的保守传统，如将在第二次世界大战殒命的众多的剑桥贵族青年计算在一起，数量就更为庞大。正因为贵族伤亡巨大，两次世界大战后，为数不少的贵族头衔都失去了首选继承人，不少贵族家庭财产的去向，就此彻底改变。《唐顿庄园》中格兰瑟姆伯爵以及其继承人所作出的牺牲，实乃艺术对于历史事实的再现。

但这里涉及一个问题，英国的贵族为什么愿意作出这种牺牲？为什么英国贵族在战时没有躲在大后方对士兵们喊"不怕死的给我冲"，而是身处前线，在硝烟弥漫的战场上振臂一呼"不怕死的跟我上"？

问题的关键在于一种责任感。以起源论，贵族们认为自己才是现代英国的缔造者。1688 年未曾流血的"光荣革命"，说穿了无非是辉格党贵族联合托利党导演的一出宫廷政变。但自此以后的数百年，有效制衡各阶层政治权力的议会制逐渐在英国建立起来，并令这个帝国一度称雄世界。正因此，"国家兴亡，贵族有责"的观念一直为英国士绅引以为傲，由此引申出贵族们的"主人"意识，自不待言。

传统的英国绅士任侠仗义，尊崇骑士精神。骑士精神的显著特点便是尊崇"主仆"意识。英国贵族视自己为"主",但作为继承骑士之风的"主人",必须要以身作则,以高尚的道德感召力来领率"仆从"。譬如文学作品中的骑士堂·吉诃德,虽然行为迂腐可笑,但其身先士卒的勇敢,也令人印象深刻。试想堂·吉诃德如是一个贪生怕死之辈,他的仆从桑丘也不会死心塌地跟着他了。堂·吉诃德国籍虽非英国,但就骑士精神而言,却是和英国一以贯之。换言之,若舍掉这种果敢献身的精神,也就无所谓什么贵族,那么仆人也不必再对主人尽忠,因为当你为一个失去了骑士精神和高尚人格的人尽忠时,实际上你已经不再将自己置于仆人的地位,而是将自己置于愚忠的"奴才"的位置。英国自荷兰执政威廉入主以来,行君主立宪凡三百余年,绝对不是靠一班奴才来治理国家的。

民国时代的著名报人储安平居英国期间,对英国阶级社会的有一段观察颇得英式贵族精神之精髓。他写道:"英国人不仅不反对他们的社会里有这种贵族的成分,而反以有这种贵族制度而骄傲、而满足。他们以为'贵族'代表一种尊严,代表一种高超的品性。在英国,每个人和他人在一起时,都自以为是一个'贵族'……"这段话或许可以理解为一种广泛弥漫于英国社会的"主人"意识,舍此,恐怕我们不会看到在第二次世界大战期间,年幼的伊丽莎白公主服役于英国军队,也不会看到服役皇家空军的肯特公爵乔治亲王命丧坠机。更有甚者,舍此责任感,英国传统的阶级社会或许早已瓦解,根本不可能存在至今。

不过,责任归责任,贵族们毕竟不是圣人,履行对社会大众的责任之余还是脱离不了自己那点"阶级属性",做事说话难免拿腔拿调,端着架子,其派头令"普罗列塔利亚"们生厌。难怪当年的"新自由主义者"劳合·乔治当上首相后根本看不上议会中的这帮贵族,而剧中的老伯爵夫人也很是对这位新首相不以为然。历史的记录与影像的虚幻之间,总会有一种更深层的真实将两者连接。

女王是个"服务员"

2012 年，英国迎来隆重的女王登基 60 周年庆典。自 1952 年 2 月 6 日登上宝座至今，85 岁的伊丽莎白二世已成为除维多利亚女王之外在位时间最长的英国君主。今天的英国王室，或许在某些人眼中依然保守而刻板，但与当初伊丽莎白即位时相比，它显然正朝着更富时代感、更具亲和力的方向蜕变，也成为今天英国人维系爱国主义价值的一个节点。一甲子的历史转合之间，老旧的英国王室在英国政治新格局中处于怎样的地位？时代和社会的变迁会让英国的王室继续存在或者废止？从女王伊丽莎白二世治英 60 年的历程中，我们或许能对答案的线索稍作寻觅。

从公主到女王

1952 年 2 月 6 日，英国国王乔治六世溘然去世。当时 25 岁、正与丈夫菲利普亲王在肯尼亚旅行的伊丽莎白毫无准备地成为女王。《卫报》纪念女王登基的文章以戏剧性的场景开篇：60 年前这一天的清晨，在她变身女王的时刻，正从肯尼亚的旅馆观看一头在水池中拱土的犀牛，爱丁堡公爵就在她的身旁。

本来，这是这对王室夫妇一次海外旅行的开始。在非洲行程后，小两口还要前往澳大利亚和新西兰。但是，在英格兰的桑德灵厄姆，早7时半，乔治六世的贴身男仆詹姆斯·麦克唐纳给国王送早茶时发现国王因心脏病突发已于夜间病逝。国王去世的消息令两个人立刻流下了热泪。一位是首相温斯顿·丘吉尔，另一位则是伊丽莎白。前者是英国的"两朝老臣"，但他在卸任之后便可获得一身轻松；而刚刚即位的伊丽莎白却早已知晓，自己的王位可不像首相职位那样可以容易地"离任"。因此，她眼中的热泪，在悼念父王的同时，又多了一层更深的含义。

当英国广播公司通过无线电广播公布国王死讯时，许多伦敦街头的听众涕泗横流。驾车者在街上停下他们的汽车，然后下车脱帽站立以示敬意。一项民间调查显示，当时30%的英国人依然认为是上帝选择了女王。9天后，在温莎堡的圣乔治教堂，几名王室女性"像穆斯林女性"那样蒙着面参加了国王的葬礼。她们是年轻的女王，她的母亲、乔治六世的遗孀，以及她的祖母、乔治五世的遗孀玛丽王后。

然而，年仅20来岁的伊丽莎白二世登基时，英国尚未从第二次世界大战的阴影下走出。当时的英国经济低迷、工业生产凋敝，同时，大英帝国殖民地的去殖民化潮流令英国这个19世纪的"日不落帝国"的全球势力产生了动摇。这样的大背景对于伊丽莎白二世来说，是一个严峻的挑战。她需要重新寻找作为君主的自身定位，并领导王室家族适应时代变迁。

英国官方版的女王加冕纪录片中，对于伊丽莎白的继位有这样一段说明："女王继承了我们王国的统治者乔治六世的王位，他是一位将一生奉献给人民，并陪伴人民度过了最危险的岁月的国王。"伊丽莎白曾在青少年时代研读英国法律，并且在第二次世界大战期间在坎伯利的辅助地方勤务部队服役，当一名运输车队司机，官衔少尉。这些经历为她灌输了一种意识，那就是现代英国王室的责任在于秉承父亲对国民的"奉献"与"服务"。按照母亲王太后的建议，伊丽莎白二世把自己视为"体现民众对国家之热爱的工具"，她以强烈的责任感忠实地履行着自己的职责，成为英国人心目中鞠躬尽瘁的典范。

就这样，女王随后的人生被各种会议、访谈、公共活动所占据。根据王室传记披露，每天早上女王在用过简单的麦片早餐后就开始处理信件和国事。一天之中，她可能需要参加数个会见，下午和晚间还会安排公开活动。白金汉宫的官方网站有这样一句话："通常，白金汉宫的最后一盏灯会在女王处理完国事后熄灭。"而即使在登基60周年的纪念讲话中，年迈的女王依然保持着当初登基时的年轻信念。她说："在这个特殊的日子里，我将重新为大众服务，直到我生命的结束。"

这位宪法上不具有实际政治权力的君主，多年来一直扮演着全英国"大众服务者"的角色。在位期间，她出访过百余个国家，迎来送走12位英国首相，曾出访海外300余次，在英国各地访问2万多次，主持了超过100次国宴，收到过350万封信件，授予了近40万个荣誉头衔和奖项……这一连串数字也告诉人们，伊丽莎白二世的女王生涯是在奔波与操劳中度过的，这也为她赢得了人们的爱戴。《每日邮报》在一篇文章中称赞说："自从女王登基以来，温莎王室已历经数十年的起伏跌宕。尽管英国发生了重大变化，尽管我们遭遇一些苦难，然而英国的臣民始终不移地继续爱戴和尊敬这位国家元首。"

王室的信任危机

然而，英国王室在人们心目中的地位并不是一成不变。当整个社会已经改变，而以女王为首的王室还在以迂腐的姿态墨守成规、不通人情之时，人们对于英国王室和女王也会产生质疑。王室的"信任危机"最严重的一次，就发生在"人民王妃"戴安娜去世之后。

1997年，被排除于王室家庭的戴安娜王妃去世时，女王本人以及所有王室成员表现出的冷漠、无情以及与公众情感的脱节遭到了社会的普遍质疑与批评。2007年获得奥斯卡奖的影片《女王》记录了这个王室历史上艰难的时刻。

在这部电影中，固执的女王在戴安娜去世后携家人外出狩猎，白金汉宫也迟迟没有降半旗致哀。这样做的理由是，历史上还没有先例。当时新任的首相布莱尔觉得王室的此种做法欠妥，因而三番五次打电话向女王提出建议，希望她赶快回到伦敦公开吊唁戴妃。在布莱尔等人的苦口劝说下，女王以及王室成员两天后才返回伦敦，但这种回避的态度令英国王室遭遇了空前的信任危机。支持女王退位的英国人增加了一倍，而支持废除君主制的人一度达到全国人口的四分之一。一些英国媒体批评说，女王"过于拘泥于王室礼仪"，对戴妃之死表现得漠不关心，这令英国人感到失望。电影《女王》记录了一个意味深长的历史细节：当女王与民众在伦敦自发组织的悼念地致以哀悼时，她发现地面上一束白花格外醒目，花叶映掩着一张悼念戴妃的卡片，上书一行字：他们的手上沾着你的血。

这行字无疑灼痛了同为女人的伊丽莎白的眼睛，令她伤心不已。英国王室与其"臣民"之间的鸿沟或者说矛盾已经如此巨大了吗？从登基之初的万众支持，到戴妃之死时"四分之一人民支持废除君主制"，其落差不可谓不大。女王当时的心情，或可借用女王的扮演者海伦·米伦在电影中的台词表达："我从未想过自己会如此遭人痛恨。"虽然王室这次迟来的"危机公关"为人们重新树立了对王室的支持，但君主制的存废问题，自此一直在英国被人们讨论着。当然，这类议论的声音并不大，却一直存在。

2011年的英国王室婚礼，借由王妃凯特·米德尔顿为切入点，英国人对王室的关注度再次高涨。王室的存废又被好事者拿来讨论了一番。*Monocle* 杂志曾经对此做了一番漫画式的遐想：伦敦愤怒的市民包围了王宫，女王一家人正带着行李和狗粮准备乘直升机出逃，而白金汉宫的屋顶上，菲利普王子大声地在向侍从们喊话："不要屈服于这些暴徒。"就在这时，白金汉宫的大门已经被愤怒的人群砸开……

当然，这只是新闻媒体开的一个恶意玩笑。即使今后的英国选择废除君主制实行共和制，也必须在现行的宪法框架下才可能实行。通过暴力革命达到这个目标的可能性几乎等于零。格拉斯哥大学的亚当·汤姆金教授在谈到废除君主制的可能性时言之谨慎："只有通过立法才会发生。"而它发生的前提是"政府认为有必要废除，认为废除君主制对国家更有利"。理论上，英国不是没有可能步其欧洲邻居们的后尘——废除君主制。然而，"废除君主更有利"这个前提成为现实的可能性大吗？

众所周知，英国历史上并没有"共和"二字的传统。自 1066 年诺曼征服开始，英国一直都由君主统治，期间只有 17 世纪的克伦威尔曾短暂地建立过一个共和政府，但这个政府被证明是个骗局，没有得到英国人的支持。莫里调查机构（Ipsos Mori）发布的 1993—2006 年调查数据显示，英国人几乎从来不打算抛弃王室。这些年来，对王室的支持率仅有两次跌到七成以下。女王登基 60 年之际，英国超过 80% 的人对女王伊丽莎白二世表示爱戴，创下了自女王 1952 年登基以来的最高纪录。显而易见，英国人目前还不希望废除他们数百年来习以为常的君主制，彻底告别这位和蔼慈祥的女王。

平民化的女王

在伊丽莎白二世的登基庆典前夕，有一则消息引起了人们的关注。据《独立报》的报道，有政府官员在议会中呼吁，买一艘新的皇家游艇作为礼物送给女王伊丽莎白二世，以酬谢她对国家的贡献。首相卡梅伦则立即反驳了这种观点。他一方面称自己支持女王获得新游艇，但在当前的经济条件下，用纳税人的钱为女王买新游艇"不合适"，女王应该自己埋单，"使用公款买游艇不合适"。

据悉这艘游艇至少耗资 6000 万英镑。政府无疑认为"太贵了"。英国政府连女王的一艘游艇都嫌贵，也从一个侧面反映了英国当前不景气的经济形势。根据近期公布的数据，虽然英国 2011 年 12 月份的通货膨胀率有很大程度的下降，但依然达到了 4.2%，国内的失业率也维持在高位。英国统计局的数据显示，申领失业救济的人数连续 10 个月上升，达到了 160 万人。因此，当经济持续疲弱、商业信心降低，加上公共机构削减开支时，也难怪英国副首相克雷格也会附和卡梅伦的观点："大多数人可能会想，当经济处于困境时，买游艇不是政府的优先议程。"

"买游艇"虽是小事，但也颇能反映英国王室和女王某些"大"的方面。英国王室的专属游艇"不列颠尼亚号"于 1997 年退役，此后英国政府一直没有为女王购买游艇。实际上，这种"节俭"的生活方式只是王室这些年不断减少开支的众多具体事例之一罢了。

就个人性格而言，女王成长于第二次世界大战的艰苦岁月，本身又是虔诚的基督教徒，因此生活习惯相对简朴。甚至有英国媒体挖掘出了一条被伊丽莎白女王循环利用多年的"旧裙"。她曾经穿着这条裙子出现在不同的庆典场合，每次都略加修饰，让外人以为是一条新裙子，但实际上此裙多年未曾变化。在这个节俭成癖的女王推动下，与1992 年相比，王室的日常维持开支十年来压缩了近一半。但即使如此，王室每年仍花费英国纳税人数千万英镑，这令不少人感到不满，其中以工党议员尤甚。一些较"左"的工党人士批评说，尽管女王节俭，但其他王室成员"奢侈"的生活方式仍令人生厌。

女王的节俭究竟是个人癖好，还是不得不为之？恐怕还是后者更多

即位 60 多年来，伊丽莎白一直兢兢业业，努力做好女王这份"差事"。(图片来源：大洋国际资料图片)

一些。王室在国家遇到经济困难时主动提出节支，是个重要的姿态。在奉行民主法制的英国，王室和女王的地位早已不是高高在上，他们反而需要主动贴近民众，给自己戴一顶"平民化"的帽子，如此，才会得到更多的支持，也能更顺利地履行自己象征国家精神、身先士卒的职责。"平民化"的最佳示范之一，就是和小老百姓一样，财政自理。

光荣革命后，英国王室要领取政府无偿给予的"年俸"，此为王室收入一大来源。但问题在于，几乎每一年的年俸都无法获得收支平衡，这是由于王室的开销无法有效限制。到了 1760 年，国王乔治三世与政府商定，君主领地、房产、森林、海滩等等由政府派人委托经营，由此产生的盈利收入缴纳国库。作为交换，议会每年向王室支付定额拨款。这条协议的作用延续至今，王室名义上亦属于"自给自足"。而伊丽莎白二世不做"社会寄生虫"的理念，则让她不断努力减少王室的开支，例如削减王室成员数量、精简内勤人员等，尽量让皇室的生活方式更贴近老百姓。正是种种表率的作用，让现任首相卡梅伦恭维她说，外界将女王视为一个"亮晶晶的装饰品"是对制度的"误解"，而实际上"女王一直是一位全心投入、刚毅果敢和受人尊敬的女性。她是智慧和毅力的源泉"。

就在女王登基纪念之际，《华尔街日报》刊登了一组伊丽莎白二世的历史旧照。从 1952 年，她首次通过广播向全国发表圣诞致辞，到参加在雪后的金斯林城举行的庆祝女王登基 60 周年活动，我们可以看到伊丽莎白从黑白照片上一个青春貌美的公主渐渐化作今天白发苍苍的老妪，而在历史浮沉之间未曾变化的，是她一如既往的"服务"精神，为了她的人民，也为了不列颠的荣耀。

首相不易做

一名合格的英国首相需要具备哪些素质？睿智的头脑，领袖的气质，舌灿莲花的语言能力……除了这些大家都能想到的特点以外，出色的首相还必须具有另一个本领：保持良好的脾气。

相反，一个坏脾气的首相可能意味着什么呢？平日里对下属大声呵斥、拍桌子、摔板凳自然是免不了的。可以想象，在英国首相府那种紧张、嘈杂的办公环境中，每天被缠身的国事搅扰得烦躁不堪的首相先生，在工作中间表现得不耐烦，甚至对下属做出一些急躁的言行，并非什么难以接受的事。

不过，在媒体对政府"事事洞明"的英国，这一套可绝对行不通。2010年的中国新年没过多久，从唐宁街的办公室就传出了一个令英国首相布朗极为尴尬的消息。据报道，首相府的多位工作人员称自己长期被布朗粗鲁对待，而布朗作为首相，自上任以来一直没有改掉自己的"暴脾气"，隔三差五地粗鲁对待下属，辱骂、推搡，乃至大规模的肢体冲突都时有发生。

这可不符合英国人心目中那个文质彬彬、极富才干的联合王国最高行政长官形象。人们心中"绅士之邦"的首相为何私底下是个"大老粗"？公众又是如何获知此事的？原来，布朗的一些下属曾经打电话给"全国反欺凌热线"（National Bullying Helpline），痛陈自己在首相府经历的"受虐史"，随后"反欺凌热线"向媒体公开了这一消息，舆论一片哗然。与此同时，《观察者》报的资深记者安德鲁·罗恩斯利也推波助澜，称布朗的确是一个"脾气不好"的家伙。在披露唐宁街内幕的新书《工党的终结》（The End of the Party）中，罗恩斯利声称自己私底下采访了包括政府人员和媒体人士在内的数百名当事人，其中不少人都提到布朗的脾气和欺负下属的行为。罗恩斯利对此言之凿凿：这个所谓的首相，其实只是一个乞人憎的"仗势欺人者"（bully）。

因为"脾气"问题而被公众攻击了一番的布朗这时显得很沮丧。英国大选已临近，他率领的工党在民意支持率上还落后最大的竞争对手保守党七个百分点，如今正是扭转颓势，让自己的选举团队向人民阐述下一届政府的理念，"讲成绩，讲政策，讲希望"的时候。在这个节骨眼上，自己莫名其妙被泼了一身脏水，其对选举准备工作的负面影响，将是不言而喻的。况且，保守党已经在媒体上公开质问：这些年都是谁在替首相的恶劣行为遮遮掩掩？

2010年2月23日《卫报》的一篇报道很形象地说明了布朗的处境。这篇文章的开头写道："布朗首相在得知自己被人误会为仗势欺人者之后，情绪非常沮丧……"后文中，布朗本人并没有现身说法，倒是布朗的一位同盟者，"儿童、教育与家庭大臣"爱德·波尔拍胸脯担保，布朗这个人或许对工作的要求有点高，但他自己从未见过布朗对人动粗，也不相信堂堂首相会做出如此不堪的行为。在爱德·波尔的周围，有着一批布朗的坚定支持者，他们几乎都认为，布朗不可能是一个"bully"，反而是保守党在借这个事件炒作，用以抹黑工党。在民主政治的竞技场上，用这种卑劣的手段达到政治目的简直就是一种难堪的"技术犯规"。

　　布朗阵营中一些聪明人开始打起了事件的始作俑者——"全国反欺凌热线"的主意，这个组织选择在如此关键的时候向媒体"爆料"，背后难道有人授意？

　　这样的猜测也不是没有道理。所谓的"反欺凌热线"的首席执行官克里斯蒂·普拉特就被人怀疑为与保守党方面有不少幕后交易。十分明显的一个例子就是，在首相"脾气门"事件被引发之后，该组织的多位赞助人都纷纷宣布脱离与这个组织的关系，其中一位名叫安·威德克姆（Ann Widdecombe）的赞助人，正是保守党议员。普拉特对此直言不讳："我的确与保守党有接触。"但是，她接着话锋一转说："作为一个独立的慈善机构，我们不会被政治所左右。"

　　到底有没有受到"左右"，除了保守党内部和普拉特之外，恐怕只有天晓得。但是，明眼人不难观察出，这其中的确也有不少经不起推敲的地方。一位叫杰弗里·朗的伦敦读者，给《卫报》去了一封信。后来这封信在报纸上全文刊登了出来。我认为其中提到的几个方面颇为中肯：首先，杰弗里·朗说，作为受理方，"反欺凌热线"将匿名电话咨询者的信息透露给公众是否侵犯他人隐私权；其次，对于"bullying"（威吓）如何准确地定义，并没有一个标准，媒体主观的成分掺杂太多；再者，公众似乎混淆了"指控"和"定罪"这两个词的意义。

　　其实，这位读者的观点可以归结为一句话，那就是在事情没有水落石出之前，便以此来"盖棺定论"布朗似乎为时太早。另外，设若布朗果真就是一位暴脾气首相，又如何呢？是不是公众就可以理所当然地把英国经济的持续衰退、失业危机、工党支持率由2007年的领先保守党8%变成2010年的低于对手7%等过失一股脑全算到布朗头上？并要他立即下台？显然这是不现实的。

　　回顾一下历史，有着"坏脾气"的唐宁街10号主人，并不在少数。20世纪40年代丘吉尔担任首相时，他的随从就曾托首相夫人转告丘吉尔：“大体而言，您政府里的同事和下属们都不怎么喜欢您，因为您身上有那种粗鲁、讥讽以及让人难以忍受的态度。”而在他之前的首相劳合·乔治、内维尔·张伯伦，之后的卡拉汉等人，在任之时或多或少都有一些可被现代人称为“凶恶”、“粗暴”的行为。但这并不能与他们的人品，甚至与是能否成为一个称职的首相构成必然联系。时过境迁之后，此类话题所能留下的无非是些历史轶闻罢了。

对于这种在我们看来太过纠结于细枝末节的问题，为何英国媒体会如此关注，甚至乐此不疲？这当中自然有保守党的功劳。虽然罗恩斯利的新书和普拉特的慈善组织从不同侧面反映出了布朗在唐宁街或许真的脾气粗暴，但没有保守党刻意抹黑对手的策略，“脾气门”的剧情肯定无法达到最为戏剧化的效果。将布朗在唐宁街的政治史改编成一位暴君在首相府的淫威史，这无疑才是真正用老百姓喜闻乐见的方式“抹黑”对手的最佳方式。

保守党实际上很会利用媒体为自己服务，这些年他们安插的写手遍布于英国的报纸杂志以及网络博客，一出现值得炒作的话题时，保守党便会表现出“精诚团结”，在媒体上的发声也会非常一致。一个原本不起眼的事件，在这些人的一番炒作之下，也会具有不可比拟的影响力。比如 2007 年秋天布朗宣布取消即将举行的大选的时候，全英国不知道有多少份报纸在重复保守党领袖卡梅伦在议会挖苦布朗的话：“懦夫！”而在今天，经过媒体对布朗“暴脾气”的反复提及，“首相”（prime minister）这个词已经一夜之间演变为了“首要的恶人”（prime monster）——这正是出现在《太阳报》头版的大字标题。

保守党的手段不禁让人想起了当年美国第一夫人希拉里·克林顿在谈到她总统丈夫的性丑闻时提出的一个说法——“巨大的右翼阴谋”，她认为“莱温斯基案”实乃克林顿的政敌利用媒体的“回声效应”而策划的阴谋，从道德层面抹杀克林顿。所谓的“回声效应”，是媒体之间的从众心理，即周遭的媒体关注什么话题，其自身也会转而关注相应的话题。另外，它还指读者在接受信息时的"惰性"。因为一般来说，人们更多关注的是事件本身的可读性，而不是关于事件是非曲直的讨论。

换句话说，如今读者们在每天报纸标题通栏下看到的只是，布朗有"欺凌下属"的嫌疑，对于他是否真的欺凌下属的调查与讨论，反而不会有什么深刻印象。那么，工党和布朗方面无论怎样继续通过媒体澄清事实，都无济于事，因为这只会不断增加人们对事件本身的印象，将"布朗"与"粗鲁"一类的词汇更紧密地联系起来。这让人们可以很轻松地将英国所面临的困境解释为工党执政以来的失误，而这种失误则源于首相的错误领导，进一步说，首相的个人道德和职业素养出了问题与这种执政失误必有关联。依此逻辑推导出的结论只能是：布朗这种素质不佳的首相下台，国家才会好转。

看来，整件事情说到底，无非是一个领导人的形象工程问题。现代民主政治选出来的领导者，不仅要是国家一名得力的干才，而且还必须懂得如何像演员一样从容应对媒体、保持良好的个人形象，毕竟，有不少人都是根据直觉判断来投下他们庄严的一票。维护自身的形象，作为执政党的英国工党的首相布朗对此不可能不知道。事实上，布朗在大选期间为了保持良好的体型，每天坚持用香蕉派代替高热量的食物，作为自己的工作餐。另外，据说他还一直热衷于健身、慢跑等运动项目，希望在外在形象上拉近自己与另外两名更加年轻的政治对手的距离——保守党的大卫·卡梅伦和自民党的尼克·克雷格，这二人都比布朗年轻十岁以上。

今天的布朗，想以近 60 岁的年迈之躯，"对抗"两位年富力强的竞争者，非常不容易，心情郁闷肯定是免不了的。加上英国首相在本质上的"公务员"属性，使他每天在为选举焦虑的同时，还不得不面对异常繁杂的公务。多重的压力下，首相先生即使偶有脾气发作，也不足为怪。如果了解一下英国企业雇主欺压员工的投诉率，不难发现，其实首相办公室1200多名员工中有7%左右的不满投诉率，是低于全国的平均数据的。即使为布朗之外的"老板"打工，被"粗暴对待"的几率也不见得会低多少。

进入经济衰退以来，伴随着居高不下的失业率，英国人心惶惶，躁郁症、忧郁症患者数量大增。每个人都感受到了前所未有的压力，脾气也就自然会变坏，那些在唐宁街打工的政府公务员们当然也不例外。问题是，首相的下属在被"粗暴对待"之后尚有"反欺凌热线"可以投诉，而布朗受到媒体以及强大工作压力的"粗暴对待"以后，又该向谁投诉呢？

的确，在英国政治的游戏规则下，这个首相可不好当。

"和平特使"的生财之道

如果要票选英国历史上最有"经济头脑"的首相，托尼·布莱尔无疑能高票胜出。我的意思不是说他多么善于处理国家的经济问题，而是因为布莱尔自从卸任后，总收入迄今已逾1200万英镑，是他担任十年首相期间收入的6倍，他也由此跻身英国历史上最为富裕的首相之一。

据《泰晤士报》披露，布莱尔在离任后频繁赴世界各地发表演讲，令他成为世界政要中名副其实的"金口"。他卸任后第一年凭借三寸不烂之舌所赚的钱，已经超过了口才颇佳的美国前总统克林顿离开白宫第一年的演讲所得。

光是演讲还不打紧，小道新闻继续抖出前任首相的家底：兰登书屋出版的《布莱尔回忆录》为他带来约460万英镑的收入；兼任摩根大通公司和苏黎世金融服务公司的顾问又让布莱尔的账户净增250万英镑。《每日邮报》早在布莱尔离任一年前就预计，首相先生在退休两年之内便有可能凭借个人魅力赚到1500万英镑。如今，脑后长着一对能"招财"的招风耳的布莱尔可以说是"提前完成任务"。

不过，布莱尔目前正式的身份是由联合国、欧盟、美国和俄罗斯组成的"中东和平四方小组"的"和平特使"。此职位虽在国际舞台上也算是显赫，但却是一份"有官而不受禄"的差使——按规定布莱尔无法从中获得分文。本应该"两袖清风"的特使如今却腰缠万贯，这无论如何也与其"和平"的形象不太相符。因此，《泰晤士报》在曝光布莱尔收入的同时，刊出一篇题为"前首相依然免费地维护着世界和平"的文章，以反话相讽，表明布莱尔出任中东特使并非为了什么"世界和平"，而是另有原因。这个原因是显而易见的：金钱。

为什么布莱尔别的地方不选，偏偏选择中东作为他离任后的去处呢？翻了翻他的幕僚撰写的《布莱尔岁月》等几本忆旧书籍，总算有了些眉目。原来早在20世纪90年代初期，布莱尔在进入工党高层后不久便经人举荐参加了以色列的工党同盟，并结识了后来布莱尔的中东事务特使和工党的募款人迈克尔·利维勋爵，两人很快成为密友，伦敦政府也因此和特拉维夫的"工人阶级"走得特别近。于是，在巴以问题上，英国的态度明显偏向以色列的利益，支持单方面的"路线图"。作为回报，利维勋爵则在1997年英国选举前夕负责筹措选举基金，为布莱尔的新工党出钱出力，鼓而呼之，并盛赞布莱尔对以色列工党的支持，称他为"最有国际影响力的犹太复国主义者"。乃至布莱尔后来顺利当选首相，都与来自中东的大笔资金不无关系。

这段与以色列暧昧不清的"发家史"决定了布莱尔会选择遥远的以色列作为退休后的去处，同时也注定他不可能安安心心地在中东当他的"和平特使"。"中东和平四方小组"最近公开的一份报告让布莱尔颜面无存，该报告称巴以地区的国际空间出现了"领导真空"，布莱尔对当地的工作"失去控制"等。联合国内部的不少人士更批评布莱尔是个只知道赚钱而不会做事的空头大使，在推动巴以地区的和平进程上毫无建树。但与此同时，"不给布莱尔面子"的《时代周刊》对"布特使"的专访则描绘了他在伯利恒的"Jacir Palace"洲际大饭店与国际巨商富贾们相谈甚欢的情景。

通过媒体的观察，我们便能看出个大概。布莱尔在中东的工作可谓"一冷一热"。冷的是推动巴以和平的"正差"，热的是与中东富豪联络感情的"副业"。这些在中东经济界呼风唤雨的头面人物的后台很多都在美国，而布莱尔历来甘愿充当布什的"跟班"，并通过支持美国发动伊拉克战争等方式获得了实际的经济利益，为英国石油公司及皇家壳牌公司谋得石油的开采权。因此，布莱尔也成了美国共和党在中东最大的军火投资商凯雷投资集团青睐的对象，进入萦系美国和中东的集团高层，从而为自己集聚了大量人脉资源。与布莱尔凭借这些关系获得的或明或暗的收入相比，他之前出书、演讲赚的大笔钞票，反而显得微不足道了。

这正是布莱尔的聪明之处，他能将担任首相时建立的关系网在退休后加以有效的再利用，而不是像某些政客那样傻乎乎地宣布"告别政坛"。如今邀请他演讲的机构包括投资银行、私人资产管理公司以及商会，大部分分布于美国和中东地区。曾经被反战者称为"战争罪犯"的布莱尔如今却利用战争换来了可观的经济利益和"和平特使"的头衔。如此高明的"经济头脑"，当然远非英国历史上著名的"穷困"首相迪斯雷利、丘吉尔等人所能比拟。

话虽如此，但从一国的最高权力执行者降格为一介普通公民，其间的落寞也是可想而知的。撒切尔夫人的得力助手鲍威尔勋爵曾经说："卸任首相时，你会有很大的失落感，从原来别人为你安排好一切到一切靠你自己。你自己连一个最新的电话号码簿也没有。"不过，对于精明的布莱尔而言，"最新的电话号码簿"其实在他卸任以前早已备置妥当，那上面写满了中东和美国企业大亨的联系方式。

"红色教父"利文斯通

与中国的干部们一卸任就忙着写诗、写回忆录不一样，伦敦前市长肯·利文斯通（Ken Livingstone）卸任后在《卫报》写起了专栏。除了习惯性地用键盘继续批评英国政治，这位年逾六旬的老市长在文章中谈得最多的就是时尚和服装。他公开挖苦在2008年北京奥运会闭幕式上衣着"不检点"的新任伦敦市长鲍里斯·约翰逊穿得"毫无品位"，并随即自己接拍了《观察家》杂志女性版的时装写真专辑，以证此言。粉红的夹克、露出绿色的衬衣衣领、再加上头顶的休闲帽，利文斯通拍出的照片有模有样。这让人幡然醒悟，原来政治也能玩得如此有新意。

但之前的利文斯通似乎在政治场上"玩"得并不开心。2008年5月的伦敦市长选举，保守党参选人鲍里斯·约翰逊高票当选，这预示着英国新一轮政党轮替的同时，也意味着伦敦市民到了告别他们的老市长利文斯通的时候。这位与当年著名的非洲探险家有着相同姓氏的政治家，不得不结束自己八年的市长生涯，黯然下台。

政治可以说是英国公众的日常生活的调味剂，甚至是娱乐工业的一部分，因此政治家的传记或自传也就在小岛上蔚然成风。约翰逊在伦敦市长选举前早已被媒体"造势"为狂狷的政客代表，而在北京奥运闭幕式上的"出糗"，更让人记住了这个大大咧咧的市长。相比之下，作为他前任的利文斯通，其个性似乎不甚明朗。虽然利文斯通也曾撰写过自传，但 BBC 资深记者安德鲁·霍斯肯却在他不久前撰写出版的《肯·利文斯通的盛衰》一书中告诉读者：那个表面上老成持重、喜欢与媒体打交道的市长先生，实际上狂狷程度丝毫不逊于约翰逊。

肯·利文斯通 1945 年出生于伦敦南部，是个地道的伦敦客。有一对保守党父母的他，从小就"脑后长着反骨"，称自己不幸出生于"托利党的工人阶级家庭"，并在 23 岁那年加入工党，开始其政治生涯。利文斯通在工党 30 多年，始终不见容于工党高层，却深得工党基层党员的爱戴。他主动同新芬党及爱尔兰共和军对话、会见穆斯林兄弟会领袖、支持同性恋组织以及欧洲单一货币政策，还呼吁废除君主制，这都与英国的政治主流格格不入。由于他一贯的左派立场而被称为"红色的肯"。前任首相撒切尔夫人不喜欢他，认为他是个"麻烦制造者"，而布莱尔一度把他说成是"伦敦的灾难"。

自 1986 年玛格丽特·撒切尔的政府废除了当时由利文斯通领导的大伦敦地方议会（Greater London Council）以来，老城伦敦一直没有公选的市长。执政党工党政府决定准许伦敦民主选举市长的议案刚一出台，利文斯通就宣布准备竞选伦敦市长。工党政府担心利文斯通获选后采取"强硬的左派政策"，希望他表现出对"工党的忠诚"而放弃竞选。最后，工党提名卫生大臣弗兰克·多布森参选，此举使得利文斯通决定绕开工党，宣布以独立候选人的资格参加竞选。

2000 年初，在利文斯通宣布以独立候选人的资格参加伦敦市长竞选后，布莱尔直接开除了利文斯通的工党党籍，声称正是他所代表的那种极左政策使工党在野长达 18 年。作为独立候选人参选，是利文斯通选择的一场政治赌博。他曾公开批评说，"工党的问题在于过于讲求行政效率而忽视了政治竞争力"。幸运的是，善于利用媒体造势、拥有雄辩口才的利文斯通，在背后没有政党支持的情况下最终赢得了伦敦市长的宝座。

政治家历来不乏争议，个中翘楚尤其如此。立场偏右的《泰晤士报》在《肯·利文斯通的盛衰》一书刚一出版就发表评论将利文斯通说成是英国最大的"政治投机者"，并认为作者霍斯肯出于私交竭力为利文斯通辩护。霍斯肯在书中也承认利文斯通的政治道德并不尽善尽美，但他同时认为利文斯通在政治上的种种作为都是源于他独特的处世之道和政治谋略。

利文斯通嗜看马里奥·普佐的《教父》，并从中提炼出他的"有为主义"政治哲学。其中，科莱昂的台词"你作出了这个决定，这是你的代价"被他奉为经典。在当选为市长后，利文斯通大刀阔斧地进行改革，其中最重要的一项就是解决困扰伦敦多年的交通问题。2003 年 2 月，在利文斯通的努力下，伦敦开始正式征收进城费，车辆进入伦敦市中心方圆 8 英里地区都会被征收 5 英镑。此举在公布之初就遭受到各方的反对，有人甚至称利文斯通以此"敛财"、"将伦敦分裂为一个国家"，但事实证明，征收进城费的确缓解了伦敦长期以来交通拥堵的状况，为纽约、巴黎等国际都市解决此类问题提供了一个成功的模板。事后，他在《旗帜晚报》（*Evening Standard*）颇为得意地说："一旦我作出决定，反对者们就会全部闭嘴并乖乖听话。"

类似的狂傲言论自然会引来外界更多的责难，但利文斯通依旧我行我素。在 2005 年伦敦地铁爆炸案后，利文斯通利用伦敦的地区安全问题激起了对布莱尔政府伊拉克政策的反对情绪，从而令自己人气急升。在接受媒体采访时，他曾说："对伦敦安全威胁最大的不是伊斯兰恐怖组织，而是布莱尔政府本身。"而布莱尔一方也将多年前利文斯通对党内竞争对手安德鲁·麦金托什的"清洗"重新翻出来炒作，称他为英国的"托派"、"选举上比穆加贝更会做手脚的骗子"。在作者霍斯肯看来，利文斯通代表着英国政治不可避免的"囚徒困境"，即政治计算上的理性往往会导致整体的非理性。霍斯肯认为这是英国当代政治与社会的一个写照。

　　除了短暂地担任教职，利文斯通一生大部分时间都浮沉于政坛。其独特个性使他不同于受实证主义传统影响的左派知识分子和政客。近代英国左派和工党的传统可追溯到 19 世纪末的费边社，利文斯通的激进思想和灵活的政治手腕使他兼温和的"费边主义者"和精明的左派政治家于一身。而他在工党内部数十年的浸淫和下层党员中间的号召力，使他如今的地位无异于工党内部的"红色教父"。如今我们通过媒体看到的，只是教父的"余威"，他的那些"当年勇"，早已融为了英国政治掌故的一部分。

　　虽说"谁道人生难再少"，但利文斯通毕竟还是老去了，这位工党大佬离任之后，英国保守主义政治思想也开始重新抬头。不过，这丝毫不会影响人们对这位特立独行的市长的印象。记得在伦敦市长竞选结果公布前数天，一位记者曾问他连任成功后准备做什么，他开玩笑说："好好地坐下来喝一杯。"记者紧接着问："如果没能连任呢？"他给出了相同的回答。这就是利文斯通。

"老大哥"仍在注视着我们

　　2009 年的 6 月 8 日是乔治·奥威尔的《1984》出版 60 年纪念。1949 年的这一天，伦敦的瑟克·瓦伯格出版社（Secker & Warburg）印行了《1984》，而 2009 年刚好 60 岁的日本作家村上春树也选择了在这个时候出版向奥威尔"致敬"的小说《1Q84》。一时间，洛阳纸贵，此书一周内发行量就达到 96 万册，英语、汉语译本的版权报价也随即鸡犬升天。

　　但对于村上借《1984》之名为新书造势的做法，英国媒体表现得有些不以为然，认为此举意在借奥威尔之名提高小说销量，与奥威尔本人，反倒扯不上什么关系。《每日电讯报》2009 年 6 月 7 日刊登文章称，虽然《1Q84》销量可观，日本新潮社甚至在书正式发行前就增印了数万本，但"读者们之前并不知道一千多页的小说究竟在讲什么故事"，不少人仅仅是冲着村上春树和奥威尔的名声而去，并不是文学本身。

　　如果说《1Q84》是"未读先热"，《1984》则有些明日黄花的味道。小说家罗伯特·哈里斯近期以《怯懦胆小的温斯顿拯救了我们》为题，在《泰晤士报》撰文说，《1984》的出现的确改变了人们看待世界的视角，但奥威尔对未来的具体预言并不十分成功，至少，对于电子技术为人带来的便利，他完全没能预见到。如今的英国人是否已对奥威尔笔下的灰暗未来感到了厌倦？除了零星见于报端的纪念性文章以及企鹅出版社刊行的《1984》纪念版（企鹅出版社网站居然错将 60 周年写成了 50 周年纪念，后来在读者的"声讨"下才作出修正，实在匪夷所思），奥威尔似乎正逐渐被英国大众"选择性遗忘"。实际上，这种情况也不难理解，对于目前政局动荡、经济困难的英国人来说，一本书的出版，与自己实际生活的关系并不大。在如今连人们工作都朝不保夕的英国，要让英国人民像咱们纪念国庆 60 周年那样纪念他们早已熟读的《1984》，未免有些强人所难。

自出版之后，《1984》在欧美迅速成为畅销书。"老大哥在看你"的阴影如流感病毒般在西方世界中扩散，笼罩着半个地球，而人们对于 1984 这个距离并不算遥远的年份，也不由得生发出一种挥之不去的隐忧。那么，在 60 年后回顾《1984》的出版，我们能从中梳理出怎样的时代图景？用电视屏幕监视我们一举一动的"老大哥"，到底是小说的纯属虚构还是真实存在？

有趣的是，当 1984 年真正来临时，人们却颇为"高兴"地看到，奥威尔对未来世界的悲观预言实际上有些落伍，甚至带有某种失败。电视屏幕非但没发展为政府监视民众的工具，反而成为娱乐时代人们消磨时光的一大方式；我们的世界也并没有被某位斯大林式的"大哥级人物"只手遮天。不仅如此，1984 年之后不久，那些有"老大哥"倾向的国家纷纷易帜，甚至崩析。这时，有人站出来预言说"历史终结了"，人类所追求的"美丽新世界"并不在无法确定的未来，而恰恰在于我们身处其中而并不自知的现实生活。

说到《1984》的出版，自然不得不提先于它 4 年出版的《动物农庄》。直至正式面世，这部篇幅不长的小说曾前后辗转于 5 家出版社。当奥威尔 1944 年把这部"斯威夫特以来少有的讽刺文学"书稿寄给费伯-费伯出版社（Faber and Faber）时，却遭到时任编辑的 T.S. 艾略特的退稿。艾略特在写给奥威尔的退稿信中虽不忘恭维奥威尔平实又不失优雅的文笔，但他给出的最终意见却是："我们没法确信书中的观点是批评当前政治局势的正确视角。"结果，小说因为内容的"政治不正确"而遭"夭折"。

不过，历史上的政治正确与否从来都像抛向空中硬币的两面一样闪烁不定。小说出版一年以后，日本投降，美苏两大军事势力形成，"冷战"的序幕从此拉开。时移则事异，瑟克·瓦伯格出版社此时印行了《动物农庄》，上市后，它迅速成为各大书店的畅销书。奥威尔将小说中的公猪"拿破仑"和"雪球"类比为斯大林与托洛茨基，这不但不再是禁忌，反而逐渐成为人们津津乐道的话题。几乎穷了一辈子的奥威尔，此时居然靠着版税买下了苏格兰一个偏僻小岛的寓所，并在接下来的岁月里在那里写出了他更为重要的作品《1984》。

无疑，《1984》为奥威尔带来了更高的声誉，但是头脑清醒的他却深知自己作品的迅速走红不过是为弥漫于当时的冷战政治气候增添了一个注脚。1949 年正是令西方噤若寒蝉的"麦卡锡主义"盛行的前夜，对"社会主义"的咒骂与诋毁，早已充斥于人们每天阅读的报纸与广播中，对苏联等社会主义国家的敌视日益增长。于是，《1984》中无所不在的"老大哥"形象，也就顺理成章地成为英美等国声讨苏联与斯大林的长篇檄文，被人们当做政治宣传册来阅读。

奥威尔一直以立场独立的社会主义者自居，对于读者将其作品作如此的"政治诠释"，自然多有不满。在回答美国汽车工人协会寄给他的一封质问信件时，奥威尔辩解道："我的小说《1984》并非有意对社会主义或者英国工党进行攻击，我本人并不相信书中描写的那种社会真的会到来，……极权主义的根源其实深植于大部分人的思维中，我只是将它以逻辑的方式表述出来。"

奥威尔所担心的"那种社会"真的不会到来吗？在"老大哥在看你"的口号第一次出现的60年后，小说里的政治烽火早已被消费主义的洪流浇灭，但"老大哥"的目光却从未离开过我们。据统计，在奥威尔的故乡英国，监控镜头的数量超过了420万台，如果以全国总人口来除，平均约每14个人的头顶就高悬着一只"老大哥的眼睛"，每人每天的行动会被摄像机"捕捉"达300余次。

此等场景，与《1984》中描写的世界图景有何两样？伦敦的《旗帜晚报》曾作过一项有趣的调查，结果发现在奥威尔位于伦敦北部故居周围400码的范围内，居然"潜伏"着32台全天候工作的监控摄像头。"老大哥在看你"的口号，不仅战胜了小说的男主角温斯顿，更是在现实中击败了奥威尔自己。

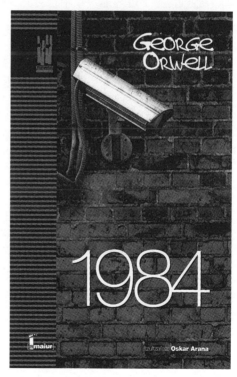

实际上，《1984》所虚构的故事在今天的许多国家几乎就等于现实。因摄像与监视技术被滥用而产生的争议，已是人们司空见惯的话题。设计监视系统的原意是作打击犯罪与恐怖分子之用，但自从美国提出"反恐战争"的概念以来，"监控"和"国家安全"的概念就被武断地焊接在一起。在这个前提下，"监控摄像技术"就有了发展的空间。

具有讽刺意味的是，在奥威尔的故乡，监控镜头的数量超过了420万台。

这些隐藏在暗处的小东西正不断蚕食着人们的隐私。购物习惯、社交活动以及乘汽车与火车的旅行，所有日常生活的细微部分，在越来越严密的监视之下，无所遁形。欧盟多国之间数年前曾签订协议，确保监控数据的共享。更有甚者，在第二次世界大战后以"民主"著称的德国，为了监控潜在的抗议全球化的鹰派人士，法院授权警察，竟然能对人们的邮件肆意检查。"法网恢恢"之下，无人能逃出"老大哥"的视线。

前段时间，首都的某家报纸就刊登出一位尚未到医院就医的甲型H1N1流感患者的监控录像截图和他数天的具体行程，作为特别报道。但曝光一个人乘地铁、打的、吃饭、散步等活动精确到分钟的时间和具体地点，除了可增加报纸销量之外，也不由得让人狐疑：我们周围到底潜藏着多少双关注我们一举一动的"老大哥的眼睛"？

当然，如果仅仅为了阐明"个人隐私不可侵犯"这点意思，奥威尔大可不必殚精竭虑写作《1984》，最后还因熬更守夜写书而把自己的性命搭上。半个多世纪之后，在英国和美国，仍然有《1984》改编的戏剧和电影上演，出版社仍刊印此书的特别纪念版，足以说明它不应该被单纯理解为是一本应景的"讽刺"或者"预言"之书。在"老大哥"式的思维方式逐渐成为一种流行文化的今天，"看"与"被看"的双方已经不再停留于"监视"与"受控"的单向关系，两者同时也是相对的、可逆的，就像诗里的句子："你站在桥上看风景，看风景的人在楼上看你。"我们在被监视的同时，很可能也享受着监视他人的乐趣。

1999年，荷兰维罗妮卡电视台播出了首部"真人秀"节目，其创意直接来自于《1984》中无所不在的"老大哥"对人们行动永不间断的监视。节目的制作其实很简单：十几名青年男女被送进有足够的生活用品、但与外界隔绝的密室之内，房间布满了24小时运作的摄像头。在录制节目的3个月时间里，这群年轻人每天的生活细节，包括吃喝拉撒睡等被观众尽收眼底。在荷兰播出后不久，"老大哥真人秀"节目又出现在了比利时、英国、美国、澳大利亚，甚至是"民风淳朴"的印度的电视荧幕上，内容越来越低俗，收视却越来越火爆。奥威尔说什么都不会想到，多年以后的今天，他笔下的"老大哥"会以完全商业化的方式进入人们的生活。

"英国博物馆运动"（the Campaign for Museums）曾经以"史上最没用的发明"为题调查了 1000 多名不同年龄段的英国人。结果显示，真人秀位列"史上最没用发明"的第二位，仅次于原子弹，排在死刑、塑料袋和信用卡之前。虽然有"电视垃圾"之称的"真人秀"节目内容低俗有目共睹，一些社会组织取缔此类节目的呼声也不绝于耳，但数百万人的收视群体让任何一家电视台都不可能抵御真人秀的金钱诱惑。无论道学家们如何"道貌岸然"，窥私癖的诱惑他们毕竟抵挡不住。

2009 年 3 月，27 岁的英国"真人秀"女明星杰德·古迪在英格兰的家中去世。古迪 7 年前因在英国著名节目"老大哥真人秀"中大胆出位的表现而一炮走红，成为全英最知名的"草根明星"。2008 年，她不幸确诊患上宫颈癌，不过，古迪此时作出了一个常人难以想象的决定：将自己同病魔抗争的全过程卖给电视公司，把真人秀进行到底。她将自己最后的日子交给英国头号媒体攻关大亨马克斯·克里夫德安排，一家电视台高价买下版权，跟踪拍摄了 3 集的专题片，记录下她生命的最后历程。古迪人生的最后一章，在某种意义上已经不属于她自己，而是成了"老大哥"眼中可以售出不菲价钱的"古迪与癌症"连续剧。"老大哥"又是谁？观众自谓也！

这无疑是一个消费至死的时代。一个人从出生到死亡乃至个人隐私，其巨细靡遗的内容都可以换算成一笔买卖。不过，表面上"物质极大丰富"的今天，在人们思想的暗处是否也与《1984》的思维方式有某种暗合？"伴随着无限消费选择之下出现的，是奥威尔式的对文化生产与公共空间的新型钳制"，全球化的批判者奥纳米·克莱恩这样批评道。在老大哥目光的"庇护"下，世界的多样性逐渐烟消云散。车站和候机厅代替了人们闲适的散步，品牌文化代替了对实际物品的需求，互联网的发展将新闻事件缩减为几个关键词……人看似有了更多的选择，实则我们的选择已经呈现沙漏状，越到后面越少。

《1984》中，"老大哥"控制人们思维的一大方式就是缩减词汇，在传统英语词汇的基础上删减近义词，从而发明一种简单实用却无法表达复杂思想的"新话"（newspeak）。单一的语言必然导致单一的思维与生活需求，这在今天的一大表现就是，消费主义的盛行让我们过于简单地将一切价值换算为金钱，这是老大哥让我们变成他的"提线木偶"的另一有效工具。从"老大哥真人秀"成名的演员古迪之所以决定罹癌后还要继续"秀"下去，最主要的因素自然还是"孔方兄"，这连她自己也毫不避讳。她的经纪人在接受媒体采访时有些无奈地说，"被人观看"是古迪挣钱的唯一渠道，她别无选择，只能继续自己演自己。

60年了，"老大哥"仍然在注视着我们，不过他的角色已经由颟顸的独裁者变成了精明狠辣的商人。

欧洲的陌生人

史蒂芬·沃尔在回忆录里评价布莱尔当年的对欧洲政策时，半开玩笑地说，首相先生始终在美国和欧洲之间摇摆不定，而每临抉择的关头，往往舍欧洲而就美国。沃尔曾担任多任首相幕僚，主管英国的欧洲政策，即使开玩笑也不能信口雌黄。他又说："当我们得知欧洲经济货币联盟（EMU）的其他国家成员抛开英国单独签订条约时，真是一种解脱。"

沃尔的言辞，可谓英国对欧洲态度的谶语。即使在他离任英国驻欧盟代表的位置多年后，英国的首脑对欧洲大陆的态度依然是若即若离，游走于中心与边缘之间；而对于欧洲的其他国家来讲，英国的存在即使没有被贴上"欧洲的恶人"的标签，至少它也是一位"欧洲的陌生人"。在 2011 年与 2012 年更替之际，英国的首相卡梅伦再一次对欧洲说"不"，拒绝加入新的欧盟条约，他不看好欧元，甚至不看好欧洲联盟的前景。"我们祝他们好运。"卡梅伦对媒体抛下这句酸溜溜的话。

《福布斯》杂志的一位美女记者就此写评论说"别怪卡梅伦主动选择退出"，因为"这光景，谁又会愿意与德法同坐一条船呢"？当气急败坏的欧洲媒体普遍朝卡梅伦泼脏水的时候，有这样一位美女媒体人相挺，本身就能说明"高富帅"的卡梅伦对异性的吸引力。不过，设若当前的欧洲没有陷入如此严重的经济困境，英国首相难道就会敞开双臂奔向欧洲怀抱？也不尽然，英国所扮演的欧洲"边缘人"身份，经年累月，已然形成一种"传统"，哪会这么轻易就改变。

我所认识的英国人无一不将英吉利海峡对岸的人们统称为"欧洲人"，而以"不列颠人"自居，仿佛英国和欧洲是毫无关系的两个所在。刚开始，外人难免对此不大理解。至少，我就无法想象自己称自己为"中国人"，而将中国的近邻们统称为"亚洲人"。不过，我也想到自 16 世纪的亨利八世时代，英国就为了一桩"皇室离婚案"而彻底脱离欧洲天主教教廷，自立门户，几个世纪之间又三不五时和法国等欧洲国家树敌开战，长此以往，产生英国与欧洲"两岸人民之间的隔阂"，也就不难理解了。

闲篇扯得有点远，还是说回现代。一提及现代英国和欧洲的关系，就不得不说到欧洲共同体（European Community，以下简称"欧共体"）。欧共体成立之初，正是第二次世界大战后英国的帝国余晖褪去，但英国人的"日不落"心态尚未调试得当的历史时期。加上英国曾经的盟友——法国人戴高乐极力阻挠英国参与欧洲事务，高傲的英国人正好在被欧洲拒绝的同时也拒绝欧洲。直到 20 世纪 60 年代，英国首相麦克米兰才首次将英国称为"欧洲的一员"，但他也不忘在一本政治宣传册里提醒说：对于欧洲联盟，"英国更青睐一种基于经验上的渐进式合作，而不是纵身跃入黑暗中"。这算是老首相为英国接下来几十年欧洲政策定的调。

时至今日，英国对于欧洲的态度，依然可以用"基于经验上的渐进式合作"来形容。加入欧共体之时，英国国力已经衰微，经济上落后于联邦德国、法国，然而"入盟"所需要承担的义务，英国却并不比德法两国少。以从税收中缴纳的"会费"为例，英国在 20 世纪 70

年代末的支出是法国的两倍，与联邦德国持平。但英国的经济总量却长期排在这两国之后，经济实力与承担的义务不对等让英国政府首脑们颇为光火。80年代出任首相的撒切尔夫人为此没少和当时的法国总统密特朗以及西德总理科尔讨价还价、唇枪舌剑。当年法国的"上流"报纸《世界报》甚至不惜用了这么一个旁门左道的标题：撒切尔对阵密特朗——当铁娘子杠上岩石男。

　　"杠上"的最终结果是谁也赢不了谁，欧共体没法让英国屈服，英国的行为却越来越像是欧洲的一个"坏孩子"。当英阿之间的马岛战争爆发时，英国迫使欧共体成员国对阿根廷实行贸易禁运，但实际上，此举没有得到普通欧洲人的支持，许多人感到，这时英国无非在利用欧洲为自己牟利，而在欧洲共同农业政策问题上，英国也始终和欧洲"过不去"。当阿根廷海军的贝尔格拉诺将军号巡洋舰被击沉时，不少欧洲的农场主走上街头，大声斥责英国："欧洲800万农场主的利益远远比福克兰群岛上的1600人重要……如果英国佬这么讨厌欧洲共同农

1982年5月4日，英阿战争中，英军击沉阿根廷巡洋舰贝尔格拉诺将军号，《太阳报》首版刊出新闻。之后欧洲不少农场主走上街头，斥责英国此举不顾及欧洲大局。

业政策，那就请他们滚出去！"

"欧洲的恶人"这个恶名，大概就是这时套在英国头上的。强硬的撒切尔夫人退出政坛后，英国的首相换成了态度较为软化的约翰·梅杰。梅杰对欧洲事务素有积极参与的意思，但他毕竟与撒切尔一样，乃是保守党政治家，不可能摆脱保守党"谨慎对待欧洲"的政治传统。包括今天同属保守党的卡梅伦，时常发布一些不友善的言论来"刺激"一下欧洲，也可以说是保守党政治思维的一个体现。倒是1997年抱持所谓"第三条道路"的工党重新执政后，首相布莱尔对欧盟表现出了前所未有的示好。"我希望英国成为欧洲的主导国家。"这句话几乎贯彻了布莱尔从竞选到卸任首相的政治生涯。

不过，正如开篇所提到的，即使希望从欧洲谋求利益如布莱尔者，实际的政策也是欧美"两手抓"，而且孰轻孰重一目了然。沃尔在书里一语道破天机："英国加入得太晚。"可以说，20世纪50年代欧共体最初六国"梁山聚义"时，英国被挡在门外。而当英国终于"入伙"时已经20年过去，欧洲座次已然排定，英国的这次"入伙"自然变得索然无味。英国欧洲之间数十年来的关系也因此常有龃龉，不管执政者是撒切尔、梅杰、布莱尔还是卡梅伦，这样的关系都很难发生改变。

对英国人而言，被视为"恶邻"未尝不是件好事，至少，陪伴了他们世世代代的英镑还继续揣在人们兜里。英国没有因为布莱尔当年的一时兴起而真的加入欧元区。手中英镑虽在缩水，但与欧洲的这层"历史隔膜"，却确保了原本经济元气就已大伤的英国没有在第一时间被拖入欧债泥潭。今之视昔，布莱尔所失，未尝不是英国之所得。

当医保的"臀部"出了问题

多年前，我听郎咸平的讲座，当谈到什么是小康社会时，他以西方国家为例给出了"人人都上得起学，生得起病，退得起休"这三条标准作为定义。当时还是学生的我听完之后竟有些激动，对郎教授所描绘的美好蓝图亦不无向往。后来去了一趟"老牌资本主义国家"英国，才知道即使在人们心目中的"福利天堂"西欧，三者得兼不啻为乌托邦式幻想，就算只是实现其中的任意一项，也实属不易。

就以"生得起病"这条为例吧。英国的国家医疗服务系统（National Health Service，以下简称 NHS）自 1948 年建立以来，便创造了国际上的多个"之最"。例如，覆盖面最广，医疗人员最庞大。但众所周知，它效率低下，患者排队时间最长也是臭名昭著的，有时连一个手术预约都需要花上十几个月。2009 年 9 月底，英国有一则新闻说，由于"排队时间过长"这个问题，如今的 NHS 正在为私人诊所的高额"hip replacement"手术买单。恕我寡陋，刚读到此消息时居然望文生义，错将"hip replacement"理解为"臀部移植"。查阅了医学辞典才知道此短语正解为"髋关节置换术"，是许多中老年人因为骨骼老化而必须做的手术，否则会影响直立行走。

不过，"臀部"的那点事儿与医改又能有什么关系？原来，为了解决患者做"髋关节置换"这类手术排队时间过长的问题，在英国政府的授意下，NHS 几年前与英国的独立医疗中心（ISTCs）签订了合同，授权其中的部分治疗中心直接接手 NHS 的医疗工作，这些治疗中心散布全国，在许多城市都不止一家。如此，持有医保卡的病患，可供选择的手术地点就增加了不少，他们不仅可以去国家医院，还可以去就近的独立诊所接受手术，客观上，患者"手术难"的现象也得到了一定程度的缓解。

然而，好景不长。由于遍布英国的这些独立治疗中心很多是由私人治疗中心乃至私人诊所改制而来，并非政府筹钱组建的医院，其医师素质和治疗质量也就参差不齐。根据最新一期《骨科与关节外科期刊》（英国卷）的统计，自 2004 年以来，仅卡迪夫一地，便有 113 例在独立诊疗中心接受的"髋关节置换术"因为粗劣的手术质量，不得不在几年之后被迫回到 NHS 的医院再次接受同样的手术。按比例计算，这种"返工"的概率竟然达到了 18%。

我们可以为这种手术粗略地算一笔经济账。据《泰晤士报》的一篇报道统计，"髋关节置换术"的治疗费用大致为 6000 英镑，但此类手术"二进宫"一次的花费却在 1 万至 1.5 万英镑之间。换言之，每接受一个这样的患者，就意味着一部分国家的医保预算打了水漂，卡迪夫一地共损失了 44 万至 100 万英镑。以卡迪夫为主要城市的威尔士地区人口约占英国总人口的 5%，那么，若按人口推算，全国损失的资金将至少为 880 万至 2000 万英镑！

虽然与动辄上千亿英镑的医保总预算相比，这笔钱只是个小数目，但隐性损失背后的问题却不能不引起人们的注意。问题的症结与其说是在于那些技术不过关的医生，不如说在于医保系统本身。

众所周知，英国医保系统的负担可谓全球各国最重，用"日理万机"一词来形容一点也不过分。NHS 官方网站上公布的数据显示，每 36 小时，这个系统便需要对英国的至少 100 万名患者进行处理，也就是说，每分钟 NHS 的医生将要面对 463 名患者的咨询和诊断。这使得英国政府不得不一方面加大医保预算的开支以雇佣更多的医生，同时，也将 NHS 的权力部分"下放"给地方的私人治疗中心，以缓解"国家雇用"的那些医生的工作压力。在这一过程中，"猫腻"自然不少，加上监管环节的疏失，才出现了如今令人大为尴尬的"臀部返工"事件。

当然，这个事件有一个前提是英国对"医生"的定义。与很多国家不同，医生在英国更类似于政府的公务员而不是一份靠"接活儿"赚钱的职业。他们拿的是国家的固定薪水，工作时间也是固定不变的，很少有"加班"之说。并且从今年开始，英国更引入了欧盟的工作时间规程（EWTR），由于多了这项法规的保障，包括医生在内的上班族的工作时间成了雷打不动的 8 小时。因此，在无法通过单位时间里让每个医生"干更多活"的时候，通过扩大 NHS 授权医院的数量从而让医生"变多"，便成了如今英国医保颇为无奈的对策。

与法国、加拿大等国一样，英国也是秉承"医保是一种必须平等分配的权利"这一理念的国家之一。工党政府在第二次世界大战后好不容易取得政权之际，为彰显他们的"社会主义"理念，便建立了为全民免费提供医疗服务的 NHS 系统，将分散各地的医院整合于同一个系统之下，"健康"首次成为英国公民的权利而不是对医生的"乞求"。

不过，也正是对"全民公平"的追求，使得被英国人称为 20 世纪"最伟大业绩"的 NHS 从诞生之日起，就饱受"开销过大，效率过低"的诟病。老百姓确实"生得起病"了，但这个庞然大物加在财政预算身上的负担，却让英国政府越发"生不起病"。如今，当这个医疗体系开始让纳税人为政府在政策制定上的失误买单时，人们就更加有理由对其中某些制度环节的合理性提出异议。至少，英国的医保体系让我们看到，公平并不是低效率的理由，而效率也不是盲目追求公平的借口。英国医保出现的这次"臀部"问题，足以令闻者戒之。

华人劳工不为人知的故事

如果你观看过根据一篇新闻报道改编的电影《鬼佬》(*Ghost*),不难注意到贯穿影片始终的邓丽君的歌声。事实上,初到英国的人常常会发现,几乎他们所到的每间中国餐馆都播放着七八十年代的港台歌曲,这歌声似乎已成了维系漂泊海外的华人和他们内心"乡愁"的唯一纽带。

但是,与邓丽君甜美、悠扬的歌声相反,餐馆真实的工作则可以用"枯燥"、"艰苦"甚至"残酷"来形容。在以华人非法劳工生活为主题的新书《华人耳语——英国华人劳工不为人知的故事》(*Chinese Whispers:The True Story Behind Britain's Hidden Army of Labour*)的某一页,我找到了如下的片段:

阿华被带到餐馆背后的厨房里。当他走进厨房大门的时候,一阵热浪袭来,窒息的水蒸气令他头晕目眩。

他一辈子从来没做过饭,更不要说在餐馆的厨房里。他本以为自己会分派到端盘子一类的工作,而现在他不得不拼命地做一种新加坡油炸米面,以便度过试用期。如果他失败了呢?等待他的将是巨额的债务……那个厨子转头看着阿华。"你的工作，"他说，"就是不停地切菜、炒菜、洗盘子、做清洁。直到餐馆关门，你才有时间和别人说上一句话。"

这样的小说笔法几乎让人相信作者就是当事人自己。实际上，这些文字出自一位英国的华裔调查记者之手。2000年，记者白晓红在伦敦的一家杂志工作，她偶然从同事口中听闻了发生在多佛的事情：58名中国偷渡者被活生生闷死在将他们从港口接往内陆的卡车上。当时，偷渡者们和成堆的马铃薯一起被当成货物被装上大型卡车，车内气温超过了30摄氏度，而司机为了节省能源，竟没有打开车上的通风设备，直接造成了偷渡者的窒息。但是，这一事件当时很快被平息了下来，也没能引起主流媒体的太多关注。白晓红说，由于劳工的"非法"身份，英国媒体和大众很自然地与他们保持了距离，并草率地将责任推给了移民局。而作为记者的她，在震惊之余，更深为华人的悲惨遭遇感到悲悯、同情，进而对英国的国际劳工政策提出批评。在这次惨痛的故事之后，她陆续听到更多的个案，意识到这些偷渡者的遭遇有很多相似之处，并想去深入地了解华人在英国打工的状况。

真正的转变发生在2004年。在莫克姆湾华人拾贝工的惨案之后，英国政府把惨剧归罪于人口走私，白晓红却认为主流媒体对此类事件的报道充满偏见。就这样，她开始着手亲身体验华人劳工的生活，从当事人的角度了解他们的遭遇。不久，她用英文在《卫报》头版发表了第一篇以非法劳工的身份在肉厂卧底打工的报道。

有了第一次卧底的经验，白晓红又先后在农场、食品加工厂、印刷厂、按摩院（妓院）、中餐馆等地卧底打工。后来她逐渐把更多的经历一点点积累起来，形成一个有系统的记录，从而产生了本书。

当然，白晓红不但讲到几年来她卧底打工的经历，也关注这期间认识的诸多华工的心理状态和生活状态。与她在诺福克工厂同住一舍的非法劳工对白晓红说："头几个晚上我一直躲在被子里哭。我像机器一样每天做着繁重的工作，还要受监工的欺负，晚上回家累得倒头就睡，紧接着又是另一天的工作……没人告诉我这样做到底是为了什么？"而在伦敦一家按摩院"上班"的单亲妈妈阿芳，虽然每周七天都要"工作"至深夜一两点，但相对丰厚的报酬和在国内上中学的孩子支撑着她在英国打拼多年。"一切顺利的话，"她说，"我今后能用赚来的积蓄回国开一家店铺。"

书中的非法劳工通常来自内地的农村或下岗工人家庭，地域上以东北、福建、浙江居多。他们受教育程度不高，几乎不懂英文，完全是为生计所迫而举债数十万来到英国。偷渡的过程危险得叫人难以想象。一位非法移民在书中回忆说，在蛇头的带领下，他翻山越岭，经由俄罗斯、乌克兰、罗马尼亚等国来到荷兰的阿姆斯特丹，在那儿潜伏近一个月后，才秘密搭乘货船渡过英吉利海峡。路途中，他们为躲避警方和海关的盘查而不得不选择最危险的路径，有人甚至因此丧命。来到英国之后，他们却只能向非法运作的华人中介购买假的工作许可，然后在中介和工头的剥削下没日没夜地做本地人不屑于做的工作。虽然身处英国产业链的最底层，每年为英国经济贡献高达 10 亿英镑，但非法劳工大军却是不为主流社会所知的"隐形人"。

英国是没有签署 1990 年联合国保护海外劳工协议的发达国家之一。在英国，"没有身份"意味着"没有权利"。虽然数量庞大的非法华人劳工每年以惊人的速度输入英国，英方对于这个群体非但显得"漠不关心"，而且避之不及，唯恐引火烧身。例如，当作者调查在三星集团下属工厂打工劳累过度致死的非法劳工张国华时，医院方面的态度可以用"极为不配合"来形容。张国华的住院记录在几家医院之间被转来转去，令调查无从下手。而他所在的那家工厂在事发之后不久便注销公司执照、销毁了员工档案记录，搬迁到遥远的斯洛伐克。迫于资方的压力，张国华的家属也选择了息事宁人。整件事情居然就这样不了了之。

最近，英国内政部收紧了移民政策，加大了难民身份的申请难度，并规定低技能工种工作只能雇用本国或欧盟公民。白晓红认为，这使得华工的活动受到更大的限制，让他们的生活更加无以为继。从去年年底开始，英国警方多次对一些中餐馆展开突袭，拘押非法劳工并遣送回国。移民局方面甚至自豪地宣称："每八分钟就有一个非法移民被赶出这个国家。"她所记录的华工，就有人被发现并遣返回国。如果在欠蛇头的债还没有还完的情况下走的话，在英国打工的经历显然是得不偿失的。这也使得大部分劳工在受到不平等的对待时，更多地选择了沉默。

在接受 BBC 四台的采访时，白晓红对着镜头感慨道，她不希望读者仅仅把这本书当作消遣的故事来看，而是要通过文字的力量，引起政策的改变，以及对劳工生活现状的重新梳理。华人餐馆里邓丽君的歌声不会让我们遗忘：虽然"小城故事多，充满喜和乐"，但在这"喜和乐"的和谐之音下，总是涌动着一些苦难的、平时不为人知的低语，需要仔细地倾听，才能听到。

警察局里的告示牌

笔者"人在英伦"的日子里，刚下飞机，就被警告说需要在一周之内到距离住所最近的警察局登记身份，否则后果将不堪设想。

如何不堪设想？可能办理不了入学申请，可能会被当地公安机关逮捕起来，可能会被当做偷渡者遣送回国……还有种种让人不寒而栗的"可能"。但是，当我来到警察局登记的时候，才知道这一切的原因是什么。

冷漠的英国警察办完登记手续之后，示意我赶紧离开。此时我才留意到警察局里那块硕大的告示牌，上面写着不少国家的名字。中国很"荣幸"地与伊朗、朝鲜以及非洲诸国并列其间。原来，规定必须来此登记的人仅限于告示上所列国家的公民，以确认居住地的方式来确保他们不会在不知不觉间开了小差，变成英国当地的非法"黑户口"。

刚看到这个告示牌，我有点生气：难道中国人就这么爱往外国跑，需要跟防贼一般"严加看管"吗？事后心平气和地想了想，在这个方面，似乎我们也拿不出多少能够用来自我辩护的有利证据。出国以后，中国人非法居留国外，想尽一切办法成为当地公民的事情实在是不新鲜。从前不久的新闻里，我读到一条消息：乘坐意大利游轮"歌诗达经典"号抵达韩国济州岛的游客中，就有 44 名中国游客擅自脱离旅行团，撇下行李和自己的护照，玩起了"躲猫猫"，准备等风头一过就开始在当地非法打工。

当然，这样的事情绝非头一遭。自从韩国 2008 年 3 月对中国游客的济州岛旅游实行免签证后，其后的五个月中在韩国"脱团"的外国人数就猛增，其中 95% 为中国人。当年 7 月，就发生了 21 名游客集体失踪的案件。在过去，中国人管这叫"叛逃"，现在比较"政治正确"地称其为"非法移民"。韩国济州岛的事件只是冰山一角，放眼全球，中国的非法移民满世界乱跑，让许多国家，特别是某些发达资本主义国家非常头痛。原因很简单：中国人口基数过于庞大。

还是说回英国警察局里的那块牌子。记得那是在 2007 年，隔年便是北京奥运年，千里之外的中国正是举国欲狂、共襄盛事的时候。但是在欧洲的这块小小海岛上的警察局里，却有着这么一块不到一人高的告示牌，上面的内容足以让所有的中国人脸红。没过多久，便爆发了中国留学生在 BBC 总部外的游行示威事件。当然，对这些用极不标准的英文呼喊口号的留学生的胆色，我还是很钦佩。只不过，每当我回忆他们的举动的时候，脑子里总会闪过警察局里那穿着死板的深色制服的英国警察们轻蔑的表情，仿佛在说：这些不顾尊严、用尽一切手段来到我们国家的人，你们也配？

呸！这是我所能够想到的最佳回复。养尊处优惯了的约翰牛们并不了解中国国情，再者，又是谁叫你们当初把移民政策放得那么宽呢？当我翻阅台湾记者白晓红描写中国移民的纪实作品时，读到描写中国非法移民被当作货物从荷兰"运送"到英国的那些段落，我总能够深深地体会到中国人在别国人的眼里是多么不具有尊严的一个群体。

但老祖宗也教导过我们，人必自辱，而后人辱之。那些受尽蛇头的盘剥欺凌，来到国外的非法打工者，背着政治风险擅自"脱团"的非法移民，他们必定是看不到出路，才踏上了非法滞留国外这条不归路。这并不是因为他们天性崇洋、能够把外国人的侮辱当作尊敬，而是因为，他们继续留在国内所受的侮辱或许会更大。

1997 年以前，香港街头流传着罗大佑、蒋志光合唱的那首《皇后大道东》。记得其中一段歌词是："百姓也自然要斗快过终点，若做大国公民只需身有钱"，言语间讽刺了香港回归之前，不少"中环精英"们出于对内地的恐惧，举家移民欧美的事实。然而，他们没想到的是，一个人即便花银子移民到西方大国，也并不等于他就堂而皇之成了"大国公民"。

中国人到底生活得有没有尊严？我想，答案不仅仅由我们自己说了算，还得从他者的眼光中加以比较和判断。一个本国人民不惜任何代价、甚至举债也要非法移民国外的国家，无论 GDP 数字如何骄人，恐怕很难配得上"大国"的称号，她的国民走到世界的任何一个角落也不可能获得别人应有的尊重和礼待。现在每当我听到某些人夸耀着中国如何强大、中国国际地位如何提升，我总会想到警察局里那块不太起眼的告示牌。

英国的奥运"民族主义"

不知是出于"观摩学习"的目的还是纯属"嫉妒",作为2012年奥运会的承办国,英国对北京奥运的关注程度可以说是所有外国媒体中最高的。在英国的超市随便拣起一份报纸,你会发现它们几乎都口径一致地把焦点瞄准了"北京奥运会"和"中国问题"。英国《卫报》的编辑和主笔们甚至早在几年前就在该报网站上开辟了"奥运与媒体"的专栏,从北京的名胜、美食到城市建设和文化生活,与读者们一起大侃中国话题。此类谈论北京奥运的专版,在别的英国报刊也不难找到。

尽管在这些文章中,能读到不少针对中国问题的偏颇观点,但平心而论,英国主流报纸对北京奥运的评价还是建立在"理解"与"友善"的前提上,没有太多出格的语言。例如,针对《泰晤士报》和一些英国政策分析人士所提出的"中国政府利用奥运会赢得民意支持",《卫报》评论员桑普森撰文反驳了认为政府借北京奥运会来转移外界对中国的注意力的说法。桑普森说,西方媒体长时间地将"中国概念"过分缩小化,把中国和在意识形态上与西方有分歧的共产主义画上了等号,从而人为地形成对立。这使得英国人看北京奥运,习惯于将其与历史上曾有过的实例进行比较,比较的样本不仅仅来自中国从前的兄弟国家——前苏联的奥运模式，而且包括了英国自身。

随着奥运会的进行，类似的比较也使英国媒体对北京和中国的心态发生着微妙的转变。

每一个在英国观看奥运开幕式的人都应该记得 BBC 解说员慷慨激昂的解说语："盛况空前的北京奥运会开幕式让英国人看到，今天的中国是一股面对一切挑战，充满信心的力量。"无论在何种场合，你都会感到英国媒体对开幕式的赞美溢于言表，并且对北京那浩大的准备工作叹为观止。《泰晤士报》的评论在盛赞北京开幕式的同时更是揶揄了伦敦奥组委："天知道 2012 年伦敦奥运的开幕式负责人在看电视转播时会怎么想。"这句话，正是变化的开始。

一直以来，批评伦敦奥运的声音已经令英国人见怪不怪。然而，自从电视台转播了北京奥运会那场在世人心中几乎"完美"的开幕式，英国人的自尊心却为此受到了一些"伤害"。抛开一般民众不提，伦敦奥委会机构的首席执行官保罗·代顿在接受英国一家电视台访问时就面有难色地承认，无论是从资金还是人力资源方面来比较，伦敦为四年之后的奥运会所进行的准备都逊于北京。他认为，作为下届奥运会主办城市，伦敦唯一的亮点就是表现出自己的城市文化特色。

这位首席执行官的谦虚之言，实际上并非客套，伦敦奥运的筹办状况确实让骄傲的英国人感到很没面子。在北京奥运开幕式播出后不久，《独立报》的评论员马克·斯蒂尔就以一种讥讽的口吻为人们预言着伦敦奥运召开时的混乱场面："出于经济原因，伦敦不得不省下开幕式巨额的焰火费用，而来自各国的运动员们则会被伦敦拥挤的交通和糟糕的基础设施弄得心烦意乱，不知所措。"但接着，作者却话锋一转："虽然伦敦奥运看似'对本地基础设施建设无用'，但实际上这是因为英国不存在人权等诸多需要改善的问题。"因此，伦敦人应该"庆幸他们的这种'无用性'"云云。因为他认为，和中国相比，英国是一个具有"政治优越性"的国家。附和这篇文章的声音不少，《金融时报》的编辑克里斯蒂娜·弗里兰甚至撰文将奥运期间中、俄因为各自的原因而受到举世瞩目描述为新"极权时代"来临的标志。

在奥运预算案面临无法被议会通过、年青一代对伦敦奥运漠不关心的情况下，这种政治"优越感"背后实则传达出一种民族主义情绪。早在 20 世纪 40 年代，奥威尔就说过，在英国传统中，无论多么休闲的体育运动总是难以和狭隘的民族主义分开，尤其大型国际体育赛事，更是"民族主义带来的一个必然结果"。并且，这种因为自卑而显示出过度自信的"民族主义"与英国近一个世纪来在体育竞技舞台上的"没落"也分不开。

1908 年的伦敦奥运会，强盛的大英帝国以 56 块金牌的傲人成绩高居奖牌榜首位，而到了 88 年后的 1996 年亚特兰大奥运会，国际舞台上荣光不再的英国只获得了区区一块金牌。其间的落差，无疑是严重地挫伤了英国人原本就如玻璃一般易碎的自尊心。正是出于这个原因，在北京奥运会进行期间，当英国暂时排名奖牌榜第三位时，那真是举国上下，万姓胪欢。报章无分党派，全都大张旗鼓地将之形容为自英格兰 1966 年夺得足球世界杯以来未曾有过的荣耀。

读过《新概念英语第四册》的朋友可能还记得第六课《体育精神》。实际上，这篇课文节选自奥威尔的一篇同名长文，在那篇文章中奥威尔将英国人的岛民心态形容为"过分的爱国主义"。自大、狭隘的国民性伴随着英国在 20 世纪逐渐由老牌资本主义强国沦为二流资本主义国家的这个过程。恰如奥威尔所言，体育运动的问题并不在于运动员的表现，而在于观众如何看待体育竞赛。显然，观众们的见解反映的是民族的集体思维。当英国面对世界另一端的一座城市崛起和国家政治坐标的位移时，如何调整既往的心态，这是"民族主义者"们需要适应的问题。当然，它不仅仅是一个心理问题。

英国还要接收多少非法移民

最近，一位非法的非裔移民和她的丈夫被英国政府逮捕了起来。当然，在英格兰，移民局（UK Border Agency）每年都会遣送数量可观的非法移民回原籍所在国，这种事情不过是人们早已司空见惯的琐碎之事，原本不足道。但是，当人们得知这位自称为清洁工的汤加女孩实际上是英国的女总检察长斯科特兰家的私人女佣时，大家还是不免议论纷纷：当年曾参与制定移民法的总检察长如今却执法犯法，雇佣非法劳工。如此，政府的公信何在？更有人在报纸发表文章说，根据法律，这位在任的总检察长很有可能面临牢狱之灾。

有趣的是，在英吉利海峡对岸的法国，此时却传来了这样一则消息。法国的防暴警察搞了一个类似国内"严打"的行动，强行进入加莱港口附近的一处聚集非法移民的丛林营地，抓捕了两百余名不具有难民资格的人士，并勒令关闭了这所难民营。驻扎在这处简陋营地的多数是来自阿富汗等中东国家的难民。据这些人自己说，由于此地距离英吉利海峡很近，他们才不惜餐风饮露，长期潜伏，只为等待一个偷渡前往英国的良机。

隔海相望，英国的政治圈对此不无庆幸，但同时他们也担心难民四散之后，会乘桴逃往英国。英国内政大臣阿兰·约翰逊在接受英国报纸联合社的采访时就夸赞法国政府的做法"迅速，果断"，不过他一再强调，对于那些有资格的国际难民，应该根据欧盟的规定，让他们在登陆欧洲的第一个国家申请难民身份，而不是让他们满世界乱跑。言下之意无非是：难民问题请你们法国人自己妥善处理，但千万别让这帮人越过海岸线，成为英国政府的负担。

　　英国内政大臣对非法移民问题的担忧不无道理，只不过他所提出的"建议"似乎更像是某种外交宣示，而并非什么切实可行的行政措施。作为内政大臣的他不可能不知道，外国人士非法滞留英吉利的最主要手段显然不是翻山越岭，或者渡海而来。一般来说，这些"不受欢迎"的人士最初都是以技术工或学生的合法身份来到英国，他们持有政府签发的短期签证，但在护照过期以后并没有办理延期手续或是回到自己的国家，而是隐姓埋名，赖在英国不肯走。总检察长斯科特兰家的女佣，手上持有的就是一份早已过期多年的学生签证。

　　但无论是逾期滞留也好，"越海峡而来"也罢，如今越来越多渴望得到"难民"身份的人都把英国作为他们的终点站，而不是法国或欧洲的任何其他国家。这其中的原因又是什么？对此，移民观察组织的主席安德鲁·格林的看法可谓一针见血："对于这些准难民们而言，居留英国简直唾手可得。"

　　在法国，想要申请难民身份是难上加难的。移民局近于像审查犯人般的层层调查，恨不得将申请人祖上三代的家族史都挖出来，直到确定此人"根正苗红"，才能正式予以受理，再加上法国移民局速度奇慢无比的行政效率，几乎没几个申请人有耐心等到最后结果。相反的是，英国对待难民申请者的政策较之前者就要"慷慨"不知多少倍。只要填写了表示遵守联合国《关于难民地位的公约》的文件，并能给出恰当理由，一个人甚至可以在入境机场就开始办理庇护申请。几年前，一位名叫兰基·扎伊娜布·比比的巴基斯坦妇女就曾经以"身高过高，常遭乡亲取笑"为由申请在英国的永久政治避难，没想到的是，政府居然同意。这一方面表现出英国政府的确对弱势群体"宅心仁厚"，但家家酒般的移民政策，未免让人感到太随便了一些。

如此宽松的政策，在为那些需要寻求避难和庇护的人们提供保护的同时，也使得那些希望获得在西方国家居留权的欠发达地区人士，将英国视作了一只"软柿子"。在他们眼里，只要轻轻一捏，最后获得的，将是让自己从此远离贫困和战乱的"西方身份"。因此，这些人当中的幸运者，自然凭借着自己的聪明伎俩而成为英国的堂堂一介"难民"，而那些暂时还不具备政府为其提供难民资格的人，与其悻悻地打道回府，倒不如暂时以"黑户口"身份待在英国，他们认为，假以时日，总能想到办法以"难民"二字将自己的身份"洗白"。

倘若深究起来，英国的这种移民政策也有其历史渊源。第二次世界大战结束以后，作为同盟国反抗法西斯的前线，英国在民族问题上秉承了"自由、平等"的传统，一方面这是因为英国人亲眼目睹了德国狭隘、保守的民族政策给整个欧洲带来的浩劫，自然会以之为鉴；另一方面，大量移民为战后欧洲复兴建设带来的劳动力前景，让英国政府在第一时间就宣称"不列颠永远是一个亲和的、无偏见的世界性岛屿"，以便吸纳更多外国移民充作城市重建的人力资源。借此，在1948年，弹丸之地的英国就已拥有了近8万名注册的非裔和亚裔劳动力。此外，马来西亚游击队与英国殖民政府十多年的军事冲突也开始于那一年。这期间，由于战乱产生的大批流民客观上也使得英政府在对英联邦国家的难民政策上将门槛降得更低。英国的殖民地事务大臣霍普金森曾在下院自夸说："在对个人前夕和移民日益加以限制的世界里，无论何种肤色，他都能说'我是一个英国公民'，我们对此事实感自豪。"

但在"自豪"的同时，"移民"这枚硬币的反面带来的问题是不言而喻的。英国本土原本只是一个地稀人广的岛屿，大量外来人口的涌入，势必造成外来者"与民争利"的现象。其实早在第二次世界大战后首批新移民来到英国之时，不少土生土长的英国人已经对他们表示了反感，当时不少提供临时住所的旅店居然张贴着"爱尔兰人、黑人与狗不得入内"的侮辱性标示，可见对于这些"外来人"，本地人是带着多么"种族主义"的眼光在看待。更为实际的问题是，英国本地人住房、就业的成本多少会被不断增多的外来移民所抬高。尤其是住房，官方公布的数据显示，自 1990 年以来，英国的外来移民增加了 300 万左右，并且增加的趋势与日俱增，以至政府不得不在接下来的 25 年内每 6 分钟就造出一间房子供其居住，而他们中的那些不购房者，一旦加入依靠社会福利性住房的救济的大军，势必又会产生对英国社保与福利系统的一次强烈冲击，最后损害的，还是英国纳税人的钱。

了解这些社会背景之后，再回看总检察长雇佣非法劳工一事，应该不难理解英国民众对此表现出的"愤慨"。人们讨厌的是政府在"难民政策"上一贯坚持的"大方"态度，但在实际的操作层面却屡出失误的事实。在他们看来，如此疏漏的执法者当然应得到惩戒。不过，2006 年的《移民、难民与国籍法案》明文规定，政府对于雇佣非法移民但自己并不知情的人，不会处以刑事起诉，而是仅课以数千英镑的罚款。斯科特兰由于之前并不知道自己佣人伪造身份的事实，因而逃过了锒铛入狱的尴尬。但换个角度考虑，这个法令的存在本身或许就已经暗示着，由于伪造身份的非法移民实在太多，连英国人自己也很难明辨真假。

2002 年，法国也关闭了一个类似于今天加莱丛林难民营的地点，当时还担任内政部长的萨科奇就与英国方面达成了口头的协议，表示两国要加强边境合作，不要让从诺曼底海岸线偷渡前往英国的非法移民成为横亘在两国友好关系间的障碍。如今数年过去，历史又一次重复着自身，而非法移民的情况似乎也没有得到多少改善。在笔者看来，若想跳出这种怪圈，曾被称为"避难者天堂"的英国，乃至整个欧洲，需要在未来酝酿一次移民和福利制度的变革。总之，移民固然不易，想要不"被民移"，亦非易事。

英国人的"性取向"

　　曾有过十年皮肉生涯的英国人凯瑟琳·斯蒂芬斯（Catherine Stephens）后来成了一位颇有名气的社会人士，其所为鼓与呼者，乃是性工作者的各种权利。她在报纸上发表文章批评说，英国政府准备修改劳动法，发函邀请了社会各行业人士参加听证，却唯独没有请妓女。她认为这种做法违背了一个基本常识，因为按属性划分，性工作属于正牌的服务行业。在英国，买春并非违法，然而在参政议政这个环节上，性从业者却多少年来被排斥在社会主流之外。前后一想，确实不公平。

　　过去看过一个社会调查报告，自20世纪90年代以来，性行业在英国的发展可以说"一日千里"。在10年时间内，英国选择付钱与性从业者共度春宵的男士人数竟然比以前增长了一倍，寻欢作乐之所亦不断增设。仅在伦敦一地，现在便分布着大大小小、或明或暗的买春场所900多个。而脱衣舞行业自2004年的统计以来，规模也翻了一番，成为有着300多个俱乐部，利润率极高的行业。

　　这种"娼馆泛滥"情况的一个背景是，英国以前的政策有规定，获得开设类似"成人场所"的资格，只需要获得政府颁发的与酒吧和卡拉OK店几无二致的一张许可执照即可。这个门槛很低的标准无疑给不少求"才"若渴的"业内人士"大开了方便之门，加上性解放的思想在赤潮涌动的20世纪60年代席卷过欧美后，人们的两性观念发生了较大改变。一时间，脱衣舞夜总会林立，行业人数猛增，不少猥琐男性消费者的"兴趣"也日益被这市场的"大环境"培养起来，成为这门特殊行业的幕后老板们敛财的对象。

但正如这位凯瑟琳女士所说，如今的情况是，性从业者的数量增加了，但她们应获得的权利和保护却似乎并没有变得更多。在她们身体和心灵上残留着的暴力、犯罪情况可谓比比皆是。于是，在NGO组织林立的英国，不少妇女维权组织开始起到作用，以性从业者"代言人"的姿态出现。在这些婆婆妈妈们多年来的共同努力下，情势居然又有了些改变。现在，英国政府很可能纠正过往一些欠妥的政策，在颇为敏感的性行业问题上更为审慎，加强规范控制，从立法上对现状加以调整。

据说，英国政府即将通过的有两条法规内容是：第一，对于脱衣舞俱乐部一类的营业场所，除了原有的许可证以外，还要增收一个门槛很高的特殊营业许可证，若拒绝办理，将被政府强行关闭。第二，便是对性从业者人身安全的保护，法规规定，如果双方进行交易时，女方不是出于自愿，那么男方将会被判有罪入狱。据媒体估计，此举将大大减少性暴力犯罪的几率，保护性从业者的个人安全。

借着这股"关注妓女"之风，有人在《泰晤士报》写文章评论说，尽管其间存在诸多不尽如人意之处，但这起码能说明英国的文明程度更进步了，至少，在这个国度，买一杯酒和买春从政策上不再被等量齐观。此语是专栏作者的幽默。但换一个角度来看，实际上从事性行业的人口中，移民占了不少的数量，当中数量最多者，是来自东欧贫穷、落后地区的非法移民。一个东欧女人来到英国堕入风尘，和中国一个背井离乡，南下去深圳、香港做小姐的"北姑"，两者的心理动因，也不无相似之处。

有趣之处在于，虽然斯蒂芬斯也强烈控诉过英国的性从业者没有发言权利的问题，但她话音刚落不久，政府便派遣相关政府人员和民间妇女权益组织的代表开会协商，最大限度地给予了尊重，就像《一个英国鸦片服用者的自白》里，德・昆西对与他一同流落街头的妓女表现出的平等的尊重与怜爱。连旧时代的瘾君子都晓得"劳动不分高低贵贱"的道理，而一介现代国民却对这个问题退避三舍，岂不令前人耻笑？

无论如何，性行业是一个永远有"刚性需求"的行业。伪装道学从而否定它的存在是一种可耻的自欺欺人，而长期任由这个行业处于欠缺规范的情况，对行业中处于弱势的一方坐视不管，则有些近乎不人道了。在英国，最起码对此社会的边缘地带做到了"不粉饰"，而且政府和社会组织之间成功地谈及了一些比较实际的问题和解决方法。在今天这个被欲望充满、弱肉强食的世界，能做到这一点亦属不易。至少，这算得上一种稍微健康些的"性取向"。

"酒吧"将成历史词汇？

　　英语一共有多少词汇？这个问题很难回答，因为现代英文的总词汇表时刻都在增加。根据专家的统计，英语总词汇量每年新增加 25 000 个左右，不过，人们却很少去留意那些可能消失的英语单词。如今，有一个极为常用的单词却面临在几十年内消亡的危险，这个词语便是"pub"（酒吧）。听起来似乎有些不可思议甚至危言耸听，但英国啤酒与酒吧协会（British Beer and Pub Association）的一项数据显示，目前英国每周大约有 39 家酒吧因经营不善倒闭。若继续保持这个倒闭的速率，那么到 2037 年，人们在 24 万平方千米的大不列颠王国将再也找不到一间酒吧，"public house"（"pub"的全称）也将和英语里众多尘封的历史词汇一样，被收编进百科大辞典和博物馆，成为标本一具，不再与英国人的日常生活发生联系。

　　这样的说法或许挑战了人们的常识。在历来以尊重传统文化闻名的英国，其引以为傲的酒吧文化怎可能在一夜之间"消失"？再说，在日常生活的层面，下班后邀约三五好友至酒吧，来上一品脱 Guinness（英国产吉尼斯黑啤酒），嘴里连珠带炮似的谈论着政治、天气、女人，这多少年以来一直是英国蓝领阶级雷打不动的每日必修课。此外，英国的小说、通俗文化乃至众多 BBC 的肥皂剧都直接以酒吧为背景或者与之有着密切的联系，"pub"要彻底变成一个历史词汇，乍听之下的确是天方夜谭。

　　回顾历史，可知酒吧在英国人生活中有多么重要，英国最早的证券业和新闻业，便是起源于酒吧，人们喝酒的目的是为了说话，交流思想、传播新知，总之酒吧为各个阶层的人搭建了一个共同的交流平台，因此，18 世纪的散文家赛缪尔·约翰逊曾将酒吧形容为"人类所造万物最美之所在"。其赞美，恐怕多是从思想角度着眼。从英国政府 1830 年降低酒精销售门槛的"啤酒法案"生效以来，这种酒吧之"美"便一直伴随着不列颠人的现代公共生活而不断蓬勃发展。随着风格各异的主题酒吧（theme pub）和酿酒厂的连锁酒吧（tied house）像是啤酒中的酵母般不断发酵膨胀，英国的酒吧也就在商业发展的裹挟下日益开疆辟土，乃至遍及英国的大街小巷。到第二次世界大战结束后，劫后余生的政府更是开始为酒吧的开放时间松绑，于是，人们得以经常三五成群，从一个酒吧不断转移到另一个酒吧（英国人称为"pub crawl"），尽羽觞之意。

　　时至今日，英国人依然秉承其绵延数世纪的酒吧文化传统。但是，酒吧"软件"的条件再优越，也架不住经济危机的硬性冲击。据统计，英国 2008 年大约有 2000 间酒吧被迫关门，这一关不要紧，却直接造成了近 10 倍于此数的失业人口，此外，尚有 75 000 个与酒吧相关的职位随时处于危险。人们此刻方才恍然大悟，原来酒吧养活着全国这么多的工薪阶层，简直称得上事关社稷。就此，深感不安的英国酒业协会已经求助于彼得·曼德尔森，但媒体似乎并不太相信这位商务大臣能拿得出有效的救急手段。

　　其实早在六七年前，受到连锁超市扩展的影响，英国酒吧行业的衰退便已初露端倪，以至于政府不得不发起了一系列的"酒吧拯救运动"。怎奈，随着运动的开展，超市里的酒水价格越来越低，而经营酒吧所需的房屋租金越来越高，因此这项行动收效甚微。对此，《金融时报》的一篇分析文章说，英国酒吧的所有制和经营方式对景气的低迷难辞其咎。另外，啤酒税、禁烟令以及高昂的商业提成等也是压缩酒吧生存空间的重要因素。

但是，真正对英国酒吧有致命影响的因素却是现行的所有制问题。据我所知，英国的酒吧大体上可分为三种所有制：第一种情况是持有许可证的私人所有者进行完全的运营；第二种是酒吧公司或者啤酒厂雇佣职业经理人进行经营；第三种，也是占有市场最多的，是公司或酒厂将酒吧外包给私人经营，并定期从盈利中提取利息。

前两种所有制产权明晰，其自负盈亏的管理模式也比较简单，而占整个酒吧业一半的第三种模式却最易造成所有方与经营方的一系列矛盾。受到房贷危机和经济滑坡的牵连，英国酒业的最大东家"Enterprise Inns"和"Punch Taverns"股价在伦敦证券交易所大幅下跌，两者几乎同时大幅提高了对其所属地产的租金以及酒类的原始价格，以吸纳更多的现金流。这个举动，大大增加了酒吧的运营成本，令"酒海"中的逐浪者们叫苦不迭。由于酒业的两位"龙头老大"在行业中几乎占据了垄断的特殊地位，酒吧经营者进行价格博弈的空间因此相对变小，利润也随之被挤压得所剩无几，再加上经济危机时期人们消费能力的大幅减弱，最后使得经营酒吧基本上就是一桩亏本的买卖。

虽然从 1999 年到 2009 年的 10 年间，英国酒类公司的数量增加了50%，但家庭年酒类消费额却从约 1600 万下降至 1300 万左右，粥变少了，僧却多了。并且这样的消费还有一部分来自随处可见的超市和酒类商店。2007 年英国实行室内的禁烟令以来，超市的酒精类饮料消费大幅增多，这使得去酒吧的实际人数开始减少。仅在实行禁烟令的第二年，英国最大连锁酒吧之一的格兰瑟姆（Wetherspoons），盈利就立刻下降了 16%。

一方面，这是由于人们实在无法容忍持续上涨的酒价，同时，也是因为禁烟令破坏了人们在酒吧里边吸烟边聊天的传统，不少经济状况较好的酒吧老主顾甚至因此转而加入私人俱乐部。至于穷人，他们宁可在属于自己的陋室里叼着烟斗阅读狄更斯笔下陈腐、肮脏的 19 世纪的酒吧，也不愿再踏进那个安静得让人索然乏味的现实的酒吧。

《威士忌》杂志的专栏作者特德·布鲁宁在他出版的《伦敦历史上的酒馆》（*Historic Pubs of London*）里考证说，历史上伦敦本地著名的酒吧，如今大半已不复存在。究其兴衰之道，原因乃是政府相关法令的更改导致人们生活方式的改变。酒吧昔日的兴盛是凭借着"啤酒法案"，今朝的萧索则是由于一纸"禁烟法案"。如果酒吧里的酒水又贵，还不准人吸烟，这种酒吧还是趁早离开的好。俗话说烟酒不分家，不准英国人在酒吧里吸烟，无异于立法禁止成都人在茶馆里饮茶打麻将，不仅无理，且不人道。连法令的皮都给去掉了，文化的毛又将焉附？

固然，徜徉于英国主要城市的街道，酒吧依然是随街可见，其中亦不乏生意兴隆者。但此种表象所遮盖的，却是英国酒吧"到了最危险的时候"这个令人难以接受的事实。

布兰森这个嬉皮士

以一位发展中国家国民的标准看来，我认为英国维珍航空（Virgin Atlantic）的班机食物算是相当不错了。起飞前提供汽水和低度酒，空服员在丰盛的三餐之间还不停地给你塞精致的小点心和水果，生怕乘客的味蕾在旅途中有一刻闲着。比起对食物偷工减料的荷航、法航和汉莎航空，维珍起码可以满足部分饕餮之徒胃里潜藏的愿望。

不过，即使用数量可观的饭后冰淇淋堵住乘客的嘴，也难保西方娇生惯养的中产们不会对贴着维珍标签的客舱食物指指点点。前不久，一位家居伦敦的广告公司艺术总监在乘坐了维珍航空的班机后，写了一封投诉信给维珍集团董事长理查·布兰森（Richard Branson），并拍下数张机上食物照片以证明航班供应的食物太差，抱怨他的飞行为"烹饪地狱之旅"。

布兰森还是一贯风格，第一时间打电话道歉，并将邀请对方来后勤部门，亲自协助工作人员为航班挑选机上食物和葡萄酒。尽管接受《每日电讯报》采访时这位投诉者声称自己并非布兰森先生的"托儿"，但有意无意间，他确实也充当了布兰森这位善于表演的老板推广企业品牌的一粒棋子。

自然，贵为集团董事长的布兰森躬亲电联投诉者，并不是因为这事"篓子大得惊动了领导"。布氏骨子里从来都是一个以"群众"和"草根"自居的商界造梦人。资深商业记者德斯·狄洛夫（Des Dearlove）在《布兰森商业帝国》一书中写道，尽管布兰森出生于伦敦以东，有着公立学校的教育背景、时髦的口音和无尽的财富及权力，但普通民众却认为布兰森是他们其中的一员。布兰森与其他 99.9% 的大公司经营者的不同之处在于他和气待人，他每个月都会亲自打电话给至少 50 名顾客询问公司的服务情况，或者干脆跳上维珍公司的航班与乘客聊得火热、听取他们的意见。甚至，他曾经化妆穿上空姐的制服为人们提供饮料。与这些不寻常的"异闻"比起来，回复一个投诉者电话的举动，也许根本就算不了什么。

自 20 世纪 60 年代创办《学生》杂志开始，布兰森向来被人视为一位"嬉皮士资本家"。众所周知，他穿着不修边幅，将工作与玩乐混为一谈，常靠一些非常规举动来将市场的水搅浑，兴之所至时，更会做出独自驾艇横渡大西洋和乘热气球环球旅行之类吸引眼球的"壮举"。但如果仅把他成功的原因"误读"为善于夸夸其谈和独特的个人魅力，似无助于我们了解布兰森本人及其背后庞大商业帝国的另一面向。这样的布兰森或许还是那个敢于签下朋克乐队"性手枪"的唱片公司老板，但这还不足以使他成为那个在商业界家喻户晓，能长期进入《福布斯》杂志富豪榜的布兰森。正如狄洛夫在书中告诉我们的：布兰森的意义在于，他"创造出将叛逆与商业相融合的新型发展模式，并且发现了一种独一无二的品牌运营方式"。

而支撑这种模式的，除了大胆的想象力以外，还需要绝对冷静的判断和迅速做出决断的能力。布兰森玩世不恭的表面之下，无疑包藏着某些更为严谨的东西。

作为消费者最为认同的英国品牌，维珍从一开始就注定要以离经叛道的形象登上市场的舞台。在公司最初的岁月里，维珍（Virgin，英文中有"处女"的意思）这个单词曾被认为是伤风败俗的而不被政府允许注册，这或许也暗中成为维珍唱片日后签下受到争议的"性手枪"乐队的精神源头。当其他公司还在把大笔资金投入广告宣传之时，布兰森早已悟透：与其花巨资购买媒体的版面，莫如自己策划、制造新闻，进而免费占据媒体空间。

照狄洛夫的看法，无论是布兰森开辟专栏还是与员工一起穿着蕾丝吊带裙跳舞，目的都无非是为了迎合媒体口味而制造出的"娱乐精神"。在对待媒体的问题上，布兰森是个机会主义者。当海湾战争前夕一架英航客机被萨达姆武装力量劫持时，他竟下令维珍公司的一架飞机待命，随时准备前去解救人质。

最成功的一个例子发生在维珍与竞争对手英航的身上，英航多年前向国际航空公司转轨的过程中，决定将英国国旗从机身标志上抹去。维珍及时地抓住了这个机会，布兰森这位"爱国者"下令将英联邦旗帜纳入机身标志，并称如果英国航空不愿挂出国旗，那么维珍愿意效劳。这一招，使得航空飞机上油漆未干的英航失去了英国媒体的青睐。而在维珍利用"反垄断法"与英航打的一场笔墨官司中，布兰森通过拍摄内幕纪录片等方法再次成功利用舆论造势，使得英航最终不得不赔偿维珍 500 万英镑。

与比尔·盖茨和史蒂夫·乔布斯不同，布兰森没有发明过任何革命性的创新产品，也谈不上什么业界先锋。让人们一定程度上"误读"了布兰森的，恰恰是布兰森的竞争对手和那些不明就里却狂热地崇拜着所谓"个性企业家"的商界追星族们。认为媒体上出现的形象直接等于实际的商业操作，毫无疑问是天真的，并且最终促成了维珍集团所希望看到的一幕：他们的总裁成为了一名商业"十字军战士"、一位可以向各个阶层的人发言的多面手。但是这位每天都必须处理数十个预案的另类老板，最常打交道的正是他的崇拜者们所反感的事物：古旧而杂乱的英式办公室、不间断的商务会议、与合作伙伴和对手不断的唇枪舌剑……而这些又岂能是一位仅仅"在路上"的嬉皮士所能考虑的？

在张朝阳在咏乐汇跳拉丁舞，李开复在波士堂大秀厨艺，巴菲特为动画片"百万富翁秘密俱乐部"配音的今天。我们太容易被商业偶像们"能折腾"、"能走秀"的表面所迷惑，却往往忽视了他们隐忍务实的另一面。事实上，理查·布兰森，这位拥有全英国的年轻人所向往的 3F——名声（Fame）、财富（Fortune）和乐趣（Fun）——的"帝国国王"，并非一个只知道在聚光灯前作秀的厚颜无耻的商人。他每一次看似离经叛道的举动，背后无不经过了只有一颗"精英大脑"才具备的精打细算。

金融分析学的奠基人本杰明·格雷厄姆将投资定义为"经过理性分析，建立在保本的基础上并有一定收益的行为"，舍此便是投机。布兰森的做法更直接，他干脆把投机也变成了一种投资。英国商人的保守性格上哪儿去了？有人会问。不过，维多利亚时代身着燕尾服的商人遗风早就被他们的尸身埋入了浅土中，面对用汉堡可乐喂大的新一代英国人，布兰森的嬉皮士打扮反而最像商人，况且，这会让他的样子看起来更聪明。

不列颠"迷惘的一代"

　　最初对英国青年的"颓废"有印象，是拜库布里克的电影所赐。这类影视作品流布之广，几乎给人一种"英国青年一代已经完蛋"的印象。从20世纪70年代的电影《发条橙》，到90年代的电影《猜火车》，再到近年来颇为流行的英国电视剧《皮囊》，英国的青年已经被人为地与"堕落"、"自我放逐"甚至黄赌毒一类的概念联系起来。英国的年轻人究竟是何"本来面目"，反倒不甚清楚了。"所幸"，一场经济危机，反而给了我们一窥当代英国青年真实面目的机会。

　　英国自2008年开始就实行了一系列救市举措，但仍无法止住经济下滑的颓势。英国的制造业将面临锐减8%的窘境，这是自20世纪80年代以来的最差境况。全英工程师协会（EEF）的一份报告显示，英国今年约有800家企业"处境危险"，相应的，据天空新闻频道（Sky News）估计，全英的失业人口可能达270万之多。

　　庞大的失业人口所带来的社会隐患让首相布朗伤透了脑筋。前段时间还强烈反对贸易保护主义的他，此刻不得不暂时"躲"到美国，成为第一位访问美国这个贸易保护主义"始作俑者"的欧洲领导人。英国媒体在讽刺布朗这次"讨好美国之旅"的时候，也不忘给这位昔日的"救市英雄"提出一些建设性意见，例如："英国现在该从美国身上学些什么、怎么学？"面对着经济动荡不安的现实，2009年3月的《前景》杂志非常明确地提醒了布朗先生：不是学"贸易保护"的奥巴马，而是学"以工代赈"的罗斯福。

当然，此处所谓的"工赈"计划并非针对社会失业工人，而恰恰是英国的青年人群。在经济危机的大背景下，原本就麻烦不少的英国

以《猜火车》为代表的电影构成了人们对当代英国年轻人的想象。

青年一代问题更为凸显。据统计，在英国失业的人群中至少有130万属于年轻人群，这些本来应该继续接受教育的年轻人却因种种原因过早进入了充满压力与危险的成人世界。高犯罪率、过早性行为、无法充分就业成了英国政府需要帮助这些"迷惘的一代"解决的关键问题。

为此，英国政府正计划引入一项义务性的公益服务计划，主要招收的对象是16岁到25周岁的英国青年，长度从6个月至1年不等，为其培训社会服务技能，有些地方甚至会支付他们相当于法定最低工资的金额，作为"诱饵"吸引青年的参加。如果运用得法，这些旨在帮助老者、病人、残障儿童等的社会服务机构将在很大程度上缓解青年的就业问题、改善英国社会公共服务效率，最重要的是，它可以挽救英国年轻一代几乎已丧失的"公民意识"，让他们走出自己生活的狭

窄圈子，成为社会的真正成员。

政府的想法虽好，但英国的青年们对此是否"买账"，似乎还说不太准。

例如，英国急遽老龄化的人口是让 NHS（国民卫生部）非常头疼的问题。在医生总量饱和的情形下，人口老龄化意味着未来医疗和卫生支出的增加，而在英式医疗体系下"吃皇粮"的医院和医生们将面临更大的压力。英国政府和社会服务监督委员会（Commission for Social Care Inspection）为此专门新设立了一系针对老年人的社会服务岗位，以期吸引年轻的志愿者参加。一方面，此举可减缓医疗开支压力，同时可让部分年轻人有暂时安稳的工作；另一方面，通过年轻志愿者的帮助还可以让老年人们不至于早早地就使用政府的养老款项，客观上减轻了政府压力，可谓一举三得。但是，至少还有 10 万个此类岗位目前仍然无人问津。

华威商学院的一份研究报告说得再清楚不过了：与现在的年轻人比起来，老一代英国人更热衷在日常进行公益性质的活动。第二次世界大战后消费社会的到来，不仅没有促进年青一代更加关心所在的社区、愿意倾听他人的困难，反而让他们在物质生活的优越之中变得自闭、消极，不愿担负责任，甚至宁愿丢掉工作拿失业救济也不愿参加公益事业。而到了信息泛滥的网络时代，要想让"嗜网成瘾"的英国年轻人再关心别人，就更难上加难了。此种趋势如果持续，将来可以利用的社会资本势必也会越来越少，这于英国经济的发展极为不利。

事实上，现代英国人对自己的"公民身份"和"社会责任"的认同感一直不差。其前提在于一种"宗教的世俗化"。机械大生产催生的19 世纪维多利亚时期的文化变革，使得人们开始将世俗化了的基督教基本道德构建为社会准则。其时托马斯·格林等学者所鼓吹的"只有在社会协作中才存在个人意志自由"的哲学思想形成了英国"公民社会"

的理论构架，那个时代也是英国人将古典的绅士遗风和现代公民意识结合得最好的时代。

随便翻阅一份英国的报纸或杂志，从中不难找到关于维多利亚时期人情风物的文章。或追忆或怀念，其背后的潜台词似乎都暗指了当下的"人心不古"。尤其当诸如"13 岁少年未婚成父"之类的新闻见诸报端时，人们无法不对英国的年青一代皱眉。

正因如此，当面临新老一代人"交棒"的英国遭到经济危机的打击时，两大党在帮助年轻人重拾"公民责任感"的态度上基本达成了一致。保守党领袖卡梅伦一直以来鼓吹的"社会责任感"与工党首相布朗所强调的"社会公平"在此不期而遇。看来，他们都意识到，经济问题的根本解决之道并不是一味向银行和企业砸钱，对下一代人的及时"注资"才是长远之计。

爱尔兰"毒猪肉"启示录

　　爱尔兰出口的猪肉受二噁英污染事件曝光后，英伦惶恐、寰欧震动，德国、法国、意大利等 27 个欧盟成员国纷纷要求将爱尔兰猪肉制品下架停售，并呼吁那些已经购买受污染猪肉的消费者将其丢弃。各国的主流报刊也第一时间开辟专栏，由食品专家解答消费者针对"毒猪肉"的提问，以稳定市场信心，消弭人们心头的恐惧之情。在经历了十几年前开始的疯牛病风波以及近两年的德国腐肉和意大利有毒奶酪等事件后，由爱尔兰猪肉引发的食品安全问题成为最近欧洲从政府到百姓所共同关心的话题。

　　事件源于爱尔兰一家能源公司下属的饲料加工厂在利用回收的原料加工猪饲料时，没有按规定使用食用油处理面包干和面团，而是使用了工业用机油，从而导致含致癌二噁英的猪饲料流入生猪养殖业进而污染猪肉市场。爱尔兰是猪肉产品出口大国，每年出产生猪 300 万头，猪肉产品出口总值高达 4.7 亿美元，二噁英事件后，政府不得不下令屠宰受影响的 10 万头生猪，爱尔兰猪肉加工业也将因此蒙受 1 亿欧元的损失。

　　不过，与国人谈之色变的"毒奶粉"、"毒柑橘"等食品安全事件有所不同的是，此次爱尔兰的毒猪肉纯粹是工业污染所致，很大程度上可被归结为一种技术环节的失误，而不是无良商人的"有意为之"。所以，这次事故也不具有行业普遍性。真正值得人关注的事情，是英国的政府与食品监管部门在此事件中所发挥的不可或缺的作用。平时口头上秉持"公义"的英国政府和媒体，在危难关头坚定地站在了消费者利益的一边。在消息的披露上，反映的时效上，以及善后处理上，均有值得我们参考、借鉴的地方。

通过媒体对猪肉事件的报道可以看出，欧洲食品安全的信息披露非常及时，且消费者与生产者的信息对等程度较国内更高。在 2008 年 11 月底对爱尔兰猪肉的例行检查中发现疑似二噁英物质后，便有消息见诸报端。而在确认 60 吨生猪肉所含物质为二噁英之后，作为从爱尔兰进口猪肉的大国，英国政府甚至先于《泰晤士报》等主流媒体在第一时间向民众发出警告，建议消费者不要食用生产日期在 2008 年 9 月 1 日以后的爱尔兰生猪肉。将"问题猪肉"的出场日期精确到天，并进行如此清晰、及时的警告，光是这两点，就够我们好好学一阵子的。

美国学者桑斯坦写过一本名为《谣言》的通俗读物，书里说，谣言这个东西，伴随着人类的历史一路走来，实乃我们生活中最稀松平常的现象之一。但是，谣言想要发生迅速的传播并产生破坏力，则有一个前提，那就是听信谣言的人必须生活在惊惶与不安中。如果人们头脑中既定的想法隐含着对现实的不信任，那么谣言流传起来就太容易了。相反，如果公众能够第一时间获取真实信息，那么惶恐情绪就无从蔓延，谣言也无从传起。

可以说，在信息披露上，英国政府完全没有遮遮掩掩，也没有让行政的应急举措屈从于行业潜规则。假如英国政府在第一时间选择站出来为毒猪肉"辟谣"而不是坦呈问题所在，那么整件事情的走向就会陷入一种恶性循环。当然，英国人是不会这样做的，没有人希望消费者在惊恐与猜测中耗尽对市场的信心。由此，政府接下来的一系列应对措施有了最好的舆论准备。不久，欧洲人就逐渐从惶恐不安中走出。欧盟公共事务委员会甚至表示，对爱尔兰政府采取的救助举措表示满意，并认为由于措施得当，有毒猪肉不会对消费者的健康产生重大影响，而被迫停产多日的爱尔兰猪肉制造厂商也开始恢复生产。这不得不说全赖信息披露及时可靠。

另外，政府和监管部门在应对上完全站在消费者和大众利益的一边。尽管这次受影响的企业只占爱尔兰 400 余家农场中的 10 家，但政府还是连续 4 天暂停了全国的猪肉加工业，并且考虑增加每年全国猪肉例行检查的次数。此举虽引来部分农产工作人员的不满，但政府还是强令行之。原因无他，因为早在 1999 年，比利时、荷兰、法国、德国曾连续发生二噁英污染饲料事件，导致畜禽类产品及乳制品二噁英含量过高。面对当时来自全球的压力，比利时农业及卫生部长由于阻碍消息披露的真实性而被迫辞职，最后导致整个内阁的集体垮台，对比利时国民经济造成了至少 10 亿欧元的损失，间接引发了政坛和外交动荡。欧洲的教训，爱尔兰至今牢记于心，那就是宁可牺牲部分企业家和农场主的利益，也不能让猪肉事件坏了整个国家的国际形象。

相应的，爱尔兰政府和欧盟对于遭受损失的养猪业采取了经济上的补救，1.8 亿欧元的经济援助使得毒猪肉事件不至于让爱尔兰的农业"后继无猪"；在确保市场监管手段独立的前提下，爱尔兰政府随即担保除 9 月到 11 月之间的猪肉之外，其余时间生产的猪肉制品绝对安全。这两点，既弥补了当下农民的损失，同时为未来的市场厘清信息，而在那样一个法制相对健全、监管相对独立的国家，民众对于政府的担保自然十分信任，都放心食用本国猪肉。

显然，欧洲的食品安全机制还需要进一步完善，欧盟各成员国之间以及与世界其他国家的国际合作也有待加强，但即便存在种种问题，在毒猪肉问题的危机处理上，无论是托市场大环境或是制度之福，爱尔兰这次的"化险为夷"可谓干净利落。不过，爱尔兰人还是有件事情弄不明白：为什么中国和俄国还在禁止进口已经证明是安全的猪肉呢？

议会"报销门"动摇了英国民主？

20 世纪 80 年代 BBC 拍摄过一部搞笑情景剧，叫《是的，首相》（*Yes, Prime Minister*）。其中的"首相"一角是由已故的英国演员保罗·艾丁顿扮演。有一段情节给我印象深刻：刚当上三天英国首相的詹姆斯·海克下班回到家中，嚷嚷着要进餐，不巧首相夫人刚好有事在外，家中无人做饭，远庖厨的首相只得生生饿了一顿。第二天在首相府时，他向自己的私人秘书抱怨说，政府能不能派一个专职的厨子到自己家中？秘书答曰："完全可以，首相。只要您支付得起他八千到一万英镑的年薪。"海克首相有些不理解：难道说我堂堂英国首相，竟连"公派"一个厨子的权力也没有？那位秘书摇了摇头，然后面带坏笑地回复道："首相，这规矩已经流传两个半世纪了。"

我一直以为这段情节纯属英式幽默，心想在昔日的大英帝国做一位"公仆"（civil servant）怎么可能过得如此凄凉，连厨子也不给首相配一个。直到前段时间甚嚣尘上的英国议会"报销门"事件告一段落，我才恍然大悟，原来电视里面播出的并非什么幽默，而是比"没人做晚饭"这种小事残酷得多的现实。

事情是这样开始的。一个退休的英国特种部队前军官，因为自己的保安公司经营不善而赋闲家中。一天，他接到一个来自"情报部门"
的神秘人士的电话，称："有人让我来找你。我这有一张硬盘，里面装
了一些东西你也许会感兴趣。"

这位颇为精明的退役军官在详细询问后，才知道对方掌握了过去
4 年来议会下院 646 名全体议员的每一张公款报销的收据和明细记录，
据称内有猛料。对方询问能不能把这些信息发布到公共领域，但出于
谨慎，他没有立即答应。不过，后来他咨询了法律顾问，得知因为存
在一些法律上的空白地带，他的泄密行为可能不会受到追究。于是，
他通过那个神秘的电话得到了记录有报销数据的硬盘，并将它高价卖
给了《每日电讯报》。

《每日电讯报》自 2009 年 5 月 8 日开始，每天公布一小截议员名
单和报销记录，议员们中饱私囊的细节被人们一览无余，英国多家报
纸对此竞相转载。随着时间的推移，一桩原本并不大的津贴丑闻被善
于炒作的英国媒体制作成了一出扣人心弦的政治肥皂剧。先是报纸每
天刊登新一轮曝光，让议员胆寒，随后是选民激怒，下院议长辞职，
连首相布朗也牵连其中，英国政治面临百年未有之大变局。由是，有
人甚至开始怀疑议会制度的合理性，好不容易造出的"民主"、"议会"
这些家什，为何如今会花纳税人的钱养着这样一帮混蛋。

且慢，议员违规报销公帑之事果真能撼动英式民主基石？虽然
BBC 等多家媒体在报道此事时用了"议会革命"之类的标题，《卫报》
主编艾伦·拉斯布里格甚至坦言，作为世界上最古老的议会民主制度
之一，沿袭数世纪的英国议会声誉受重创，民主进程以及议会也面临
质疑，但是，将媒体的语言作为鄙视这些英国的"人民代表"乃至议
会民主制的依据，实在不是明智之举。毕竟，即便是号称"社会公器"
的英国国家广播电台，对煽动性词汇的使用，也是从不吝惜的。

其实，激怒英国民众的关键无非是，政府在政策上对于议员的补

贴"照顾"过于大方，另外，就是在缺少必要的自觉性的前提下，议员们中饱私囊现象成为政界多年的"潜规则"。但我们稍稍将目光移开英国，就不难发现，在连国家首脑也会因为贪腐问题而坐监、自杀的今天，英国议员们的集体"报销"行为似乎算不了什么。实际上，即使贪污，议员的报销数额每年也无法超过规定的 2.4 万英镑，而且大多是寻本遁章，零敲碎打，小公务员的本色立现。比起动辄生猛贪污的亚洲国家，英国议员还算对得起自己残存的那点"维多利亚遗风"。

99 便士的抹布，4.47 英镑的狗粮，19.99 英镑的一件浴袍，119 英镑的熨衣费，399 英镑的一台电视机，1403.9 英镑的清洁费用，2339 英镑的一张地毯……看一下他们的账目明细，我几乎感到贪污的英国公务员的形象不是"可恨"，而简直是"可怜"了。不过，英国的政治体制早已决定，首相和议员只是国家的"高级打工族"，辛劳有余，享受没份。尤其是在通胀严重、经济不景气的时期，这帮人更是要以身作则，不能出半点差池。颜面扫地的首相布朗为此声称自己要"改写"议会的耻辱簿，并宣布了一系列过渡性改革：例如将监管议员补贴明细的权力移交给一名依法独立的监察委员，议员公开第二套房信息等。至此，"报销门"事件在实际层面已经完结，剩下的，无非是小党从中获利、大党因此受挫，谁上谁下，那都是英国政党政治的内部游戏，与议会民主制到底是不是个好东西，没太多关系。

当然，从历史上说，英国议员这次集体钻体制空子的事件，之所以引起民间这么大的反响，除了政策设置的一些不合理之处外，也与"巴力门（议会）至上"的政治体制不无关系。

被迪斯雷利喻为"英国孟德斯鸠"的政论家狄龙（De Lolme）尝戏言：除了将女人变成男人之外，巴力门无一事不能为。不过，他无法预知的是，可以造法亦可毁法的英国议会在 1928 年通过"男女平等法"正式确认了女性的政治、社会权利，若按狄龙的标准，英国议会几乎具有"无限权力"。

英国的民主制度从一开始就是资产阶级与皇室贵族妥协的产物，英宪也不是一部严格法理意义上的宪法，由此，议会的权力成为民主制衡的关键。议会可以延长自身任期、颁布立法，在多数通过的原则下，甚至可以重塑英宪或者解散英联邦。议员作为议会的有机部分，在人们心中无疑是英式民主的一个个具体而微的注脚。而这些由英国老百姓推举出来的代表，竟然在席卷全球的经济危机严重威胁英国经济的时候干出如此勾当，这当然会让人们怒不可遏。须知，拿着纳税人钱的议员们决定着英国这艘大西洋上的航船未来驶向何方。

可以说，金融危机中，英国的议员们收拾了搞垮金融体系的银行家，而把国家引向衰退的议员们如今又被老百姓收拾。从中，我们看到决定议会政治的因素实际上来自于民众和舆论的监督。"巴力门"再大，也大不过百姓。《是的，首相》中那句经典台词可以说明这一切："这是公开的政府，我的首相，必须保证信息透明。我们得开诚布公地告诉媒体，否则他们也总能想到办法查出此事。"

作为历史最悠久的民主立法机构，英国议会为后世树立了典范。图为英国议会夜景。

民主是一项全民职业

国家譬如人，闭塞久了，隔阂久了，猛一来到真实的人类社会，难免会出现各种误会和理解上的偏差。笛福笔下的鲁宾逊先生漂流荒岛多年，不食人间烟火，当命运再次眷顾他，让他被一艘文明世界的航船搭救起来时，英国佬鲁宾逊却连正常的英语都说不出口，更别提文明社会的礼仪了。

而在我生活了20多年的这个国家，人们之前大约也有点闭塞，虽然谈不上荒岛余生，但几乎可以说是与世隔绝。后来，咱们猛一推开窗户，才发现阳光之下原来全是新生事物。这些新生事物被一些陌生的名词所包裹着，熠熠生辉，让久绝于人世的我们感到前所未有的崇高和神圣。正如刚刚涉险穿越沙漠的人只要见到水就三呼"阿门"，并奉若至宝，我们对不少新名词也怀着一种本能般的崇拜。"民主"这个词，属于其中之一。

人们都说民主是一场竞技，至于比赛到底应该怎么玩，我们却长期以来不甚了然。因为不了然，所以要先看看比赛规则，以"民主"这个词为话题的书因而有了市场。但是，如今不少写民主的书籍只是忙于如何装点、打扮民主的门面，却并没有告诉读者们，所谓的民主，其最实际的一面往往也是最枯燥的一面。

李梓新兄的《民主是个技术活儿》是个例外，此书以英国的日常民主生活为例，为读者呈现出了民主概念贴近现实的一面，这一面是具体的、琐碎的、分散的，但这些碎片式的细节又通过历史的传承得以串联、聚合起来，形成了一种真实的民主传统和氛围。但不少人往往易被这个笼统的传统和氛围给迷惑住，误以为这就是民主的全部真相。这当然谬以千里。此类误会，就是我所说的由于闭塞太久造成对正常人类概念的理解偏差。

我在英国时刚好赶上地方选举，并有幸参与了南约克郡地区的选举报道。我所在的老工业区谢菲尔德，历来由工党把持的议会当年被"自由民主党"（Lib Dem）彻底抢走，和北部的 South Lakeland[1] 一起从"社会主义样板村"向右看齐。不少本地报纸故作惊呼"右翼的来临"。其实，比自民党或者托利党更靠右的政党还很多，例如宣扬民族主义的"不列颠国家党"。有趣的是，在约克郡的选举中，这个民族主义党竟也获得了两个席位，让前朝的嬉皮士遗老和种族主义者们有了更多表演的机会。当时的我，多是以娱己娱人的心态来看英国选举，看得颇自得其乐，但没下多少工夫，也看不出什么门道。梓新兄的观察，正好为我这个懒于政治的门外汉补了一课。

选举一事，大有学问。比如，想要在英国 24 万多平方公里的土地上搞民主选举，总需要把整个土地切分成无数个小的选区吧，否则，大家一股脑涌进首都投票，那选举也就不成其为选举，而是在举假肢。但是，分选区这活儿，可不能像当年诺曼公爵威廉武力平定英国后分封土地那样，想怎么分就怎么分，铁哥们多分不铁的少分。一个常识

---

[1] South Lakeland 为英格兰北部的一个行政区，目前是自由党和保守党占优势的选区。

是，随意性恰恰是专制王权的象征，而现代民主社会则拒绝带有随意性的权力交易，每一个细节都讲究游戏规则、有高技术含量。

作者在书中提到，英国人设置选区的办法，是按照每个选区平均约七万的人数来平均分配，但英国的地区行政划分历史悠久，情况错综复杂，要想科学、合理地照顾到各个地区的选民，不依靠专业团队的统筹是无可行性可言的。为此，英国人特意设置名为边界委员会（Boundary Commission）的专业机构来管理协调选区事宜，而之后一旦开始选举竞赛，则整个选举活动都接受着公众的严格监督。其成本如何呢？据统计，2005年的英国大选，平均每个纳税人为此支付了1英镑，还不到一顿饭的钱。拥有如此物美价廉同时又专业的民主，英国人民真幸福。

"技术活儿"这个书名挺别致，让我联想到兢兢业业的蓝领技术工人。其实，在运用的意义上，概念性的民主终究是要落实到操作的层面。但民主的实际运转又是以什么为其目的呢？梓新兄曾经率领学生报道团队前往美国报道2008年总统大选，对于民主这部大机器的内部零件运转的原理，自有独到的观察和见解。正如他在书中不厌其烦介绍民主机器各个部件的细节后所说："这就是英国政治价值观的一个重要体现：对个人权利和自由的重视，更胜于权力的更迭。"如此，民主成为一项专业的初衷，终究还是为了人的权利。这是人们兢兢业业搞民主这项"技术活儿"的前提。

说浅白点，民主不是一项事业（career），而是一种职业（job），和卖菜、端盘子、看大门、蹬三轮等工作一样，并没有某些人想象得那么崇高伟大、不着边际。但这话的意思不是说，民主之事无关紧要，而是因为它太重要了，以至于我们只能很靠谱地把它当成一项职业来看待。比如，你会赋予你们家小区保安维护世界和平的使命吗？完全犯不上，他只需要做好本职工作就很不错了。可以这样理解所谓的民主：那就是它也需要一种严谨的职业精神。

　　只有当它有效地履行了自己的本职工作之时，民主才算是走上了正道。民主不是刮彩票，也不是吟诗作赋，而是一项堪称烦琐的工作。只有已经落到实地，可被一般人切身体会到的民主，民众才会主动去捍卫它。而这种用暴力捍卫的可能性，恰如斯图亚特·密尔在其著作《代议制政府》中所说，才是让民主政体得以保存并延续的前提。不过，如果在遥远的将来，民主一词仍然只能充当我们的一个写作素材，那就不仅是吃写作饭的人的悲哀，而是所有人的悲哀了。因为这说明，民主还没有成为一项全民的职业，在某种意义上，每个人依旧失业。

为撒切尔主义戴上格瓦拉的帽子

一

2009年5月4日是"铁娘子"撒切尔夫人入主唐宁街30周年纪念。1979年的这天清晨,英国大选的计票结果显示保守党赢得议会的44%席,成为新政府的组建者,玛格丽特·撒切尔也在当日下午面见女王伊丽莎白二世,正式被任命为英国历史上第一位女首相。

撒切尔夫人的上台预示着崇尚自由市场和货币作用的"撒切尔主义"政治哲学登上历史舞台。在西方集体向右转,东方集体偏左的特殊历史时代,撒切尔主义与其在大洋彼岸的另一版本——里根主义贯穿了整个冷战的后半期。为此,传记作家尼古拉斯·瓦普肖特曾将撒切尔主义比喻为里根和撒切尔两个人的"政治婚姻"。美英这两个世界上最重要的西方国家的"联姻",使得自由资本主义在意识形态上取得了全球性的胜利。

20世纪80年代初,当撒切尔夫人率先推行私有化的时候,在社会主义思潮风靡的法国,总统密特朗却公开唱撒切尔的反调,他对银行和工业集团实施大规模国有化,故意做戏给撒切尔看,而当1982年的失业潮不可避免地涌来，老练的密特朗来了个似左实右的大转弯，成了撒切尔式思维的拥趸。颇为得意的撒切尔让顾问出版了《将世界私有化》一书，她本人也欢欣鼓舞："人们不再担心染上英国病，他们排队来领取新的英国药方。"

不过，时至今日，"英国病"的含义已然"变味"。经济萎缩3.75%，失业人口预计达300万的英国基本上从政府救市的"好榜样"转变为金融危机的"坏典型"。如果说奥巴马高调的经济预算案标志着里根主义的终结，那么，英国首相布朗提高个税至50%之举是否也意味着撒切尔主义在英国的终结？对此，英国的主流媒体多持肯定态度，如《金融时报》就评论称撒切尔主义长达30年的"试验"已失败，而保守党的前代理主席彼得·黎利，更是在多年以前就公开表示：撒切尔主义早就过时了。

且不论撒切尔主义是否过时，如今困难重重的英国经济的确已到了亟待振兴的时候。撒切尔刚上任时，摒弃了工党领袖卡拉汉"工会至上"的政策，在制定和实施经济政策时不断鼓吹所谓后工业时代"市场至上"的新政，金融服务业明显地取代传统制造业成为经济战略的重点。由此，英国在那一时期也保持了经济年增长7%的佳绩。不过，英国的金融政策和信贷业在经历了20世纪80年代

在撒切尔夫人淡出政治多年后的今天，崇尚自由市场和货币作用的"撒切尔主义"政治哲学仍没有过时。

的"松绑"之后，90 年代却面临不少问题。"透支未来"成了这一时期工党政府的最大特点。银行房贷的信用要求较以前大为降低，大批工人用虚拟的资金买房买车，俨然翻身做了主人。

在工人阶级"中产化"的影响下，1997 年成为执政党的工党也践行着市场至上的政策。除了激励消费以外，他们还在全国范围内大量发放学生贷款，入学率的确提高了，但这也使得如今英国大学生人均负债超过 17 000 英镑。2001 年布莱尔政府出台鼓励家长投资的"婴儿债券"更是免费发放小额储备基金，直接把个体的未来人生视为理所当然的投资项目。长此以往，原本旨在盘活经济的撒切尔主义被执政党"玩得过火"以至全民负债时，改革的必要性便呼之欲出了。

讽刺的是，19 世纪的保守党批评自由资本主义，20 世纪的保守党却指责国家对经济的干预违背了自由主义原则。而在世界经济面临严峻挑战的今天，保守党"主攻"的方向似乎应该更为务实，一方面，年轻的他们要继承撒切尔的"保守主义"政治遗产；另一方面，对于维护中小工商业者和工人阶级的利益，也不得不审慎考虑。《泰晤士报》曾采访过 5 名同是 1979 年出生的普通英国人，大家都承认，撒切尔的政策使他们生活较之 30 年前提高了不少，但接下来该怎么办？报纸把疑问留给了读者。

对这个问题，如今的政府似乎打算以更"左"的政策加以调整，但即便如此，这也并不意味着撒切尔主义的终结。第二次世界大战后英国乃至全球范围的金融革命催生出大量的"有产蓝领工人"，马克思教义中彻底的无产者早就不复存在，而是开始向中产阶级靠拢。换言之，自由市场的思想或者撒切尔主义已经有意无意地渗透到它们原本所不属于的阶级之中，私有化、自由化和竞争的概念，与购物中心和肥皂剧一起凝结为我们时代精神的一部分。

相比之下，英国政府将银行国有化和对企业的大量注资纯属应急之举，而非对思想或政治计划深思熟虑的结果。"暂时"共产主义距离动摇撒切尔主义思想的根基还有一段距离。如今，说撒切尔主义"是个好东西"显然是不合时宜的，但它毕竟是自由市场理念在政治操作中的体现，而自由市场则是现代商业社会得以形成的基础。

二

全球经济衰退所导致的企业大量裁员，诱发了一系列英国劳工仇视外来劳工（以下简称"外劳"）情绪与反外劳暴力事件。英格兰东部林肯郡一座炼油厂发生大规模反外劳罢工，后来波及 20 处其他油气设施甚至核电站，严重威胁全国的能源供应。最后厂方同意 198 个职位中的一半聘用英国劳工，骚乱这才平息。在经历了去年的邮政工人罢工、教师罢工，以及暑期英国工会的罢工潮之后，2009 年英国的首次罢工让无论政界还是媒体都开始将目光转移到"蓝领工人阶级"这个似已不常被提起的抽象名词之上。

我们不妨对所谓英国"工人阶级"自身的阶级属性在这数十年的改变作一个简单回顾。如今人们最常用的一个说法是，当下的经济形势为 20 世纪 30 年代以来最坏。事实上，在 1930 年英国传统工人阶级数量已占总人口的 3/4，但其中只有不到 20% 的人拥有属于自己的住房，极少数人拥有银行户头，更不用说投资债券股票了，而政府给工人们的养老金却扮演着维持社会稳定举足轻重的角色。可以说，直到第二次世界大战后凯恩斯主义盛行的工党执政时期，英国的工人一直维持着政治教科书中典型的无产阶级形象和特质。

20 世纪八九十年代英国政府在制定和实行经济政策的时候不断鼓吹战后所谓的"后工业时代"的新政，金融服务业明显地取代传统制造业成为经济战略的重点，由此，那一段时期英国在经济上颇为风光。

如果说工业革命直接创造了"无产劳工阶级"的概念，那么第二次世界大战后英国乃至全球范围的金融革命则催生出大量的"有产蓝领工人"。对于他们而言，自己的住房不再仅仅是一个安身立命之所，它同时也是可以用来投资、生钱、获利的商品。

正如英国伊塞克斯大学（Essex University）教授罗宾·布莱克本（Robin Blackburn）所说，整个社会对金融业的崇尚使得"住房扮演了商业活动的角色，商业交易扮演银行的角色，银行则扮演了金融基金的角色"。这条连锁反应直接导致英国了以凯恩斯主义为主导的第二次世界大战后 70 年代经济体系的崩溃，而工人阶级在这场经济"断层"的过程中不得不因势利导，开始从事资本投资。由此，微观地看，每一个工人的微观形象已经从一穷二白的彻底无产者开始向中产阶级的一员靠拢。换句话说，保守主义或者撒切尔主义政策已开始有意无意地渗透到它们原本所不属于的阶级之中。

1979 年撒切尔夫人上台，新政府实行了与工党首相卡拉汉截然不同的房屋政策，政府对于永久居民买房的优惠折扣高达六成。而进入八十年代，执政的保守党直接对普通工人引入房屋抵押贷款，"人人拥有自己的房产"的愿望从此可以不经由英国《建屋互助会》（Building Societies）而成为现实。1986 年通过的《建屋互助会法案》（*The Building Societies Act*）直接促使原本以为穷人提供公共住房为主要社会责任的建屋互助会纷纷转组为房贷银行（例如已经被国有化的北岩银行），一度造成房贷和金融业的繁荣。

但英国政府的金融政策和信贷业在经历了八十年代的"松绑"之后，九十年代却面临不少问题。"透支未来"成了这一时期工党政府的最大特点。银行房贷的信用要求较以前大为降低，大批工人用虚拟的资金买房买车，俨然翻身做了主人。时代已经变了，无论是过去的什么阶级，在今天的英国都被分为两大类：有钱的阶级和没钱的阶级。

无论将什么主义作为"指导思想"，如今的英国人关心的是：第一，这种政策是否让我能保持已有的财富？第二，我能否获得更多财富？

有一期《前景》杂志曾以"红色保守主义的崛起"为题，展望了撒切尔主义在应英国新的形势下究竟还能扮演何种角色。文章所配插图中，撒切尔夫人的肖像出现在象征革命的深红色背景中，头顶更是戴上了古巴的传奇英雄切·格瓦拉的贝雷帽。但英国的工人阶级迫切想知道的答案是：以"改革者"自居的卡梅伦将如何为撒切尔主义戴上格瓦拉的帽子？

英国最大的抵押贷款机构的一份报告显示，2008 年英国房价出现了至少 25 年以来的最大跌幅。这份报告公布之后，市场对英国央行未来几周内将降低贷款利率的预期大幅提高。《泰晤士报》评论称这是以卡梅伦为首的保守党获得"工人阶级"选民支持的最有利时机。当年，英国的撒切尔式金融改革以虚造所谓的工人阶级房产神话而始，以中产阶级的房产神话破灭而终，800 万依旧住在社会廉价房的贫穷工人无疑为劳动力资源的合理分配制造了阻碍。在房价下跌的过程中，如果保守党和卡梅伦哪怕能再次为中产阶级们编造一个更有说服力的"房产神话"，或者另起炉灶，为民众构建一个博人信赖的"经济神话"，保守主义或许真的能在某种程度上再引发英国的一次社会革命。政治，很大程度上就是在为选民画饼。

媒体光影中的英国

作为新闻业的发源地，当代英国的媒体生态如何？通过英国媒体的聚光灯，我们又将看到一个怎样的英国社会？对此疑问有一个明确的回答前，我首先希望呈现的事实是，英国的媒体拥有可贵的言论自由，尽管它不断遭受着多方面的挑战：新闻的庸俗化、娱乐化、商品化……但也正因此，这幅英国的媒体图景才显得如此斑斓多姿、引人入胜。

"电话门"背后的媒体生态

沸沸扬扬的BBC"电话门"事件从2008年10月中旬一直闹到月底，最后以两位主持人罗斯（Jonathan Ross）和布兰德（Russell Brand）的走人和BBC第二广播电台台长的辞职而暂告平息。但直至今天，对于这个事件的讨论在英国的媒体圈还从没有停止过。

事件起因于2008年10月16日，BBC二台的"名嘴"布兰德和罗斯在录制一个谈话节目的时候，原拟访问英国78岁的电视喜剧演员萨克斯（Andrew Sachs）。但萨克斯不在家，只有电话留言录音。布兰德和罗斯两人便在电话答录机中，留下一段"粗口留言"，其内容围绕着布兰德与萨克斯23岁的乐手孙女的不正当关系，并不断以此话调侃。此后，这个"黄段子"引起轩然大波。截至10月31日，BBC共收到相关投诉3万份，英国保守党党魁卡梅伦甚至在国会中就"电话门"事件提出质询。首相布朗不得不公开表态，批评两名主持人行为"不恰当、不可接受"，支持相关部门对此事进一步展开调查。

而就在两位"肇事"主持人公开道歉，BBC高层"清理门户"的同时，BBC的《高速档》（*Top Gear*）节目又因为主持人讲的一个"有关卡车司机和妓女"的恶俗笑话而遭到观众的猛烈抨击，投诉信再次如雪片般飞来。这不禁令人疑惑：BBC 究竟是怎么了？就在节目播出的前一天，笔者还在《泰晤士报》的专栏里读到过一篇相关文章，文中作者大谈 BBC 如何重视节目质量，时刻求新求变。而与 BBC 的高质量谈话类节目相比，欧洲大陆的电视节目简直是垃圾云云。

　　值得追问的是，假如"电话门"等丑闻没有接踵而至，这篇文章提出的"垃圾论"是不是就成立了呢？或者说，BBC 仍然是一个可以令英国人引以为自豪的、高出别人一大截的国际媒体呢？答案似乎不是单纯的"是"或"否"所能涵盖。BBC"电话门"背后所反映的，是当前英国混乱的媒体生态以及令人无奈的现状。

　　首先，事件的始作俑者与其说是 BBC 本身，不如说是早就对 BBC 怀恨在心的英国报业。在罗斯和布兰德的节目播出时，观众实际上对那段"涉黄"的电话录音并无太多印象。播出之后据说只有两人向 BBC 投诉。但不巧的是，《每日邮报》的一位记者也收看了 18 日播出的节目，并认为自己逮到了一条绝佳的新闻线索。于是，在接下来的几天他不断给萨克斯打电话，让他对自己孙女被语言侮辱一事作出回应。萨克

作为英国版的 CCTV，今天问题频发的不列颠广播公司还值得人们信赖吗？

斯最初不准备作出回应，但在这名"敬业"的记者的不断逼问之下，他最终忍无可忍，向 BBC 提出了申诉。

此事被炒作起来以后，最为积极的批评者正是英国的报业。六大报纷纷发表社论谴责 BBC 节目低俗得已经"无法无天"，并且 BBC 依靠这类节目不断蚕食地方媒体的生存空间。连平时和 BBC 走得很近的《卫报》集团老总麦克科尔（Carolyn McCall）也趁机向国会抱怨说，BBC 不断扩展地方分支机构使得该集团的地方报面临破产威胁。

报纸业对 BBC 的这种"恐慌"涉及 BBC 的资金来源和如何使用的问题。众所周知，作为英国最大的公共机构的 BBC，其主要收入来源于老百姓的电视执照费，政府更是在两年前的白皮书里确立了 BBC 在 2016 年前征收电视执照费的"特权"。拿着 30 亿英镑的公众收入，财大气粗的 BBC 买下了寂寞星球出版社（Lonely Planet）等知名媒体的股份，并计划成为 *Time Out* 的股东。不断扩展的 BBC 分支机构和网站更形成了对财力较为薄弱的地方媒体的不断挤压，换句话说，纳税人是自己掏腰包让中央的媒体挤垮了本地的媒体。而在如何正确地使用电视执照费这个问题上，BBC 的监管机构——BBC 信托并没有起到应有的监督作用。无疑，《每日邮报》成功地利用了这一根本矛盾引起了观众的共鸣。不少人认为，与其将钱用作摧垮本地媒体的工具，还不如从公众收视费中拿出一部分，用于购买很受公众欢迎的运动比赛转播权。

另外，BBC 的发展方向由"公共性"转变为"娱乐性"，又激起了观众的反感。虽然 BBC 一直都在筹划向娱乐方向转型，并且英国的文化大臣也曾经对这个以严肃新闻节目见长的老牌公共广播电视公司提出过要求："我希望未来的 BBC 能以娱乐作为第一要务。"但是，娱乐化带来的弊端也是显而易见的。其中最主要的便是那些"明星"主持人，尤其是娱乐节目主持人的收入问题。

以"电话门"的主角之一罗斯为例，作为 BBC 目前谈话节目最有名的主持人，他签约 3 年的薪金高达 1800 万英镑。并且在 BBC 大裁员的时候，罗斯这样的"明星"主持人不但不用担心自己的工作问题，反而会因为人员精简而获得涨工资的机会。一旦这些拿着 BBC 高薪的主持人们在节目中犯了"电话门"一样的严重错误，而这样一段格调低下的录播节目又能获得审查通过并公开播出之时，观众被激发出如此强烈的反响也就是情理之中的事了。

BBC 目前面临尴尬处境：既想寻求改革，又饱尝改革之苦；既想迎合新一代观众的口味，又不免陷于庸俗化的泥淖。作为一个"公共机构"性质的广播公司，BBC 是否可以在当今彻底商业化的媒体圈里实现某种"生态平衡"还有待进一步观察，但可以肯定的是，在现有的框架下要想取得这种"平衡"，绝不仅仅是换一两个节目主持人和中层管理人员所能够达到的。

《经济学家》带来的启示

　　毫无疑问，这是一个信息 2.0 的时代，当 Twitter 与网络订阅器成为人们阅读新闻的主要方式，铺天盖地的全球资讯可以轻轻碰触一个按钮即删除时，很少人会怀想起他们的"旧日情人"——我指的是那些最不 2.0 的纸质媒介，例如日报、周刊，以及那种自谷腾堡发明印刷术以来伴随人们走过数世纪的阅读形式。

　　今天的新闻阅读模式似乎是这样：一条消息跃入人们的视野，立刻被甄别、分类、传阅，随即招来互联网各个角落七嘴八舌的议论，然后迅速被扔掉，人们也理所当然地认为这就是新闻事件的全部。不过，这类"读过就扔"的阅读模式除了为电子邮箱制造出大量垃圾信息以外，恐怕很难在人们记忆中留下什么痕迹。艾科说过，互联网的出现不是让信息增多了，而是让我们真正接受的信息越来越少。这句话是有一定道理的，如果我们不将阅读新闻仅仅理解为某种一次性消费的话。

　　传统的新闻阅读如今还有谁在坚守呢？在纸媒纷纷向网络"缴械"的时代，对于此问题的解答，应者寥寥——除了英国的《经济学家》。这份以国际时政、财经评论为主打的周刊，在日报和周刊市场缩水严重的今天，居然能够屹立不倒，逆势而上。据《大西洋月刊》透露，2009 年美国的主要周刊《时代》和《新闻周刊》等发行量都下降了一半左右，唯独《经济学家》的发行量上涨，虽然绝对数字尚比不上典型的美国新闻杂志，但去年增幅达到了两位数的广告收入仍然让它在美国的竞争对手们感到汗颜。如今周刊面临着"发行量少，广告客户少；裁员多，竞争对手多"的困境，但《经济学家》这份带着些"牛津腔"的英国老牌杂志却让读者们看到：在这个文字越来越不重要的时代，依然有人坚持着文字面对事件本身时的洞悉力。

《经济学家》从来就是这么一份杂志，姿态超然，立场偏右。每年127 美元的高昂订阅费明确地告诉它的读者，这将是一份为社会精英们度身打造的杂志，而这是充斥着商业和市井气息的美国周刊们无法比拟的。在英国，《经济学家》和另两份年轻的时政杂志《前景》、《新政治家》构成了大众阅读的基本口味，前者是老派知识分子们下午在咖啡馆里的读物与谈资，后者则属于信奉自由主义的年轻白领们工作间歇时的"营养剂"，我不敢说哪一种阅读方式更佳，但就杂志对英国的保守主义政治思想与阅读品味的影响而言，没有谁可与《经济学家》比肩。

自苏格兰政治家詹姆斯·威尔逊（James Wilson）1843 年创建以来，《经济学家》就以一种卓然不群的姿态出现在世人面前，贸易自由与全球化是它始终坚持的两个编辑理念。第二任主编贝杰特（Walter Bagehot）是著名的右派报人，这位当年伦敦大学毕业的年轻人，属于典型的"二次工业革命"时期的知识分子。海底电缆、内燃机等科技的发展让他们的头脑中充满了各种新奇的观点。新世界所呈现的广度让贝杰特决定将《经济学家》所涵盖的内容扩展到从美洲新大陆到印度半岛的新闻事件，代表自由资产阶级的声音。自此，它的读者群就主要锁定在受过高等教育的人群和政策制定者上。

对于精英阶层的持续关注，也让《经济学家》中的政论与批评文章格外瞩目。近些年来，克林顿性丑闻、美伊战争、刚果的枪声都难逃《经济学家》那两片"刻薄"的嘴唇。最近引起波澜的事件便是它多次指名道姓批评意大利总理贝卢斯科尼"不适宜当领导人"，惹得气急败坏的贝卢斯科尼将《经济学家》告上法庭，不过，法院宁愿"得罪"总理也要给足《经济学家》面子。意大利法官安杰洛·里恰尔迪以"文章完全属于宪法赋予媒体的监督权范围"为由驳回了贝卢斯科尼的上诉，让总理大人憋屈得紧。

或许，真正的原因是《经济学家》的"背景"实在太强大了。作为培生集团（Pearson PLC）的下属杂志，《经济学家》有一半左右的股份被独立股东们控制着，而这些股东又有不少来自财大气粗的罗斯柴尔德家族。如此，在英国银行家们的支持下，《经济学家》说话自然有了底气，这种底气，不仅来自于经济层面，更是一种说话时的姿态。而这种姿态，正如前文所述，决定了它将为一个社会的精英阶层而不是知识阶层做代言。

《经济学家》的模式可以被复制吗？最近，美国《新闻周刊》联合多家媒体意欲打造全天候的网络新闻机构，同时，在杂志本身的发展上，他们决定在一定程度拷贝《经济学家》的模式，为自己的文章增加些分析性，少些娱乐性。当被问及《经济学家》何以在逆势中取得成功时，《新闻周刊》的首席执行官阿西姆（Tom Ascheim）分析说，由于过去25年间全球经济一直高涨，美国杂志业的传统模式就是降低定价来扩大发行量，这样才能吸引到更多广告主从而获得更大广告营收。但《经济学家》从不采取此种策略，它的订阅费和发行量一直很高。

《经济学家》集团总裁斯卡丹诺有这种自信：即使卖不出任何广告，我们仍可以靠发行赚钱。这是一种建立在成功之上的自信，但谁又能否认，这种自信在很大程度上源于《经济学家》一贯保持的独立编辑原则。"新闻史上还没有一本杂志被如此少的人读了如此长的时间",它的前任编辑克劳瑟如是说。这是《经济学家》的坚持,也使得它能成为引导 19 世纪末期英国社会变革的旗帜,并在 20 世纪 70 年代成为英国加入欧洲共同市场起到关键作用的推手。今天的人们有些惊异地发现这只推手竟然是一本杂志,却很难说清它的这种坚持是如何被赋予的,但起码,就今天来说,这不太可能是被人们 Google 出来的。

随着黑人总统奥巴马的出场,人们似乎看到"变革"的时代已经来临。《新闻周刊》在此时新制定的新闻报道模式几乎以《经济学家》为蓝本,也开始了从大众周刊向更倾向分析性的小众刊物的"变革"。或许,这个时代需要一种更知性的、平心静气的新闻阅读。不过,无论怎么看,《经济学人》的故事都不太可能预示着大众传播的时代已去,分众新闻的时代将至。对于向来爱标榜"文化"的美国人来说,《名利场》杂志的作者普雷斯曼(Matt Pressman)的评价或许更接近实际的情况:并非所有《经济学家》的订户都会看这本杂志,但订户们一定会用它彰显一下品位。

BBC 内部的"主义之争"

由于种种原因，新闻的公正性成了国内一时的热门话题，但我们对它的讨论还远远谈不上成熟。在"西方主义"思维的笼罩下，像美国有限电视新闻网（简称 CNN）、哥伦比亚广播公司（简称 CBS）之类的各大国外主流媒体纷纷被义愤填膺的"爱国者"们拉下马来。然而，当媒体率领大众向道德制高点发起集团冲锋的时候，最后抢占下来的往往是极为孤立、虚幻的道德山头。勒庞在《乌合之众》中说过，"道德"这个概念实际上并不适用于群体，因为群体的"道德"总是受到各种暗示的诱导，"很容易慷慨就义，同样也很容易做出刽子手的举动"。这种易变性从传统的道德观看来，恰恰是一种不道德。

"不道德"的反面，一定是"道德的"吗？对于与这种非此即彼的论断，BBC 的资深记者罗宾·艾特肯却有自己的看法。在《我们能相信 BBC 吗?》一书中，艾特肯以多年前《广角镜》节目在教宗保罗二世的纪录片中针对天主教徒反对堕胎的"借题发挥"为例，批评"自由主义者"们之所以将此事翻出来炒作，仅仅因为"这很方便地将读者区隔为自由主义或保守派"，或有利于收视率，却无干道德宏旨。

新闻中的道德感，很大程度上只是一个伪概念。在艾特肯看来，新闻的根本原则是让矛盾的双方都有发言权的"机会均等"原则，而并非去争论事件的孰是孰非。在与"自由主义"和"道德"划清界限之余，他还提出了两个观点：首先，新闻报道中打着"道德"幌子的偏见通常建立在一种自由主义和保守派的"二元论"的基础之上；其次，这种"二元论"很大程度上体现着当今英国媒体的政治格局，因此又是不可避免的。

　　作为英国公众最重要的喉舌，皇家在 1927 年授予 BBC 的特许证规定了它必须要在原则上避免对任何个人或组织持有偏见，采取"不偏不倚"的中立原则。但实际上，BBC 内部历来存在着自由主义和保守派"两条路线"的斗争。自从成立以来，经过数十年的发展与积累，BBC 由最初只包含区区 3 个主要频道的广播公司扩展为下有 7 个国家级电台，39 个地方台的托拉斯媒体，其下属机构遍布英伦三岛。与它的主要竞争对手，默多克所收购的"天空电视台"相较，BBC 的电视市场份额是前者的近八倍。虽然"满城尽是 BBC"的现状足以令媒体老总笑逐颜开，但机构庞大所带来的问题也相应而生，在《卫报》2008 年的一项调查中，59% 的人认为日益"膨胀"的 BBC 新闻可信度比以前下降，并且其以往较之其他媒体的公正性优势，已不复存在。

　　随着采编机构的日益壮大，BBC 也从各处挖来了优秀的记者和编辑，以"生产"出相应数量的新闻。但这些有着各种政治立场，甚至本身就是不同党派的记者们也形成了 BBC 内部独特的"政治文化"。工党政府上台后，被人揶揄为"布莱尔广播公司"（Blair Broadcasting Corporation）的 BBC，2003 年却因为 BBC 第四广播电台的《今日》事件和对一系列皇室丑闻的报道而与工党政府和皇室交恶。由于 BBC "不服管束"，英国政府决定对其进行改革并发表了白皮书宣布成立监管组织 BBC 信托（BBC Trust），以确保 BBC 不会在追求"自由主义的普世价值"这条路上走得过远。不过，整个组改的关键并未能触及 BBC 内部的"政治文化",而正是这种"政治文化","事实上构成了不列颠的公共话语平台,潜移默化着我们的思想"。

自 1987 年颇受争议的节目制作人约翰·伯特入主 BBC 管理层开始,BBC 的主导思路便逐渐从"英国最混乱的公共设施"向更为专业化的新闻机构发展。早在 1975 年,伯特在为《泰晤士报》撰写的一篇文章中说:"电视新闻中确实存在着偏见性的问题。它不是针对某个党派或观念——这是一种反对'理解'的偏见。"勤于思考的伯特认为,新闻的价值在于对事件的分析,向观众解释信息背后的"为什么"。并且,这样的解释"越多越好"。

抛开别的影响不说,伯特的编辑思路的一个最直接后果是:BBC 传统中"不介入"的报道模式,在无形中被掺入了过多的编辑思路和个人意见,已经不那么客观了。伯特留下的遗产除此之外,还有新拓展的 12 个电视频道、5 个国际频道和一个大型网络服务机构。可以说,伯特的本意是将 BBC 的新闻视点变得更多元化、更有趣,更具争议性,而且事实上他也的确将这一理念扩展到不断壮大的 BBC 分支机构中。不过,伯特的媒体哲学一旦融入了 BBC 内部复杂的"政治文化",其结果就不仅仅像他预想的那样简单。

今天的 BBC 以"人权"和"左派价值观"的捍卫者自居,但有时候我们也会发现,类似的"捍卫"未免矫枉过正了一些。在 BBC 内部有约 70% 的工作人员支持工党,15% 左右支持苏格兰国家党,另有 15% 是所谓的自由派。由此,占苏格兰约 1/3 人口的保守党们自然而然地被 BBC 忽略掉了。艾特肯曾在 20 世纪 80 年代供职于 BBC 苏格兰部。其同僚们对保守主义和撒切尔的态度可谓如出一辙,"我们所选择的报道题材无非是工业的萧条、紧张的社会局势以及没有良心的保守党政府"。保守党的名声在苏格兰迅速被搞臭有各方面的原因,但不可否认,BBC 对撒切尔政府不知疲倦地描黑和"反乌托邦化",无疑使

作为公众最重要的喉舌，英国皇家在 1927 年授予 BBC 的特许证规定了它必须要在原则上避免对任何个人或组织持有偏见，采取"不偏不倚"的中立原则。

苏格兰成为人们印象中政府改革失败的牺牲品。而在北爱尔兰问题上，自撒切尔夫人在 1985 年明令禁止英国的各大新闻机构对爱尔兰共和军之类的"恐怖组织"进行报道，北爱共和军便多次企划刺杀英首相，但 BBC 似乎仍然对独派的新芬党保留了最大限度的同情。

如果 BBC 笃信所谓的普世价值，那么它至少应该在英国政党政治中保持中立，其目的是为了保证新闻的公正性。但显然 BBC 在实践中并没有完全履行这一原则。例如，在 1999 年的科索沃战争和 2003 年的伊拉克战争中，BBC 的报道就具有明显的偏向性。在美英政府走得最近的克林顿时期，工党政府支持的科索沃战争基本上得到了媒体的正面报道；然而，四年以后的伊拉克战争则因 BBC 对布什中东政策的不满而受到了彻底的批判。艾特肯曾质询 BBC 政治部主任菲尔·哈定，说来自工党和保守党的人员数量的差距会影响报道的客观性和组织内部的平衡。不过，哈定对 BBC 人员与政府过从甚密的情况感到"没什么影响"，他本身就是一名坚定的工党支持者。

2003 年 7 月，《今日》节目引述了一名政府官员的话称布莱尔政府在萨达姆拥有大规模杀伤性武器问题上"加油添醋"，而没有按照情报机构所提供的情报准确向公众报告，以获得公众对参与美伊战争的支持。对有关英国首相府是否涉及"夸大"伊拉克可以在 45 分钟内激活具大杀伤性武器这条新闻的 BBC 著名记者安德鲁·吉利根后来在一篇文章中称，布莱尔政府的新闻官阿斯戴尔·坎贝尔是夸大情报的幕后黑手。在原先怀疑是 BBC 情报来源的英国国防部专家大卫·凯利博士自杀后，事件继续恶化，BBC 和英国政府都被指责"毫无道德地"欺骗了大众，应对凯利之死负责。在独立检察官最后发表的《赫顿报告》中，吉利根和 BBC 高层都被指责对新闻处理不当。事件导致吉利根本人、BBC 总裁和理事会主席的辞职。

作为英国最为知名的电视节目，《今日》对英国公共话语空间的影响是毋庸置疑的。正因如此，事后《泰晤士报》、《每日电讯报》、《太阳报》等纸媒对 BBC 高层大加挞伐。《太阳报》透露说，《赫顿报告》揭露 BBC "草率、自大及没有竞争力"的积弊。此外，要求 BBC 从内部文化到行政编采系统进行改革的声音也相当高，激进者甚至提出，鉴于 BBC 没有遵守新闻的公平原则、无法取信于众，整个机构应该进行私有化改革。对于艾特肯来说，这无异于"自由主义"在 BBC 内部最为过火的一次表演，而他自己也在那个多事之秋选择了离开。

波德里亚曾经假设过，即使海湾战争并没有发生，但通过全球媒体铺天盖地的报道和轮番的信息轰炸，也可以在观众的头脑中"构建"出一场海湾战争。话虽夸张，从中也可见当今媒体对人心智影响之大，竟然可生生虚构出一个"现实"来。而作为媒体的执掌者，其自身固有的意识形态对受众的影响，怎么估计也不为过。当然，作为 20 世纪50 年代"婴儿潮"出生，在 70 年代电视节目影响力急速扩张时期成长起来的一代媒体人，BBC 的高层们不可避免地被打上了时代的烙印。个人主义、物质至上、挑战现行权威是这代人的共同特点。问题是，当一个具有如此影响力的新闻机构开始有意识地排除所有自己所不喜欢的声音时，它就成了对公众舆论健康的潜在威胁。

2008 年 6 月的《展望》杂志有一篇评论认为，新工党目前的执政危机并不单纯地因为政党内部的"左右之争"，其本质在于自由主义和官僚主义思想的权力角力。作为一个执政 11 年的政党，工党标榜的自由主义路线如今已演变为一张单薄的政治牌而已。而 BBC 作为工党政治气候的晴雨表，其新闻报道的思路多少也折射出英国政治的格局与走向。所谓"两条路线"的斗争，本质上并非什么保守主义和自由主义之争，而是自由主义由于被滥用而产生出的"为自由而自由"的极左思潮与新闻"平衡原则"价值的争论。BBC 主义之争所反映出的，是最为实际的"问题"。

报刊与帝国主义

新闻史研究者西蒙·波特（Simon J. Potter）似乎并非萨义德的粉丝，师承上也与他毫无瓜葛，但波特的《新闻与英国社会》（*News and the British World*）却使人无法不联想到萨先生的皇皇巨著《文化与帝国主义》。在《文化与帝国主义》的开篇，萨义德将自己对西欧帝国的文化史研究解释为对"东方主义"的延续和补充。他写道："在 19 世纪欧洲帝国的研究中，我的主要关注点集中于小说文本的研究，因为我相信它是塑造当时人们对于帝国的概念、观点、经验的最有效的文化形式。"但同时，萨义德也申明，并非只有小说文本才是文化研究的途径。如果我们将新闻文本的解读也代入历史语境中，往往会比单纯的文学研究更有说服力。这或许可以解释为何萨义德以新闻报道为主要素材的《报道伊斯兰》所遭到的"酷评"比他另外两本国际畅销书要少得多。

很大程度上，19 世纪新闻史和报刊史几乎可以被视为两个相同的概念。但作为一门介于史学与文化研究之间的学科，随着时间的推移，报刊业研究也开始出现诸如理论缺乏新意、沦为史料的单调堆积等问题。直到上世纪中叶以雷蒙·威廉斯、斯图亚特·霍尔等学者为代表的文化研究在英国兴起以来，报刊史的研究似乎均不同程度地受到"文化学"的方法论影响，产生了一些新的视角。

传统的英国报业史向来以自由主义理论为框架，以主流的商业大报为研究对象。在这种书写体系下，报业史也被描述成为报业为争取新闻出版自由与政府之间的长期抗争史。而在本书中，波特则认为，与其人为地将"帝国"与"新闻"这两个概念割裂开，单独讨论其各自的发展进程，倒不如将报业史与帝国观念的形成综合加以考察。

据此，波特将 19 世纪至 20 世纪初英国报刊业的发展划分为两个阶段：第一阶段以 19 世纪国际自由市场的兴起为标志。自由市场为廉价报刊的生长创造了有利的环境，使它们能够吸引到更多的广告，而不依赖广告的报业则迅速消亡。正是在这种情境下，国会采取了渐进的措施，最终于 1853 年、1855 年和 1861 年分别废除了广告税、印花税和纸张税，这使得地方性报纸在维多利亚时期的英格兰流行起来。但波特认为，税费的废除所引发的英国报业的结构性变化并没有使其成为激进主义的宣传进而促成"报业自由化"，相反，过度的商业化使得 19 世纪报业的独立性受到来自政府与经济利益的双重制约。

19 世纪中期，随着技术的革新而产生的报业革命被波特视为英国报刊业发展的第二阶段。作者特别提到了电报的发明和 1851 年路透社的成立，认为两者对英国新闻系统的形成具有重要作用。电报的发明在使信息传递更加迅速的同时，其高昂的价格也间接造成了新闻报道的"同质化"。作者举例说，1860 年以后 10 余年间铺设的新型海底电缆不仅将不列颠岛和她的殖民地更紧密地联系起来，也造成了新闻价格的大幅上扬。英国两大新闻机构新闻社和路透社垄断了海外新闻来源，英国本地的报纸由于无法独立支付海底电缆的费用，只好向两者大量购买新闻。

波特借用了研究帝国史的青年学者安德鲁·汤姆逊（Andrew Thompson）

"新闻的帝国主义化"的概念，指出19世纪英国的工业化进程见证了"帝国新闻系统"的形成，并且这一新闻系统只有被放在特定的历史语境中才是可读的。这个系统外在形态上不断向外扩张，但其内涵却由于信息来源的单一化和同质化而呈现递减趋势。换言之，类似路透社的这种新闻辛迪加机构独霸消息来源，使得那一时期的新闻几乎成了对一个范本的摹写。

他进一步在书中引用大量资料证明，所谓民族主义的叙事，是将国家（民族）的身份放置于帝国系统这个大背景下，两者呈现的是一种共生的关系。因此，19世纪末期的殖民地反对英国的民族主义思潮应视作整个帝国文化系统的一环，反映着"帝国的思想"。看看当时对印度、南非、爱尔兰等殖民地的报道，不难发现英国媒体对待反殖民运动惊人的一致性。而在20世纪最初的岁月里，这种宣传功能被BBC所取代。

自由主义报业史学家哈罗德·赫德所著的《英国新闻业史》一书中曾引用布尔法－里顿爵士倡导废除报刊税的言论说："应当废除知识税，印刷者和出版物能够比监狱和刽子手更好地为一个自由国家的和平与荣誉服务。廉价的知识比经费巨大的惩罚制度是更好的政治工具。"而在波特看来，廉价报刊的流行印证着帝国文化的流行。维多利亚时代的英国不仅拥有世界上最强大的武装力量，她还是当之无愧的世界工厂，全球一半以上的钢铁与纺织品的生产地，伦敦是国际商业与金融的中心。强大的社会基础必然要求强势的文化。这一时期的诗人阿诺德将文化定义为邦国之内"最优秀的知识与思想"。他曾在论战小册子《文化与无政府主义》中写过："文化是无序与混乱的克星，因为文化教育我们要热爱、效忠自己的国家。"并且，他反对一切罢工与反抗，不管是否出于正义目的。这种认为国家是作为"优秀"、"神圣"之体现的看法，在当时是颇具代表性的。

波特强调，"文化"这个概念不可能与商业社会和皇权专制分割开来。我们把欧洲的文化艺术奉为主流，将其强加给世界上其他的"劣等"文化，并通过这种强势文化来理解"他者"。这可以充分地解释为什么1858年中英《天津条约》签订时，英方在条约第51款明令禁止中国对"夷"（barbarian）字的使用："无论京外，内叙大英国官民，自不得提书夷字。"一次，《京报》由于排版疏忽而没有遵循这条规矩，立即招致英国使节向总理衙门的抗议。英国人认为，不信天主，不尚科学的清朝才是典型的蛮族，日不落帝国哪有被中国人反唇相称为"夷"的道理？对报纸的阅读者们而言，自我身份的确认正是被文字所暗示的"关于帝国的晦暗景象"所塑造的。从这个意义上说，报刊之于文化犹如皇家海军之于大英帝国——在市场力量的介入下，文化被报纸转换成铅字，迅速占领人们的思想。

19世纪的自由主义报业最初是作为一种与主流资产阶级商业报刊相背离的报业形态存在的。但随着知识税的废除，自由主义报业面临经济利益上的两难选择：要么悍然自毁，要么乖乖地遵循商业化原则。最终他们选择了后者，可见"19世纪中期知识税的废除并没有开创报业自由独立的新纪元"。历史已经屡次证明，新闻的"独立"从来都只是相对而言，无论何国的报业系统从来都附着于更庞大的文化幕布之下，而这块幕布的后面掩藏着的，是帝国的观念与传统。

没有勇士的年代

一个以"反对什么"来界定自己身份的人是危险的，尤其当他恰好是个记者的时候。所幸，罗伯特·费斯克并不会被划归入此类，虽然他是为数不多的敢直接与 BBC 和我们眼中的"西方"媒体公开唱反调的英国记者之一。这种"顶风作案"的个性，可以从他在《独立报》上的一系列专栏题目看出：《你怎么能相信懦夫般的 BBC？》、《民主带不来自由》、《他们怎么如此憎恨西方？》……

这样的文章数不胜数。倒不是说费斯克与 BBC 有什么血海深仇，费斯克对 BBC 不满之处，在于这所被冠以"国家"之名的广播公司，在新闻报道上实在是不够独立，有时甚至显得很窝囊。每当 BBC 电视新闻又在播送中东地区的冲突与政治新闻时，费斯克的心里其实比谁都清楚，这些新闻中的哪句话是真的，哪句话纯属出于其他需要的杜撰。

"英国最伟大的国际新闻记者"，用这句话来形容费斯克，其实并不夸张。作为一位在常驻贝鲁特达 30 多年的记者，中东地区的重要国际新闻他几乎写了个遍，从 1979 年的伊朗革命、苏联入侵阿富汗、两伊战争，到 2003 年的伊拉克战争，所有这些事件都是费斯克做的第一手报道。在塔利班被美国官方宣布为恐怖组织之前，他曾经先后三次采访了奥萨马·本·拉登，如此难得的经历除了美国知名记者彼得·阿内特，全世界再也找不出第二人。

试想一位记者若拥有费斯克的经历，恐怕他早就盘算着解甲归田、开开讲座、出出回忆录，靠着前半辈子积攒下的老本养活后半辈子。不过，费斯克若是如此"短视"，也许根本成就不了今天的他了。在读过他的新书《勇士的年代》(*The Age of the Warrior*) 之后，我更加确信，这位白发苍苍的记者从来没有，而且永远也不可能停止他那勇士般的"战斗"。此外，费斯克还通过自己的经历让我们知道，作为一个有责任感的记者，他"说真话"的勇气来自于何处。

当然，如果费斯克在书中忽悠人们说自己的新闻理想多么崇高、对新闻的追求多么孜孜不倦，我会毫不犹豫地把这本书直接扔进垃圾筒。那些老是旧调重弹的新闻教材和手册已经够泛滥了，有任何一个记者从中获益吗？还是费斯克的自述最为直接：我成为记者就是因为自己当初想去冒险。他回忆说，他的曾祖父就是一位冒险者，曾在英国皇家海军效力，祖父爱德华·费斯克更具传奇色彩——是著名的卡迪萨克号帆船上的水手，在海上与飓风恶浪搏斗，而他的父亲比尔·费斯克还直接参加了第一次世界大战。

年轻时，费斯克有点感觉生不逢时，为何所有的大事儿自己偏偏都没赶上，像父辈那样成为"勇士"的希望对他来说基本落空了。但成为记者的想法，让从小喜欢历史和政治学的他看到了在新闻领域实现这一目标的可能性。自 20 世纪 70 年代末以来，费斯克一直是《泰晤士报》和《独立报》的特派中东地区的记者，在枪林弹雨中为西方的观众进行最残忍事件的"现场直播"。在世界上最危险的区域作了 30 年报道之后，如今的费斯克却放弃了当初自己成为"勇士"的理想。为什么？因为他发现，在新闻领域，如何不成为一个"蠢货"比如何成为一个"勇士"更重要。

费斯克把那些被媒体愚弄而不自知的人统统定义为"蠢货"，他有些愤慨地说："有时我甚至觉得我们希望自己被媒体愚弄。"在费斯克看来，能否做一位合格的记者与内心那点"英雄主义"情结根本不挨边。这个观点，他和美国记者塞缪尔·弗里德曼几乎不谋而合。一次，在弗里德曼的新闻写作班上，一位学生居然径直问他，自己能否逃课去听一位名叫哈勃斯塔姆的战地记者的讲座，弗里德曼告诉他："就算你去听哈勃斯塔姆的讲座，你也绝不可能成为哈勃斯塔姆。"

弗里德曼的意思是，记者对于新闻的判断需要一种建立在专业训练基础上的能力。缺乏这个前提，任何对新闻表面上的热忱都无异于粉丝们盲目地对所谓战地记者、知名记者的"追星"。费斯克这个老牌战地记者，为弗里德曼的话作了自己的补充：如果盲目地相信主流媒体的"正义"立场，赋予自己的工作过多的使命感，最后记者的下场很可能成为某种主流意见的应声虫。他在多个场合都质问过自己职业的合理性："我们真的需要战争吗？我们像需要空气、爱、孩子和安全一样需要战争吗？"

没有战争就没有战地记者，费斯克对此当然很清楚。但英国媒体对待中东地区的伊斯兰国家的偏见态度，实在没法让他从自己这份工作中找到太多的荣耀感。同样性质的事件，通常会被记者们描述成两样。他举例说，当美国大兵虐待伊拉克囚犯的新闻曝光时，媒体通常会用程度较轻的"虐害"（abuse）而避免"刑讯"（torture）这个敏感的字眼，而当遇到巴勒斯坦士兵杀死以色列人时，不分青红皂白，出现在西方报纸的一律都是"暗杀"这个词。

这只是报纸中一个最为平常的例子，看似琐碎不足道，但设想一下当每天出现在电视、报纸、网络上的新闻都是采取这个调调的时候，会产生什么样的效果。观众们会自然而然地认为自己的国家和盟友在中东进行着一场正义的战争，对手是恶名昭著的恐怖分子。每周七天，

"恐怖分子"这个词天天都是欧美新闻出现频率排行榜的第一名。

从莎士比亚的戏剧到如今的好莱坞大片，欧洲人已经习惯把战争看作有善恶双方的惊险故事，剧情总是"好人"和"坏蛋"对垒。当事件的故事性逐渐代替了新闻性时，如何编辑就显得格外重要了。费斯克有一篇文章谈到自己 20 世纪 80 年代被派往阿富汗报道战事时遭遇了前苏联极为严格的媒体封锁情况。当他向当时所供职的报纸主编诉苦时，得到的回答却是："我们不能仅仅因为不能派记者前往而让关于阿富汗的消息从报纸上消失。"其实他是在暗示说，即使缺乏事实，我们在故事上也可以做做文章。

但实际上，"在战争中，所有的人都是坏人"，费斯克说。这早已不是一个由勇士、利剑和英雄主义构成的浪漫年代。在偷盗、走私横行的伊拉克和巴勒斯坦，反政府武装的形象固然不怎么样，但不断传出枪杀平民丑闻的美军士兵们又有半点像是故事的"正面角色"吗？费斯克自己计算过双方的伤亡人数，一名战死的美国士兵背后至少牵连了一千名伊拉克人的生命，不过，血淋淋的数据却总是遭到官方的否认。"否认这些罪恶的数据已经成为了我们在伊拉克等国的流行病。"或许，任何一位渴望成为勇士的人在这个不再需要勇士的时代，都会不幸染上这种病。

让尼克松说出真相

从奥利弗·斯通恶搞小布什和白宫的影片《W》到史蒂夫·麦奎因重现 1981 年撒切尔夫人铁腕政策的影片《饥饿》，2008 年 10 月 30 日落下帷幕的伦敦国际电影节把更多的灯光留给了历史或现实中的政治人物。但真正体现了这届电影节"政治、历史、回忆"主题的，当属 15 日的开幕大片《弗罗斯特与尼克松》（ Frost/Nixon ）。这部由导演朗·霍华德根据百老汇的舞台剧改编的电影，把观众的目光又带回到充满回忆录色彩的 20 世纪 70 年代和英国传奇主持人大卫·弗罗斯特（ David Frost ）的身上。

大卫·弗罗斯特 1939 年出生在英国肯特郡的一个牧师家庭，但他没有遵从家长的意见从事传道，而是选择了"学而优则记"的媒体之路，以优异成绩考入剑桥大学。求学期间，他便表现出过人的表演天赋和对新闻事业的热情。弗罗斯特在毕业后进入安格利亚电视台，不久，BBC 的节目制作人尼德·舍林慧眼识才，果断买进了弗罗斯特这只"潜力股"，让他主持当时颇为著名的脱口秀节目《TW3》（ That Was The Week That Was ）。在英国 20 世纪 60 年代的电视潮中，对政客的讽刺与挖苦占了各大谈话类电视节目的半壁河山，弗罗斯特也非常入时地在这个节目中建立了自己诙谐睿智的主持风格。1963 年，《TW3》更因为一期关于肯尼迪总统被刺的特别节目而打入了大洋彼岸的美国电视圈。

由此开始，弗罗斯特的名字为美国观众所知晓。随后，《弗罗斯特报道》（*Frost Report*）、《弗罗斯特谈美国》（*Frost On America*）、《弗罗斯特访问》（*The Frost Interview*）、《弗罗斯特节目》（*The Frost Programme*）、《与弗罗斯特早餐》（*Breakfast with Frost*）等"弗罗斯特系列节目"的相继开设为他进一步树立了个人品牌和知名度。他也由此成为除了伊丽莎白女皇和首相哈罗德·威尔逊之外，那个时代最为美国电视观众所熟知的英国人。

1977 年，弗罗斯特迎来了人生中最为重要的一次访问——对话美国前总统尼克松。此前，尼克松由于 1972 年的水门事件而被迫于 1974 年辞去了总统的职位。虽然这次访问时尼克松已经下台 3 年，但几年中他一直没有在媒体上公开露面表明自己对水门事件的看法，也没有真正承认自己的错误。弗罗斯特努力迫使尼克松在访谈中坦白事件真相，而尼克松当然步步为营，将弗罗斯特的提问转化为自我辩护的机会。两人在一间宽敞的书房里开始了这次历史性对话，至少 4500 万美国观众在 5 月 19 日收看了这个节目。

有趣的是，当尼克松接受邀请时，弗罗斯特曾经对他说过："我们当中只有一人能够胜出。"而尼克松也毫不示弱，回敬道："那么我将成为你最难缠的对手。"两人都清楚地知道，在电视圈这个残酷的竞技场里，每一个细微的失误都足以让人被舆论的谴责之声所湮没。

更有意思的是，在接受访问前，尼克松的幕僚杰克·布伦南曾亲口对他说："弗罗斯特的智慧远不能和您相比。"并让尼克松放心，沉着应战。布伦南的话或许并不错，但媒体竞技场上的胜负从来都是取决于前期准备的充分与否以及临场的机智发挥。在这一点上，尼克松还未开战就已棋输一着。弗罗斯特放出的烟幕弹成功地欺骗了尼克松的班底，而他的幕后智囊团所作的大量案头准备则更是尼克松班底所无法想象的。最重要的一点，还因为深谙媒体之道的弗罗斯特懂得如何将秘而不宣的政治话语在电视娱乐圈恰当地"叙述"出来。

这并不是"约翰牛"和"扬基佬"之间的初次对决。弗罗斯特之前已经与尼克松进行了三次不太重要的访谈，内容不外乎一些例行公事式的提问。他希望通过这些访问卸下尼克松的戒心，掩盖自己最后将要提出的那个"终极问题"。而尼克松对弗罗斯特的提问始终避实就虚，不敢正面回答。例如，当弗罗斯特问及尼克松政府阻挠《华盛顿邮报》和国家安全部门对水门事件的调查是否侵害了司法独立时，尼克松则搬出了林肯在南北内战期间的讲话，说："在国家安全受到威胁的时候，总统的命令具有法律效益。"弗罗斯特反驳指出目前的情势已经与南北战争时期大不相同，而尼克松又狡辩道越南战争已经在意识形态上将美国分裂为了南北两个部分云云。

不过，在严密的层层设问和智囊团精心准备的大量资料的协助下，弗罗斯特还是取得了最后的"胜利"，使这个"帝王总统"在亿万电视观众面前缴械投降。毕竟在水门事件上，尼克松政府原本就不站在正义和公理的一边。在访谈的结尾，尼克松不得不坦陈："我欺骗了我的朋友们，欺骗了我的国家，欺骗了我们的政府制度以及那些想要进入政府部门服务的年轻人的梦想……我欺骗了美国人民，并将此生都背负着这一罪责。"

事实上，弗罗斯特与尼克松之间的这场耗资 60 万美元的"猫鼠游戏"还有另一个目的：重塑自己在公众心目中的形象。由于多年主持的节目都诙谐有余而严肃不足，再加上与内部同僚积累的矛盾，使他在媒体圈树敌重重。弗罗斯特当时亟须一场过硬的"脱口"来"秀"出自己的真本领，同时也让对他持有异议的人们闭嘴。无疑，他通过让尼克松说出真相的方式成功地做到了这一点。

　　在访谈的结尾，尼克松不得不坦陈："我欺骗了我的朋友们，欺骗了我的国家，欺骗了我们的政府制度以及那些想要进入政府部门服务的年轻人的梦想……我欺骗了美国人民，并将此生都背负着这一罪责。"

　　弗罗斯特也因此成了访问政府首脑的"专业户"，确立了他在媒体与政界中的独特地位。他访问过从威尔逊到布莱尔的历届英国首相和从尼克松到小布什的历届美国总统。这项纪录，至今无人能出其右。2005 年弗罗斯特为 BBC 录完了最后一期的《与弗罗斯特早餐》节目，并在次年加盟了卡塔尔的半岛电视台。2007 年，他对巴基斯坦前总理贝·布托做了她遇刺前的最后一次专访。

　　在这次伦敦国际电影节上，现年 69 岁的大卫·弗罗斯特本人专程赶来参加了《弗罗斯特与尼克松》的首映式。在接受记者采访时他表示自己对这部纪录片十分满意："这不仅仅是关于我的电影，这就是我的生活本身。"当然，生性幽默的他同时也"抱怨"说影片唯一美中不足之处在于将他描绘成了次于尼克松的二号主角。弗罗斯特真的是一个"次要"人物吗？当然不是，无论在电影中，还是现实中。

谁憎恨鲁珀特·默多克

几年前的一个晚上，我和朋友在校舍旁边的一间酒吧里聊天，谈得惬意之时，却听见酒吧的门口一阵骚动。以标榜新闻独立性而闻名的记者联盟（NUJ）的几个成员大呼小叫地冲进了这间名为"University Arm"的酒吧里，但来者并非意欲饮酒，而是径直从前门一股脑地冲出了后门。门外是一小块属于酒吧的后院（backyard），据说，这帮人正准备在此处开始一个篝火晚会。

篝火晚会是什么意思？我当时也很疑惑，遂问身旁之英国人，答曰：焚烧"默多克"也。当然，此默多克并非时常于电视、报纸上露脸的，侵占了英国媒体半壁江山的真人默多克。摆在草地中央的废弃铁桶上的，是另一个"默多克"——塞满了棉花的一个人形布偶。这个默多克先生的样子确乎恶心了一点，这也是制作者有意为之。主持人讲了几句不太切题的话之后很熟练地点着了火，我记得，那把火是从"默多克"的裤裆周围点的，这一举动，赢得了满堂喝彩。

记得那一年是英国记者大裁员，BBC至少裁员3000人，而默多克旗下的媒体下手更狠，裁员按照百分比算，且每个部门都有指标。这样的做法当然会招来吃新闻饭的这帮人严重不满，于是，他们也开始学起迷信的中国人，搞起了钢针扎纸人、烈火烧裤裆的把戏。虽然只是些"恶意的玩笑"，但记者心中的那股"恶意"和对默多克的憎恨，你能实在地感到有多么强烈。当时我同情心泛滥：默多克这个生意人真可怜。

几年时间一晃而过，当我不得不再次关注默多克这个名字的时候，却发现憎恨他的人不仅没有减少，反而更多了。甚至，连我自己都准备加入默多克反对者的队伍。原因很简单，作为一名读者，以后浏览《泰晤士报》网站将不再成为免费的午餐，多年前收购下《泰晤士报》的默多克新闻集团已经正式对网站的浏览采取收费制度。

对于习惯了享受免费网上新闻的人来说，要他们每天花上 1 英镑浏览《泰晤士报》网站上的新闻无疑有点不切实际。而正当人们纳闷为何这份英国老报要如此"自寻死路"的时候，《泰晤士报》公布了一份数据：2010 年的整个 2 月，《泰晤士报》网站的独立读者流量达到了 2000 万，根据报刊市场部的测算，大约有 2/3 的独立流量来自于搜索引擎，由于网站收费会导致内容无法从搜索引擎直接获得，因此《泰晤士报》的独立访问量将减少为为每月 600 万人左右，即使在这 600 万人中只有 13% 愿意支付费用，全年《泰晤士报》可以借此回笼的资金将达到每年 4300 万英镑。

一听到这个庞大的数字，不少人愤怒了：此报仗着老资格，坐地起价，太不厚道！但当他们正准备为了默多克们的贪婪群起而攻之的时候，却发现了以下的事实：手握这预想中的 4000 多万英镑的《泰晤士报》，仍然是在做一桩亏本生意。上一年的财务报表白纸黑字写着，《泰晤士报》一共亏了 8000 多万英镑，即使今年通过收费赚到理论上的最大收入——4329 万英镑，但若将亏空补算上，仍然亏损 4000 万英镑左右——如此不均衡的收支，又谈何赚钱呢？

再说，网站收费后的访问流量也是一大问题。当好多原本经常浏

览 "timesonline.co.uk" 这个网址的人发现自己如果不交钱就再也无法登录网站的时候，他们首先想到的不是成为报纸的付费用户，而是立即转为别的免费新闻网站的忠实读者，比如《独立报》、《每日镜报》、《每日邮报》等报纸的网站。据说，收费刚几个星期，网站的流量就减少了 60%，《泰晤士报》的死对头《卫报》就此调侃说："在那些没法再登录泰晤士报网站的人当中，甚至有不少是为其供稿的作者。讽刺的是，这些人现在连读读自己上个星期的文章都需要付钱。"《泰晤士报》的法律专栏作家蒂姆·凯万（Tim Kevan），由于受不了这一点，竟然被《卫报》用了离间计，转而成为他们的专栏作者。

尽管存在着这样或那样的问题，仍然有不少英国的媒体观察人士把《泰晤士报》的这次收费"壮举"，视作一次勇敢的盈利模式实验。有好多人都在做这样的假设：如果说，《金融时报》网站这种技术含量较高的专业财经类媒体已经证明向金融专业人士收取新闻信息费是行得通的，那么，生产面向大众的网络新闻产品能否收费是否可行，则需要《泰晤士报》网站的这次收费改革来进行"试验"。若是成功，众人必定争相仿效，但如果失败，恐怕也不会招来多少怜悯的目光。谁叫你不守陈规，居然敢拿读者的忍耐度做实验？正如大部分人都不看好大洋彼岸的《纽约时报》网站的收费举措一样，默多克先生这回虽然是"没有条件创造条件也要上"，但最后的结果，怕是凶多吉少。

在"乞人憎"的默多克 1981 年收购《泰晤士报》之前，这份报纸完全称得上是一份相当正统的报纸。自 200 多年前诞生以来，它主要的热情和视野投给了关于政治、法律、教育和伦敦金融城。可以说，不受党派政治立场左右、面向精英统治阶层是《泰晤士报》的一项传统。

不过，默多克入主之后，《泰晤士报》在顺应社会潮流、拓宽报道范围的同时，也开始了政治立场上的"右倾"过程。英国人原本以为默多克是个彻彻底底的生意人，只是出售新闻商品，不会涉及政党利益或任何意识形态的纠葛。但是从 20 世纪 80 年代开始，《泰晤士报》就成为了亲撒切尔主义的一份报纸，虽然默多克本人一开始就在《世界新闻报》上信誓旦旦地宣称自己并不会干预编辑事务。

一个澳大利亚人，居然敢在英国最负盛名的报纸里作威作福，这惹怒了不少英国的新闻从业人士，20 世纪 80 年代的《泰晤士报》主编哈罗德·伊万对自己的新老板已经不仅是恼怒，而且简直可以说是带着对他的仇恨来数落其种种"罪行"："他的手段包括：在编辑会议和电话中不断讽刺他们（保守党的反对者），将支持右派的文章注上'值得一阅'然后送给我，亲自修改文章标题，以表示对撒切尔夫人的更大支持。"没过多久，伊万就从主编的任上辞职了。

英国的老报人对默多克的新闻观真是打心眼里有一种仇恨，这从默多克接受英国报业的半壁江山后，数量庞大的辞职或离职人员就可

英国人原本以为默多克是个彻彻底底的生意人，只是出售新闻商品，但事实上默多克的公司也牵涉政党利益的纠葛。

以看出。但是，在媒体的商业运作上，英国的传媒人却也不得不佩服默多克的手腕。从 20 世纪 90 年代的伦敦报纸价格战到今天的网络收费计划，默多克在媒体棋局中的每一步都会牢牢吸引业界的眼球。虽然对他的褒贬不一，但至少，默多克让标志性的《泰晤士报》在当年几乎快要倒闭停刊的恶劣情况下存活到了今天，这不得不说是默多克为英国报纸作出的一项"贡献"。

有趣的是，当年在我大学酒吧的后院焚烧默多克人偶的记者联盟（National Union of Journalists，以下简称 NUJ），在听闻《泰晤士报》的收费风波之后，却对默多克的态度来了个 180 度大转变，从之前恨不得剥其皮饮其血的极端仇视转而为如今"有限度的支持"。他们的副主席多纳查·德隆（Donnacha DeLong）不仅没有骂默多克只知赚钱却不知有新闻传播的自由一说，反而在多个场合或明或暗对默多克表示了支持。正如当年 iTunes 推出的那些收费项目得到音乐者协会的支持，理由是挽救濒临灭亡的音乐产业，NUJ 对《泰晤士报》网站收费计划的支持，是不是也可以视作可怜的记者们对前景堪忧的英国传统新闻业作出的某种挽救？

但连默多克都挽救不了的，处于产业链最低端的记者又能真正对其做出改变吗？人们都承认，默多克是一个可以让危险的赌博变成一桩生意的人，然而，他买下的《泰晤士报》，一直以来就没有为他带来什么大宗的盈利。即使这 20 多年来默多克先后采取了从报纸的低价战到大规模裁员再到今天报纸网站收费的种种举措，《泰晤士报》如何找到一个可行的盈利模式仍然是一个困扰着默多克的疑问。

英国人总是在抱怨：我们支付的已经够多了，电脑、电视、宽带连接，还有每年 145.5 镑的电视执照费，为什么在这些之外还要为了互联网上的新闻再次付费？对于已经将免费新闻视为天经地义的读者来说，期待他们为日报上每天可见的"大路货"新闻掏腰包，确实有些不切实际，因为每当一个互联网收费项目启动之时，消费者第一时间想到的并不是怎样付最少的钱享受最佳的服务，而是怎样可以不付钱而享受到相同的服务。当《泰晤士报》网站的"收费墙"将新闻读者挡在门外面时，他们会一边带着无所谓的腔调说"此地不留爷，自有留爷处"，一边将 BBC 或路透社的免费网站重新设为自己电脑的首页。至于什么报业的盈利模式，至于记者能不能发得出工资，那是他们永远也不会考虑的问题，那纯粹是"令人憎恨"的默多克先生的个人问题。

王室的媒体准则

英国女王伊丽莎白二世的长孙彼得·菲利普斯与加拿大"灰姑娘"奥特姆·凯莉在温莎城堡的圣乔治教堂完婚，皇室和亲友 300 余人见证这一时刻。英国皇室成员一向与媒体保持距离，女王伊丽莎白二世登基 50 多年从来没有接受过媒体采访，可是她的长孙彼得·菲利普斯的做法却让人大跌眼镜。历来保持低调的他，这次不仅接受访问，还仿效娱乐明星，以 50 万英镑的高价将婚礼的报道权卖给英国八卦杂志《Hello!》。该杂志在本周的特辑中以近百页的篇幅，刊出菲利普斯及其未婚妻凯莉的专题报道。

《Hello!》杂志仍旧按照英国的小报原则"照顾"皇室成员，连篇累牍地爆料菲利普斯和凯莉的情史。英国媒体对这场"平民化"的皇室婚礼的报道，排场虽赶不上 1999 年万人迷贝克汉姆的婚礼，但它标志着英国皇室和媒体关系的一个明显的转变。

两者的纠结关系，繁多得够写一本厚厚的书了。简而言之，英国皇室与媒体错综复杂关系的起点可以追溯到十多年前。20 世纪 90 年代初，皇室对媒体的态度还是采取一种"能避则避"的原则。已故的戴安娜王妃是皇室主动选择接近媒体的先例，她在 1995 年的电视访问中曾公开曝光她与骑马教练休伊特的婚外情。此举引来公众哗然，皇室家族不再神秘，内部不为人知的秘密逐渐被记者们一条条挖掘出来。戴安娜的前夫查尔斯后来也雇请专业人员，替自己进行媒体形象改造，试图为他的再婚赢得公众谅解。

在戴安娜王妃事件之后，英国报业曾修改了行业行为准则。或许，媒体挖掘八卦、扰乱皇室正常生活的技能超越了所有人的想象，报业不得不立法规范自身行为，确保不再出现第二个戴妃。当时的英国文化、媒体和体育大臣克里斯·史密斯对此发表讲话时说，报业自律比政府单纯地制定一套关于隐私权的法律更有用。随后，"欧洲最为严厉"的报业监督机制在英国建立起来，皇室对媒体的态度由此变得较为信任而开放，这些年，皇室成员的曝光率也越来越多。

在英国皇室的年青一代中，威廉及哈里王子长期在媒体曝光率上领先其他皇室成员。而菲利普斯此次更胜一筹，利用他的特殊身份赚取可观的眼球收益与实际利益。但要说起来，他的妹妹扎拉才是真正深谙媒体之道。扎拉自 2006 年至今已经接拍数个广告，风头甚至盖过不少时尚明星。

然而，好景不长，几年前媒体对皇室丑闻风波的报道和去年 BBC 的"纪录片事件"使得皇室与媒体的关系又开始交恶。后者更是直接导致了 BBC 电视一台台长的彼得·芬克姆的引咎辞职。菲利普斯在结婚前主动向媒体示好，除了经济利益的驱使外，也是出于一种"政治上的规定动作"：新一代皇室也试图以此显示其平民化的亲和力，以重塑在英国公众中的良好形象。

年轻皇室成员每一次类似的"出轨"举动都会招来家族中老一辈不少反对的声音，这次也不例外。据《每日电讯报》2008 年 5 月 23 日的报道，女王声称菲利普斯是在未经自己同意的情况下将婚礼报道权"卖"给媒体的。不少皇室成员也对菲利普斯感到非常失望，表示他的所作所为是对皇室的不敬。

　　皇家婚礼专用的圣乔治教堂自维多利亚时期以来就从未对外界开放过。虽然以金钱拥有独家婚礼报道权的《Hello!》杂志只派了四名摄影师和一名记者来到现场，尽量压缩人员，但仍有皇室成员嫌记者太多，打扰到了自己。一位工党议员甚至批评杂志上刊登女王与新人的合照说：“英国公众不应希望女王的照片出现在《Hello!》这样的杂志上。她是我们的女皇，不是某个足球员的老婆！”

　　在英国经济受次贷危机冲击的大背景下，伊丽莎白女王甚至取消了自己年初的钻石婚庆典，以示与民同甘苦。而菲利普斯现在却打着“平民化”的幌子在镁光灯面前大谈自己的感情生活和家庭八卦逸事，并以此赚得一笔。此情此景，女王看在眼里难免有些不是滋味。曾经担任黛安娜王妃贴身助理的吉普森为王室老一辈帮腔说，年青一代已经逾越了英国皇室成员的媒体准则，因此在他们需要被报道的时候，他们会把媒体视为一种资产，可是一旦靠近，他们就再也甩不掉媒体。不过，从威廉王子到菲利普斯，王室的新贵们不仅不打算甩掉媒体，反倒是很享受在媒体的包围圈中。

　　又翻回花花绿绿的《Hello!》杂志，上面透露，直到交往了快两个月凯莉才通过电视知道对方是皇室成员。可见女王的孙子在这些年已经让俗气的大众媒体磨洗得毫无“贵族之气”，越来越像一介草民了。而看着出席婚礼的两位王子的女友凯特·米德尔顿和切尔西·戴维，对皇室不依不饶的记者们才不会在意新一代的王室成员们“贵族”与否，他们所关心问题的只是：“下一个结婚的会是谁？”

为新闻自由进一解

前段时间，国内某教授在主流媒体公开发表文章称西方的新闻自由是一个"神话"。不仅是神话，还是个"虚幻"的神话。作者列举了诸多在 20 世纪揭露资本主义的虚伪、宣传社会主义革命的外国记者们的"悲惨遭遇"，以证明今天的西方资产阶级在取得政权以后已经"毫不手软地反对广大人民群众言论、出版自由的权利"，站在了新闻自由的对立面。

但这位愤怒的作者似乎在展开论述之前并没有厘清新闻自由的概念。实际上，新闻自由绝不是写在横幅上、印在 T 恤上的一句口号，当然也不是作者描述的那些冷战时期西方舆论的宣传策略。当然，口说无凭。当我思索有什么例子能为今天人们眼中已略显样板化的"新闻自由"概念再进一解的时候，一则新闻很快进入了视野：

当今世界最大的独立大宗商品贸易公司之一，英国托克（Trafigura）公司的油轮在科特迪瓦秘密倾倒有毒石油废料一事，2009 年 5 月被 BBC 在一档节目中曝光。据说，该公司曾在 2006 年在象牙海岸倾泻有毒废物，导致当地数千居民患病。

恼羞成怒的托克公司曾经就此控告 BBC 报道该事件的节目《新闻夜》（*Newsnight*）诽谤。不过，丑闻既然已经被全世界的观众看到，托克公司再想要赖账，恐怕就没那么容易了。2009 年 9 月，《卫报》在头版的位置宣布获得一份报告，可以直接证明托克公司企图掩盖倾泻有毒废物的真相。话音未落，《卫报》马上就收到来自"上峰"的一份"超级禁令"，禁止报道任何与这份报告有关的新闻。

事情有趣就有趣在这里。这份由英国高等法院发出的"超级禁令"不仅勒令英国所有的传统媒体噤声，而且禁止人们谈论的内容还包括"为什么这则新闻不可以报道"。这条异常诡异的禁令仿佛一夕间变成了新闻领域最荒谬的"第 22 条军规"，不仅它本身的内容绝对保密，而且连它是由谁提出的、为什么要设立这份禁令等问题也一律被禁止提及。人们唯一可以谈论的，是这份禁令的名字。

这让人想起明朝人沈明臣的那句诗："狭巷短兵相接处，杀人如草不闻声。"在一家私利和公众知情权短兵相接之时，钳制舆论的声音并使其"不闻声"往往是拥有权势的一方所能祭出的最后法宝。然而，具有讽刺意味的是，禁令所保护的信息乃至禁令本身，却在数小时之内，被英式人肉搜索挖掘了出来，并在 Twitter、Facebook 等著名社会媒体网站上流布甚广。"超级禁令"在力拔山兮的网络舆论压力面前，立即崩溃瓦解，只剩下做纸老虎的份。托克公司最终不得不自动放弃了这份废纸一样的禁令。

但这件事的关键其实并不在于网络媒体，或者说"网络民意"的力量究竟有多大。值得关注的问题在于：这份报告当初是基于什么理由提出、为何得到了法院的认可，而最终又是因为什么被撤销的。这个过程又是怎么体现出了在某些人眼中早就虚假不堪的"新闻自由"原则的。

话说正当《卫报》着手调查与托克公司丑闻之时，受其委托的律师事务所便向法院求助，声称媒体的调查破坏了公司的机密，请求下令禁止调查继续，《卫报》于是被彻底封住了口。但没过多久，在一次议会质询时，一位名叫保罗·法雷尔的议员就"保护新闻自由"的议题向司法大臣发出提问，问题之一就是有关这条"超级禁令"阻止媒体报道倾泻有毒废物一事。于是，事情又被媒体炒作了起来。

托克公司本想故技重施，再以申请禁令的方式让所有的人闭嘴。不过，这次他们的对手从一家报纸变成了威斯敏斯特的议员，而英国议会一项历史悠久的"基本原则"就是：议员享有最大限度的言论自由，他们的言语应该被自由报道。

自从 1695 年英国废除了《执照法案》，即"新闻发表要获得事先许可"的制度以来，议会中的论辩场逐渐成了这个小岛上最为透明的场所，到 18 世纪末期，经过英国记者们多年的努力，报纸不受阻挠地记录议员的论辩内容，已成了英国政治生活最为日常的一部分。今天的保罗·法雷尔，正是凭借着议员的这项"特权"在议会中对禁令提出疑义的。

自然，托克公司再次申请禁令的努力只能以失败告终。受雇于托克公司的律师事务所在一篇新闻稿中也承认："这项命令确实会阻挠《卫报》报道准备在本周晚些时候讨论的问题。"并声称主动放弃对禁令的申请。

其实，类似于"超级禁令"的手法，如今正在越来越多地被商业机构使用，它们借其向法院求助，声称自己拥有保护公司机密的权利，应该受到匿名保护。怎奈"魔高一尺道高一丈"，偏偏英国有着"巴力门（议会）至上"的原则，使得英国下议院的"人民代表"们在感到事有蹊跷时有权在国家的最高立法机关上以明确、径直、毫不留余地的方式指出问题所在，只不过，这次的问题刚好出在了"新闻自由"上面。

英国代议制政府的"法网恢恢"，终于还是"疏而不漏"地维护了新闻自由。说来也很有意思，这种维护看上去好像是"无意"的，而实际上它背后运作的那一整套体制，又决定了真相的出口不可能只有一个。这种情况下，即使像托克这样的大公司，想要让全英对自己的丑闻避而不谈，就必须同时"搞定"所有的英国媒体、网民、司法系统以及那个历史上多少君主都无法"搞定"的英国议会。毫无疑问，这是个不可能完成的任务。

从这个例子看，新闻自由并不是人们想象中的宣传队，也不是播种机。它应该是多方博弈后的产物，一种为争夺"第四种权利"而斗智斗勇乃至尔虞我诈、充分博弈之后剩下的状态。臆造出来的"新闻自由"只是空中楼阁，即便我们回顾19世纪英国自由报业家们废除"印花税"的奋斗史，也不敢说其中每一位标榜"自由"的活动家，内心都是为了"自由"这个纯洁的动机。最直接的原因，历史资料里说得够清楚了，是因为当时的政府将印花税大幅提高，以至于伦敦的许多报纸成本陡增、难以生存。当时的新闻从业者这才揭竿一呼，与政府杠上。所谓"新闻自由"者，无非是当年报纸老板们"抗税"、"逃税"所带来的诸多副作用之一。

然而，如果当这一切都是在一个各方行为都能得到制衡的机制上进行的，并且所有的博弈都能纳入某种公平的游戏规则之下，那么它最终的客观结果往往可以被归纳为一个词——"新闻自由"。正如当年和文人宰相迪斯累利水火不容的爱尔兰政治家格莱斯顿所言，新闻的自由"使得整个国家的利益结合得更为紧密，使国家的体制更为巩固"。如果还要为这自由加上一个定语，那它也只能是"真"或者"伪"，而不可能是诸如"西方的"，或者"非西方"这种莫名其妙的标准。

英国新闻业的危机

　　我的英国老师曾送给我一份《观察者报》1791年创刊号的影印版。作为英国历史上第一份星期日报纸，当年《观察者报》的外观只能用"薄得可怜"来形容。事实上，读者在阅读它时根本体会不到任何"翻阅"报纸的感觉——那几乎是一张双面都印有细密文字的海报罢了。

　　不过，外观的简陋丝毫没有影响这份报纸所具有的雄心壮志，在报纸名称的下方，清晰可辨一行文字："Unbiassed by Prejudice-Uinfluenced by Party"，意思是说该报不受各类偏见或者政党的影响，坚持新闻的客观原则。

　　在这个新闻日益泛滥，媒体信誉不断贬值的时代，端详这样一份拷贝过来的"历史文物"令人产生一种恍如隔世的感觉。如果说新闻业的发源来自于人们对事实真相的追求，并将传播这些事实作为其自身的一种责任的话，那么我们今天动辄厚厚数十版的报纸，是否在这一点上比两百多年前的那张单薄的"海报"做得更好呢？

　　对此，当我通过最先进的媒体传播工具互联网来阅读卡迪夫大学对英国近20年来新闻媒体的可靠度以及独立性的调查报告的时候，我只能十分遗憾地得出否定的答案。至少在英国这个地方是这样：自20

世纪 80 年代以来，随着新闻业日益加深的商业化节奏，新闻媒体的公信度实际上在不断降低，媒体报道的可靠程度也大不如前。

在这份报告中，研究者调查了 1985 年以来英国主要报纸的发行量、利润、雇员情况等多项数据，发现在此期间，包括《泰晤士报》《卫报》《每日邮报》在内的主要英国报纸，平均的总版面量增长了两倍多，广告量也增长了近三倍，但是新闻的原创性却大不如前。一个令人担忧的事实是，目前主要英国报刊超过 60% 的新闻内容几乎是原封不动地购买英国报纸联合社（Press Association，简称 PA）提供的不署名的通稿，另外，尚有 20% 的新闻内容部分地引用了英国新闻社的内容。卡迪夫大学的研究者失望地发现，读者买得到的报刊中只有大约 12% 的内容能够被确认为记者第一手的原创报道。

也就是说，还剩下 88% 的新闻内容，其来源要么是通过照搬拷贝过来的官方消息，要么是经过改写"硬通货"式的内容而加工，并非记者原创。这也难怪英国不少大学的新闻系，教师向学生强调最多的新闻词汇之一，同时也是学生必修的一堂课——"改写"（rewrite）。原来，这个本领才是英国记者如今用来"防身"的最佳利器。

在报纸日益变厚的今天，真正经过了扎实采访的新闻反而越来越少。这一现实挑战着英国公众对于报纸的信任感，也使人们越发感到，自己手中那摞沉甸甸的印刷物，其实纯正的新闻分量，已经越来越"轻"，越来越背离了新闻的本质意义，甚至变得不像新闻。这个或可被称为"危险"的趋势，也被资深的英国记者和专栏作家尼克·戴维斯所察觉，并把它写进了自己的一本新书里。

在这本名为《扁平地球新闻》的书中，戴维斯对卡迪夫大学的研究者们的那份报告表示出了赞同，在他看来，正是新闻从业者对于英国新闻社所提供稿件的过分依赖造成了原创新闻的乏善可陈，以及庸俗新闻的泛滥。但是，他并没有把问题简单地归咎于英国新闻社自身。

戴维斯认为，新闻商业化所带来的"唯利是图"，使得新闻生产越来越类似于机械化厂房的大规模作业。一方面是报纸版面的不断扩充给记者带来的过重工作负担，另一方面，媒体公司为节省人力成本而削减新闻采编人员的数量，正是这两个因素，构成了英国新闻业积习难返的恶劣现状。

20 世纪 80 年代初期，像泰晤士报集团、金融时报集团、快报报业公司等英国主流的媒体集团，雇员的平均数量大致维持在 2000 人至 4000 人之间，其中采编的人员配置在 500 人至 700 人不等，而到了 2005 年前后，采编人员的总量并没有发生太大变化，但媒体公司的平均总雇员数量却已经骤减至 1200 人以内。换句话说，在英国的各大报社，员工中记者的构成比例并没有较十几年前更大，但随着报纸版面的扩充，其工作压力却相应变得更繁重了。

重压之下，吃新闻这碗饭的记者，为谋生而计，也只能采取"多抄少写"的策略。毕竟，个人的精力有限，当依靠自身的实地采访（legwork）所撰写的稿件并不足以填满报纸大片大片的空白时，"走捷径"的必要性也就呼之欲出了。作为英国第二大新闻社的 PA，自然成了记者们最现成的一个"二手报道"来源。

但 PA 的"靠谱"程度有多少？戴维斯对此显然持怀疑态度。在 19 世纪末期建立之初时，英国新闻社便是由当时英国几家大报馆的老板集体出资的，目的是以为英国各地的报社提供更及时、快捷的讯息。至今，它的主要股东还包括每日邮报集团、卫报报业集团、每日电讯集团、DC 汤普森等 27 个媒体巨头。很难说，涉及诸多后台老板利益的 PA，在其提供新闻的品质上，会不会受到某些"干扰"。

在 PA 每天"生产"出来的数百条新闻中，究竟有多少属于在个人授意以及公关公司干涉之下写出来的公关稿件，又有多少是绝对真实可信、立场无偏倚的纯正新闻？众所周知，公关产业在英国是一个相当庞大的产业，且不论资产的总值，即便仅从从业者数量上来说，它多年前便已超过了新闻业，并且在内容的控制上，也很大程度左右着新闻报道"应该怎么写"。

据统计，平均一个英国记者的背后，至少有一名公关人员在影响着他笔下的内容。PA 的 27 个股东之一的联合商业媒介集团公司（UBM）就是著名的公关通讯社的所有者，其业务主顾遍及英国的各大企业、乃至政府机构。其在英国媒体中的显赫地位和影响力决定了 PA 中公关公司的稿件占了相当大的比重。而记者，在受到公关公司的电话轰炸和新闻工作压力的双重"折磨"下，当然会向 PA "妥协"。然后呢？拷贝，拷贝，无止境的拷贝。

这种公关稿件出现的频率，据说已经达到六成以上。尤其是在经济、公司、公共政策领域，在戴维斯看来，这些领域的新闻几乎都可以说是公关稿件。而 PA 作为各大报社新闻的最主要来源，使它成为了包括从英国政府到私人公司在内的重点"公关项目"。因为在某种意义上，只要搞定了 PA，就意味着搞定了英国的所有媒体。

PA 曾经大致在同一时期发布过两个社会研究报告，一个是说由于普遍接受高等教育的时间变长，英国人工作的年龄越来越晚，30 岁左右的年轻人工作后与父母同住的比例逐年上升；另一个是关于 50 至 60 岁的英国人在即将退休时选择延期退休的调查，结果显示为了不失去扮演社会中消费者的角色，越来越多即将退休的人都选择继续工作。这个结果经由报刊、电视的不断转载、加工改写之后，已经基本上成为当代英国人的一个共识。

这两份研究报告的科学依据到底能有多少站得住脚，先存而不论，但 PA 以及复制 PA 新闻的众多英国媒体都不约而同地将之理解为：这说明英国家庭的结构将发生变化。所有成员都在工作的家庭数量将不断增多，也就意味着全家缴纳养老保险金的时间变得更长。

　　不过，很快有人注意到，这两个调查的来源是英国人寿及退休保险的主要供应商——友诚股份有限公司（Friends Provident Pensions Ltd.），PA 的稿件这次受其公关之委托而撰写的。事实上，该保险公司旗下正要推出一份全家人共同投保、共同获利的新型人寿保险服务。但这个有点"打包"性质的保险产品若想大卖，必须在民众造成一种"全家共同体"的概念。于是，这两份研究报告应运而生。

　　这不禁让人想到，20 世纪 90 年代初期，英国皇家精神科学院发起"战胜抑郁症"的运动引起 BBC 等媒体对抑郁症连篇累牍的报道。这些配上数据、图表、专家意见的报道铺天盖地，让人们很快产生了"抑郁症就在身边"的恐慌心理。其实，这也是在公关公司的授意下，英国媒体替药物制造商为价格更高的新一代治疗抑郁症的血清素类药物造势。十多年过去了，新闻游戏还是同样的玩法。

　　历史上的著名报人 W. R. 赫斯特说过一句更著名的话："新闻不过是某些人不希望刊登的那部分内容，剩下的全是广告。"此言善矣。即使在当初商业化的触手刚刚触及新闻界时，不同商业利益之间的纠葛与妥协，也已占据了新闻总量的可观份额。如今，这种裹着商业外衣的"公共关系学"的泛滥程度，甚至已经到了足以左右报刊观点、导向舆论、一纸遮天的程度。

　　无可否认的是，在传统的新闻不断被互联网和博客蚕食的时代，似乎人人都可以成为潜在的记者，并且，如果他们做得足够好的话，也能具有与过去传统记者大致相同的社会信任度。但同时，当人人都可成为记者的时候，也意味着不再有"专业"记者这一说，传统媒体的所谓客观性，在人们眼中已越来越像一个幼稚的谎言。今天的《观察者报》早已不是当年那张单薄的"海报"了，但从另一个角度说，谁能保证今天真正有价值的新闻会比当年更厚？

　　"谁更加重要？一个《太阳报》的记者、BBC 四台的记者，还是一个写博客的家庭主妇？"爱德曼公关公司的英国总裁罗伯特·菲利普斯如此问道。在公关公司看来，这三者的公信度可以说毫无差别，唯一称得上"真实"的新闻，就只有受客户委托、经由他们"制造"出来的公关服务。新闻所陷入的"危机"到底是商业化所带来的一个必然趋势，抑或是新闻自身的"堕落"让商业利益的侵蚀更为肆无忌惮？但愿这疑问不至于沦为一个萨特式的吊诡。

你我只是一介看客

董桥先生回忆旅居伦敦时，每天早晨需坐火车进城，久而久之，发现同车乘客阅读报纸的类别透露了他们的身份："看《泰晤士报》的，多半是些公务员、律师等各行专业人士，中学上贵族学校，大学念牛津剑桥。看《金融时报》的人差不多都属中产阶级，只有职业不同。"而不同身份的人所展卷的报纸却始终不会重合，"赤膊的修路工人就不该看《泰晤士报》，否则人家看到会暗笑；西装笔挺的老绅士就不该看《太阳报》，否则人家看到会苦笑"。

"苦笑"与否，不得而知，至少我没有亲见。但董桥此言未免太护着"上层人士"们了。西装笔挺的老绅士在公众场合固然不看《太阳报》，但私底下要想对这类小报"独善其身"，只怕也不容易。《太阳报》日发行量近300万份，读者总不至于全是清一色引车卖浆者流，没有混入个把梳油头、蹬皮鞋的商务人士吧。况且，《太阳报》虽刊三版女郎裸照，但专业的政治新闻也是它的一大特色，读者当中自视属于"中产"的人士因而甚多。虽曰"小报"，其彰著的影响力远非一个"小"字。

"小报"二字，英文唤做"他不乐意的"（tabloid）。望音生义，这种报纸向人讲述的事情基本都属于令当事人"不乐意"的，像是政要的八卦、明星的跟拍、经常抛头露脸的人们的家长里短，乃至凶杀、色情等三俗内容，均为此类报纸版面的常客，总之是怎么贱格怎么来，怎么恶俗怎么来。不过，恰恰可爱的读者们也偏好低俗，这就让小报找到了市场准心。我在英国念书的时候，就喜欢在公共场所手端一份FT或者《卫报》撑门面，半盏茶工夫也许半个字也看不进去，而一旦回到私人空间便如饥似渴地"恶补"《太阳报》或《每日星报》杂志。不过，惯于自我安慰的我不以为耻反以为荣，食色性也。

读者的肉眼凡胎，成就了"小报文化"的发扬光大。而这种小报文化，由于和人性中的窥私癖与恶趣味盘根错节，因此一旦泛滥就绝不会轻易被根除。小报譬如小强，一拍之下不死，遁入阴暗角落处，不出几日，便携大军成群杀回。《太阳报》本月刚刚因涉嫌收买线索受警方调查，正当读者为这份小报忧心忡忡时，老板默多克却扬言要继而推出一份《星期天太阳报》，其首刊发行的日期，就在本周末。严肃

英国媒体的八卦文化盛行，专挖名人隐私的小报在街头随处可见。

新闻的卫道者们未及举手欢呼，"小报"又反客为主，抢先一步宣告了它的胜利。

国外的八卦记者篡改诗人蒲柏的句子，另铸奇句：To err is human, to get it on tape, divine.（人孰无过，但能把这过错用胶卷拍下来，善莫大焉）小报新闻的玄机，尽在此中。称职的小报记者大多佩戴各种先进的镜头和录音设备，擅长跟踪蹲点，埋线千里，更厉害的是抓得准最佳时机，能将关键的一切"用胶卷拍下来"。他们基本可以直接改行去做军队狙击手或私家侦探。我因工作原因结识一位居住在伦敦的前小报记者，离职以后，她自开公司，除了受理名人访谈之外，居然也接"身世调查"、"老宅历史调查"之类的业务。当年小报训练出的专业素养，竟令人不觉起敬。

有了这群端着"长枪短炮"，"熬更守夜"在新闻第一线的专业人士，小报不大卖，实在天理难容。当年香港的《壹周刊》、《东周刊》刊出女星艳照，引起社会伦理大讨论。如今时过境迁，残留在互联网上的"成果"依然是肉香四溢的照片，而当初那些道德文章，怎么也找不到了。再转眼看看身边的八卦杂志，今天 A 女星露个沟，明天 B 女星幽个会，任由你心里念着什么吾国吾民，眼神却不得不望着画面的云深不知处暗暗瞟去。这种勾魂摄魄的手段，就是小报的"文化"。当然，同为"他不乐意的"，中外之小报仍有高下之别。以报道八卦闻名的英国小报《每日镜报》在 2003 年英美联合对伊拉克发起军事行动时，曾在头版刊出"UNlawful, UNethical, UNstoppable"（不合法，不道德，不可停止），这独具匠心的大标题。三词头都故意使用大写字母"UN"，影射战争绕开了联合国授权，并非义战。香港八卦小报师法英国，却未曾习得半点英国小报新闻人的气骨，如今内地媒体又山寨香港小报，更是一蟹不如一蟹。

不知从何年何月起，大众媒体上刻板的说教开始不再行得通。借用尼尔·波兹曼《娱乐至死》当中的一句话："政坛上形象经理的出现以及与此相伴的讲稿作家的没落证明了这样一点，就是：电视需要的内容和其他媒体截然不同。"电视观众需要的是"具象化"，人们的阅读趣味何尝不是一样？在我们这个"读图"时代，新闻也因此脱下了旧日笔挺的燕尾服，换上低胸蕾丝边的洋装，活色生香的浮世绘代替了照本宣科的空洞乏味。市侩的媒体市场培养出的庸俗口味让看客们爱极了小报记者们端上来的一道道名人隐私，而那些连最不堪处都给看个精光的公众人物，恨透了小报记者。

据说，过去美国的政治民谣歌手菲尔·奥克斯拜访歌星鲍勃·迪伦时，奥克斯在迪伦的汽车副驾驶座上对着他东问西问，弄得鲍勃·迪伦心头好生不快。更为败笔的是，为了卖弄自己的音乐品位，奥克斯甚至开始对鲍勃·迪伦的歌曲评头论足。脾气本来就不小的鲍勃·迪伦是可忍孰不可忍，直接一脚把奥克斯踹出车门，并用他那招牌式的鄙夷语调说："你根本不是什么民谣歌手，你就是个记者！"说罢，踩油门而去。

这个段子被 *GQ* 杂志的英国编辑迪伦·琼斯写进了专栏。鲍勃·迪伦身为一代巨星，对于小报记者的厌恶自然溢于言表，而琼斯的专栏，反而把明星对记者的厌恶写得颇具超脱的喜感。那是因为，他与你我一样，仅仅是这一切的看客。

"不想成为烈士"的英雄

该如何为玛丽·科尔文（Marie Colvin）的讣告作开篇？也许，通常人们的悼念会这样开始：科尔文，英国《星期日泰晤士报》资深战地新闻记者，于 2012 年 2 月 22 日在叙利亚政府军炮击霍姆斯市时被炸身亡。她为战地报道而生、为战地报道而死，堪称战地记者永远的楷模……

且慢，这样的描述是否有些过于一相情愿了？回头看看 2004 年 3 月科尔文接受"福克斯新闻"的那段著名采访，当记者询问她是否将自己视为一个战地记者时，她并没有立刻给出肯定的答复，而是略加思索后一字一句对对方说，战地记者是一项非常有限定性的称谓，"我报道了这么多的战争，但我并不是一个战地记者。"

科尔文并不是要在这段采访中故作惊人之语。事实上，被公认为"我们时代最有影响力的战地记者"的她打心眼里并不怎么认同这个被人叫滥了的称谓。因为在她心里，所谓的战地记者更关注战争本身的动态，而她所关心的，却是战争中"人"的处境，以及在暴力横行、社会动荡的时期人的遭遇。用她的原话来说，她并不会报道"敌人使用的枪炮口径是 120 毫米还是 150 毫米"，或者战斗的哪一方取得了胜利。在科尔文的每一篇报道里，最耀眼的主角，也可以说是唯一的主角，始终是——人。

科尔文这份自我气息浓重的"人道主义"，或者说她关注那些饱受战火伤害人们的"慈悲心肠"，恐怕不单单是出于一种记者的"职业道德"。如果要追根溯源起来，最初的线索还得从她的青年时代寻觅。

在英国《星期日泰晤士报》成名的科尔文，是一个有爱尔兰血统的地道美国人，并且，她最早的志向并不是成为一名记者。在她永不会再被登录的"Linkedin"社区网站首页，教育一栏的信息是"耶鲁大学人类学"。1974年，科尔文进入耶鲁大学学习。在大学期间她对文学着迷，一度以为自己会走上小说创作的生涯。

然而，大四那年她偶然参加的一场讲座彻底改变了她之后的人生轨迹。讲座上的出席者是获得"普利策奖"的著名记者约翰·赫西（John Hersey），当年他关于日本广岛遭原子弹轰炸后情况的报道，曾带给美国公众思想以强烈冲击。赫西的报道，以六位遭受核爆的普通广岛市民为线索，采用微观视角叙述全篇，凸显出具体的"人"在灾难中的无助与最后的尊严。听完这次讲座，赫西触动灵魂的文字和他关注"人性"的新闻理念，深深地震撼了科尔文。回忆这段往事时，她将赫西视为职业生涯的"第一位导师"。有生以来第一次，科尔文意识到，新闻和文字可以产生某种变革的力量。从此，她决定投身新闻，并加入了耶鲁校报。

大学毕业后，科尔文在合众国际社（UPI）做了一名夜班记者，没过多久就被派往法国巴黎记者站。巴黎的生活很符合当年科尔文的"文学青年"气质，也就是在巴黎期间，她逐渐对阿拉伯文化结缘并深陷其中，这为她后来被派往中东地区、成为战地记者，做了知识上最好的铺垫。

1986年，科尔文迎来了人生最为关键的一个转变。当时英国的名报——《星期日泰晤士报》颇负名气的驻中东记者大卫·布朗迪转而投奔了《周日电讯报》，这个重要的职位突然面临着空缺的尴尬。与此同时，《星期日泰晤士报》的编辑们看中了科尔文的才华，邀请她接替布朗迪出任"中东记者"这份工作，科尔文欣然应允。但恐怕连科尔文自己也没有想到，这份工作她一做就是 20 多年，直到因公殉职。

加盟《星期日泰晤士报》没过多久，科尔文被派往战火纷飞的利比亚，就此踏上了作为"战地记者"的人生旅程。几乎可以这样说，20 世纪八九十年代以来所有大小规模的战事都有这位记者留下的倩影。科索沃战争、车臣事件、东帝汶独立、斯里兰卡内战、伊拉克战争、利比亚内战以及埃及动乱的现场……总之，这些年来科尔文简直对战争和动乱着了魔，而她出生入死的勇敢，很多男性记者只怕也难望其项背。

不过，科尔文的一位英国同行曾在一篇追忆的文章中记录了以下细节，似乎与她"一不怕苦，二不怕死"的"铁娘子"形象有所出入。当那位记者用电子邮件向科尔文求证利比亚战争的进行情况时，她回答说："我正在的黎波里，你有机会到这边来吗？或者需要任何帮助吗？我会在这里待上一段时间，但不好说还会待多久。我可不想成为一名烈士。"

"不想成为一名烈士"的说法，可以被视为科尔文表面上积极奔走于战场，实则贪生怕死的证据吗？正相反，如果多对科尔文的内心世界作些了解，你会发现，"不想成为烈士"这看似畏缩的表达恰好体现了她的智慧和她的新闻追求。

2010 年，科尔文获得了英国年度驻外国记者的荣誉。同一年，她还出席了伦敦舰队街的一次纪念活动，以缅怀当年死于战争地区的战地记者。科尔文在演讲中说："我们能够寻求改变，去揭示战争带给平民的恐怖和残忍。"随后，她又补充道："我们总是不得不询问，自

己笔下的故事是否值得去冒险？什么是勇敢（brave）？什么又是鲁莽
（bravado）？"

显然，科尔文对此是有取舍的。她并不打算做一名因鲁莽行事而
轻易丧命的记者，她为自己选择的是"勇敢"二字。当了几十年的战
地记者，她完全知道一个记者真正的价值在于揭示出平时不为人知的
真相，但这份工作的前提是你得活着，否则，一个死去的记者是无法
尽到他的"新闻责任"的。这种"新闻责任"自从当初在约翰·赫西的
课堂上就被植入了科尔文的心灵，并随着她多年的战地记者生涯而逐
渐融入她的血液里。

著名的调查性新闻网"琼斯母亲"（Mother Jones）的专栏作家库
尔特·皮泽（Kurt Pitzer）在追思科尔文的文章中提到了他是如何与科
尔文初次相遇的。那是在1999年，一家阿尔巴尼亚临近边境线的咖啡
馆里。科尔文在人满为患的咖啡馆里认出皮泽是一个初来乍到的新手，
便主动走过去和他交谈，并说："扔掉你手中的笔记本，别让人发觉你
是记者。"看见皮泽还不明就里，她悄悄用手指着远处几个穿着"天空
卫视"工作服的人，并在库特耳边说：看见那几个打扮成记者的家伙
了吗？他们其实是假扮成记者混进战区的雇佣兵，随时准备射杀人群，
这当中也包括记者。皮泽听闻后，赶紧收起了笔记本。

这个细节将科尔文的警觉和战地经验表现得非常充分。她是一个
胆大心细的人，惟其如此，才能在世界上最危险的地方工作多年，并
成功地发回一篇篇触动人心的报道。她不会因为自己的愚蠢决定而做
出无谓的牺牲。但当她认识到自己正在采写的新闻故事的价值时，科
尔文展现的勇气确实无人能敌。

1999年，东帝汶的亲印尼派与独立派发生流血冲突，20多万难民
逃至西帝汶，其中1500多名妇女儿童难民藏身在东帝汶首都的联合
国维和部队基地，但基地随即被亲印尼派军队包围。维和人员与其他

的西方同行记者都准备撤退，只有科尔文坚持与难民留下来。"人道主义"的信仰让她无法作出放弃这些难民的决定，于是她选择在报道难民情况的同时，主动"加入"到难民当中。果然，她"寻求改变"的信念产生了作用，报道让联合国改变了撤离的决定，并最终救出所有人，将他们送到了澳大利亚的医院治疗。

在关于东帝汶的一篇报道中，科尔文不小心在文章里透露了一点个人心声："当我从医院出来时，我只想要一瓶伏特加马丁尼酒和一根烟。"出院后，科尔文回到纽约的一个宾馆里，宾馆的服务员敲开了她的房门，端给她盛着一大瓶伏特加和各种饮酒的托盘，盘上还有一个小纸牌，写着"来自科尔文的朋友们"。科尔文惊喜之余也知道这祝福来自何方。每每回忆起这段经历，她眼眶总是有些湿润。

"不想成为烈士"的科尔文不幸在 2001 年潜入动乱的斯里兰卡报道时被政府军打伤，左眼有失明之虞。此事在当时惊动了新闻集团的老板默多克。默多克赶紧把她接到纽约，找最好的大夫来治疗：钱，不是问题，只要能把这位大记者的眼睛医好。最后虽然因受伤过重事与愿违，但科尔文在新闻界的地位，可见一斑。此后，科尔文左眼戴上了标志性的黑眼罩。

2012 年，科尔文的好运在叙利亚霍姆斯市终结。随着战局恶化，驻叙利亚记者的安全愈发没有保证，甚至有传说，叙利亚政府已对科尔文等记者下了"杀手令"。2 月 20 日，《星期日泰晤士报》的一名编辑终于联系上了科尔文，敦促她赶紧撤离，科尔文却回答："我必须做完最后一个报道再走。"当时，科尔文已被困在霍姆斯市西部地区。21 日，科尔文在失去联系前作了最后一次报道，报道的着眼点依然是"人"："这间地下室躲着的每一个人都经历了相似的艰难和死亡。此处是 Baba Amr 为数不多的地下室之一，因此被选为避难所。四周的墙上靠满了泡沫床垫，孩子们一直没有机会见到阳光，因为围困自 2 月 4

日就已开始了。很多家庭仅仅带了几件衣服就从屋子逃出来……"

　　等焦虑的人们再次等来科尔文的消息，她已在反对派提供的临时新闻中心遇难。不知怎么，她的死讯让我想到一位英国资深中东记者的回忆录片段，里面他谈到自己20世纪80年代被派往阿富汗报道战事时遭遇了比今天更严格的媒体封锁情况。当他向当时所供职的报纸主编诉苦时，得到的答复却是："我们不能仅仅因为不能派记者前往而让关于阿富汗的消息从报纸上消失。"念及此，不免令人长叹。"不能让消息消失"是这些战地记者的职业责任，也是他们的使命，或宿命。

历史与文化的切面

英国的历史与文化，广博浩繁，下笔纵有万言只怕也难全面呈现。此辑仅仅只节录其中的几个切面，呈现于读者。恰如生物实验中的切片观察，历史与文化中的某些代表性片段也颇能说明问题，亦可成为观察当代英国社会的一个独特的视角。毕竟，历史与文化的另一端，连接着活生生的现实。

"崇英"还是"反英"

送走了老迈的美国人拉里·金（Larry King），CNN 迎来了英国绅士皮尔斯·摩根（Piers Morgan）。这位以在选秀节目中言辞犀利著称的"毒舌"评委，携他的新谈话节目《皮尔斯今晚》（*Piers Morgan Tonight*）取代了拉里·金主持了 25 年的夜间访谈节目《拉里·金现场》。2011 年 1 月 17 日，《皮尔斯今晚》开始在 CNN"首秀"，第一位受邀的明星，便是在美国家喻户晓的脱口秀主持人奥普拉。

美国脱口秀女王奥普拉在美国本土接受一位英国佬的访问，这种组合有没有搞错？摩根出生于英国萨利郡，是一个操着英格兰口音的爱尔兰后裔。想象一下在美国主持人占绝对主导的夜间黄金时段里插入摩根那十分浓重的英国口音，势必会让观众感到有些"另类"。这就好比某一天当你点播《康熙来了》时却发现蔡康永和徐熙娣说起了一口流利的京片子，肯定浑身起鸡皮疙瘩。当然，你要是听得惯，又是另一说了。

有意思的是，美国人对于在黄金时间聆听摩根那带点英国风情的口音居然淡定地表示"很习惯"，不仅"习惯"，甚至他们对这含混的口音还有些恋恋不舍。何以见得？摩根当年在《英国达人》的评委搭档、挖苦人比摩根犀利一万倍的"毒舌男"英国人西蒙·考威尔

（Simon Cowell）在退出《美国偶像》的评委之后，节目收视率下跌了将近 13%，这简直是观众用收视率向"英国口音"在《美国偶像》的消失发起了抗议。不过，福克斯电视台对此却并不怎么担心，虽然西蒙·考威尔已经铁定回不去《美国偶像》，但 2011 年秋天，美版的"X Factor"即将亮相，而西蒙·考威尔目前正是该节目的制片人。即使暂时退居幕后，但只要有西蒙这位英国老帅哥压阵，福克斯电视台完全有这样的信心，那就是"X Factor"一旦开播，势头绝不会亚于巅峰时期的《美国偶像》。

皮尔斯·摩根和西蒙·考威尔这对"英国哥俩"在美国的人气激升，不过是英国艺人在美国混迹的一个缩影。在文艺界，漂在美国的英国佬实在不胜枚举，从万人迷的帅哥裘德·洛到《影子写手》里的伊万·麦格雷戈，从剧集《别对我撒谎》的知性型男蒂姆·罗斯，到多情的《英国病人》拉尔夫·范恩斯，从 2009 年的奥斯卡影后凯特·温斯莱特，到英国硬汉杰森·斯坦森，再到扮演诺贝尔经济学奖得主纳什好友的保罗·贝塔尼，甚至包括安东尼·霍普金斯这样的好莱坞老戏骨，很多都是来自于大西洋对面的那座小岛——英国。

如此多的英国艺人不断聚集到美国这座新大陆，这对于美国的大众文化，自然有举足轻重的影响。这种影响之大，甚至有人还为此专门造了一个词，叫做"Anglomania"——"盎格鲁"即是指英国，而"美尼亚"则有"狂热"之意，两者合起来便是"对英国文化的狂热"。这个词的发明者，是英国一位名叫伊恩·布鲁玛的作家，他曾经写过一本书专门探讨欧洲历史上的英国文化热。在这本书里，他提到法国大革命前夕，崇尚英国启蒙文化的伏尔泰在一篇探讨法律问题的信件中，发出了这样的疑问：英国法律的椰子，为什么不拿到全世界"试种"一下呢？

此后的事实证明，伏尔泰的"英国椰子"在欧洲长势良好，这是众所周知的事，否则那里也不会掀起一拨又一拨的民主革命。英国文化也随着"英国椰子"的长势，在欧洲蔓延开来。因此，当我们从书本里读到那个痴迷莎士比亚戏剧和英国园林艺术的德国大文豪歌德，也就毫不奇怪了。不光是歌德，在那个年代，一个普通人竭力装出一种"英国范儿"，那简直是比今天买了 LV 包包还体面、还时尚、还能证明自己档次的事儿。

不过，在大海另一端的北美新大陆，发生的事情就不太一样。18世纪末期，英裔思想家托马斯·潘恩在美国发表匿名的战斗小册子，号召北美居民拿起武器反抗英国殖民者。对于美国人而言，他们"反英"的情结实在早于"崇英"的情结太多年了，由此产生了另一个词："Anglophobia"（反英情绪）。较早使用这个词的，还包括笔锋犀利的乔治·奥威尔，不过奥威尔对"反英"一词的使用，仅限于他在论述威尔士、苏格兰和爱尔兰希望脱英独立的文章当中，这和美国人对英国那份特殊的情结，不完全是一回事。

大洋彼岸的美国人隔海看英国，可谓"爱恨交加"。由于北美历史上是英国的殖民地，因此美国人"仇英"的感情，可以说从建国伊始就融入了他们这个民族的基因当中。然而，随着时间的推移，人们发现老是纠缠于这种"历史遗留问题"似乎并不是个办法。特别是进入 20 世纪以后，英国的流行音乐、艺术、时尚逐渐成为了大众文化不可缺少的一个组成部分，还一味抱残守缺地反对那个仅存在于历史和想象中的英国，而无视现实中那个"可爱"的英国，这是不是太过迂腐了？

尤其是美国的年青一代，面对披头士、滚石、平克弗洛伊德等这些被后世称誉的"殿堂级"乐队，可以说几乎没放一枪就缴械投了降。1964年年初，"Capitol"公司发行了披头士乐队第一张美国专辑《遇见披头士》（ Meet the Beatles ），结果这四个英国人在美国引起了比英国更剧烈的疯狂。披头士乐队一举成为美国最受欢迎、最具轰动效应的乐队。不过，当披头士以胜利者的姿态走入美国乐坛的时候，有些美国人却认定这是一场文化入侵。善于发明新词汇的美国人，为 60 年代英国乐队（主要是披头士）横扫美国乐坛的现象创造了一个词："British Invasion"（英国入侵）。

这场"英国入侵"的结果是为美国培养了包括埃尔维斯·普莱斯利在内的一批顶尖艺人，同时，英国和美国两种不同风格的流行音乐的融合与碰撞，为后世流行音乐的发展做了铺垫。至少，这样的"入侵"对于喜爱流行音乐的人来说，未必是一件坏事。

而到了 80 年代，随着彩色电视机的普及，新的音乐形式 MTV 出现了。1983 年，凭借一首《遥远如斯》的精彩 MTV，英国的"海鸥"乐队成功打入了美国音乐排行榜的前 10 名榜单。以 MTV 为噱头推出畅销歌曲，这还是流行音乐史的头一遭。说来也很令人惊奇，这一年，北美音乐销量的 30% 居然都来自于英国的乐队和乐手。于是，美国人联想到了 20 年前的披头士，当年的一期《新闻周刊》在封面配了如下的煽动性文字："不列颠再次震撼了美国"（Britain Rocks America–Again）。

基本上，只要英国的流行文化在美国"震撼"一次，就笃定会有民族主义分子喊上一嗓子"英国入侵"。甚至还有美国作者干脆以调侃的文笔写了一本名叫《英国祸害世界的 101 种方法》的书，数落英帝国的"历史罪行"，为民族主义分子帮腔。不过，无论在英国还是在美国，现在能发自内心把这种口号当真的人，都可以说是凤毛麟角。那些一味声称英国文化"入侵"美国的人，如果熟视无睹于美国文化和美语发音对当今英国年轻人潜移默化的影响，无疑作出了有失公正的评价，而如果进一步拿本来就偏颇的文化判断说事，干起"排英"的勾当，那更是陷于荒唐可笑了。毕竟，民粹的愚昧时代早已过去，是选择"Anglomania"还是"Anglophobia"，于今并不能、也并不应该成为一个事关国家存亡乃至民族大义的决定。对于一个成熟大国的公民来说，选择两者中的任何一个选项，其实与在一家咖啡馆选喝拿铁还是卡布奇诺，本质上区别不大。

为唐宁街画一幅众生的肖像

　　若不是大导演波兰斯基因"猥亵幼女"罪在瑞士被捕的消息传开，《影子写手》这本书在国内也许并不会引起如此多的关注。因为在被捕前，波兰斯基正在着手的，便是由《影子写手》所改编电影的后期编辑。

　　波兰斯基身陷囹圄之后，此书的作者罗伯特·哈里斯马上在《纽约时报》上发表文章替名导演鸣冤叫屈，同时，这位被英国媒体称为"与权力中坚走得很近"的小说家兼新闻人，此时也显示出他的另一种敏锐。在那篇文章里，他质问道：为什么偏偏要在此时抓捕波兰斯基？

　　这句机警的疑问容易让人开始怀疑某种阴谋论，比如某国政府为了阻挠此片顺利上映而出此下策，因为这本小说里影射了太多的国家机密和政治圈的肮脏勾当。虽然这部荣获了 2008 年国际惊险小说大奖（ITW Thriller Award）最佳长篇小说奖的作品被很多读者视作消遣读物。但仅仅将它描写的政治八卦作为茶余饭后的谈资或打发时间的工具，似乎还欠缺了些什么。其实，政治色彩浓重的哈里斯早在 1992 年就结识了后来当上英国首相的布莱尔，不过，性格独立的他在政治理念上一直与布莱尔观点相龃，完全没有将这位"日不落帝国的宰相"

引为同僚。及至伊拉克战争爆发，英国由于布莱尔的亲美政策而站在"反恐"的阵营一边，哈里斯也彻底与这位当时还颇受民众欢迎的首相决裂。

时间一晃到了 2007 年。布莱尔卸任之际，哈里斯放下手中别的工作全力写作一本讽刺布莱尔的虚构作品，准备好好"回敬"一下前首相，于是就诞生了这本《影子写手》。虽然哈里斯在接受采访时说，他仅仅是对影子写手（写作枪手）这一职业的生存状况感兴趣，没有所谓影射政治的意思，但恐怕任何一个人看过他的书之后都会不约而同地感到，小说中那个虚构的英国首相亚当·朗，分明就是现实中托尼·布莱尔的翻版。

就这本第一人称小说的情节来看，并不算复杂：故事中的"我"，是一位职业作家。在一位名叫麦卡拉的职业枪手离奇死亡后受雇于一家出版公司，要求为英国前首相亚当·朗代笔撰写一部自传，回顾他的生活和权力生涯，稿费则是高得惊人。亚当·朗是 20 世纪下半叶英国在位时间最长也最富争议的首相。在他之前雇用的一个职业影子写手麦卡拉离奇死亡后，"我"接替了前者的工作，奉命在两周之内完成这本政治回忆录。

但是当"我"开始着手回忆录的撰写之后，离奇的事情接连发生，前首相的更多秘密也随着写作进度的发展而一天天被揭开。原来，整件事情是由亚当·朗的政敌一手策划，而首相夫人露丝·朗居然是中央情报局特派的卧底，在枕边为首相出谋划策的同时确保英国的政策会跟美国保持一致。在"我"遵循着麦卡拉的遗稿追寻真相的蛛丝马迹之时，亚当·朗却在机场遇刺身亡……小说最后，这位不小心被拖入政治旋涡的捉刀者还是冒着危险选择了出版回忆录，将真相公之于众。

当然，小说毕竟是小说，其情节并不能一一与现实对号入座，有的部分甚至显得过于夸张。比如首相夫人露丝·朗的特务出身以及她与影子写手之间的情事就几乎有过度调侃之嫌。但仔细想来，小说家的荒诞之语也并非现实意义上的荒诞不经。从各种纪实类的出版物中不难得知，布莱尔在现实中的很多内务决定悉数"听老婆的"，而切丽·布莱尔在她的回忆录中也曾自曝年轻时的情史，凡此行为好像又与小说中感情出轨的露丝·朗在冥冥中有某种呼应。

　　哈里斯这故作惊人的笔法，不禁让人想起了18世纪以来，肇始于斯威夫特的政治讽刺文章。在名篇《一个小小的建议》中，斯威夫特针对爱尔兰穷人过多、子女过多、无力抚养的问题竟然向公众谏言说，不妨将多余的婴儿视作食物吃掉，因为"一个喂养得很好的健康儿童喂养到一岁，其肉是最鲜美、最滋补、最健康的食品，炖、烤、焙、煮都好，无疑也可油煎作为肉丁或加蔬菜做汤"。

　　如此残忍的幽默，读来令人毛骨悚然。但斯威夫特随即话锋一转：有钱人和地主们"既已吞食了儿童的父母，当然也最有资格饱餐这些儿童"。原来，生于爱尔兰的斯威夫特故作惊人之语是要以冷暖人情警醒公众，揭露爱尔兰"特权阶级"的可憎面目。进而言之，爱尔兰就是民族主义者斯威夫特笔下的那待宰的婴儿，英格兰这位食客"是可以不加盐就把我们整个民族吃掉的"。古往今来的文字达人都十分清楚一句话，"谏有五，吾从其讽"。这种以夸张笔调写其意而不写其实的讽刺手法，亦被后代的作家继承，例如伊夫琳·沃、戴维·洛奇等人均可被列归此类，今天的哈里斯也不例外。

　　哈里斯在小说中借角色之口说："政治回忆录为何是出版界的黑洞，原因就在这儿。表面上的姓名可能会响声震人，然而所有的人都晓得，一旦窥视他们的内心世界，看见的无非是同一套陈腐老套的内容。"因为不想陷于"陈腐"，于是哈里斯写作了《影子写手》，不仅为前首相布莱尔"画像"，也承接了英国讽刺文学的传统，为唐宁街的政治圈画了一幅众生的肖像。

奥威尔笔记三则

读书这么实惠的事

读书之趣，古人每常乐道。但中国人谈读书，总爱摆出学问家的姿态说教一番，然后便夸耀起自己读书的方法"老子当年如何如何"，或者像 20 世纪 20 年代的《京报副刊》那样，直接开出"青年必读十部书"。英国人似乎不太愿意公开谈读书，认为这个题目涉及了个人隐私。即使偶尔谈谈，多半也是像培根所谓的"读史使人明智，读诗使人灵秀，数学使人精细，物理使人深沉，伦理使人庄重，逻辑修辞使人善辩其实"，絮叨如大夫开药单，让人听不进去。奥威尔谈读书则比较干脆，一支笔、一张纸，给你算一笔经济账，然后问：书和香烟，你选哪一个？

在《书和香烟》（*Books v. Cigarettes*）里，奥威尔讲述了他一位朋友的见闻。此君是某报社的编辑，一次在执行"fire watching"（第二次世界大战期间伦敦地区的志愿火警）时偶然遇到了几位工人，发现他们很喜欢谈论他所编辑那份报纸的新闻，于是忍不住插嘴问他们对于该报文学版的看法。谁知工人兄弟们拒绝谈论这个话题，并且没好气地回答说：“你知道为什么吗？你现在谈论的是要花上十几镑才能谈论的东西，咱们可没那么多闲钱看书。”弄得他一时尴尬，竟无言以对。但我想追问的是，读书真的是一件昂贵的嗜好吗？不错，英国的书的确价格不菲。但看了奥威尔为我们算的明细账之后，读书又忽然之间成了一种最经济的打发时间的方式。

首先，书籍的来源很多，不一定非得读者掏钱，或者掏很多的钱。奥威尔列出自己442本主要藏书的来源，其中251本来自二手渠道，143本属于便宜的复制品，都是不怎么花钱的东西。再加上他散落各地的藏书，差不多有900来本。奥威尔估算了一下，书籍的总价值在165英镑左右。但这几乎是他15年的积累了，因此把165镑这笔钱分摊到15年中，每年的书籍开销其实是非常小的。

另外，看书非得买书吗？也不尽然。袁枚说，书非借不能读也。其实英国人也一样。不过英国的“非借不能读”不是说你迫于“催还”的压力而认真读书，而是“久假不归”，还书日期一拖再拖，最后拖成一笔“坏账”。在《书店回忆》（*Bookshop Memories*）一文中，奥威尔谈到，过去的英国书店不仅卖书还可以借书，并且借书不要押金，归还全凭自觉。当时的确有一部分人会将借来的书据为己有，但书店方面却坚持不向读者收押金，因为他们发现收取押金会吓跑大部分读者，而不收押金还能招徕一些顾客，虽然“每个月至少会因此丢失十几本书”，但两相权衡，总算利大于弊。

虽然“读书人的事，能算偷么”，但当过图书管理员的奥威尔对“窃书”一事实在深恶痛绝。他还是鼓励读者以正规渠道订购书籍与报刊。按40年代的物价计算，8镑一年的开销意味着你在这一年中可以读到两份日报、一份晚报、两份周刊和评论。当然，订购需求也视读者的阅读量而定。但无论如何，一个人一年花在阅读上的资金不会超过25镑（你如果执意要做冤大头，整天跑到布雷克威尔（Blackwell's

去买原价书，那就另当别论了）。且看奥威尔为我们铺陈的明细账：如果把 25 镑平均分摊到每一周，那么其价格相当于战时的 83 根 Player 香烟，但在那个时期，作者自己每年要花 40 镑在抽烟上。第二次世界大战前的价格可能更便宜，差不多 10 镑一周。但一般而论，烟酒不离，每周能抽一盎司香烟的人，每天也得喝掉至少一品脱啤酒，这样算来，即使在 1939 年以前，个人烟酒的消费就已经超过了阅读的消费。

　　如果计算得更仔细一点，阅读的时间也应该考虑进去。比如，你花 8 个先令买了一本书（按照 20 世纪 70 年代以前的算法，8 先令相当于 0.4 英镑，也就是 96 便士），然后花 4 个小时读完，那么每小时花费计 2 先令。而看一场电影，时费也是这个数。但书籍不同于别的消费品的地方就在于它可以反复阅读，一本书重复读的次数越多，你每一次花在阅读上的开销就会相对越少，而电影院每次进去都得掏钱。若买的是二手书，那么每小时花费更可低至 6 便士。再说了，如果更节省一些，你大可以直接去公共图书馆看书，或者像古人王充一样站在书店里边看边背。这样的开销，就基本等于零了（It costs you next door to nothing）。

　　奥威尔的《书和香烟》是企鹅出版社"伟大思想丛书"（Penguin Great Ideas）的一种，收录的文章多写于《向加泰罗尼亚致敬》之后和《动物农庄》之前。当时的他，更像是一位眉头深锁的社会学家，对英国知识分子和劳工阶级阅读差距的增大，颇为忧虑，因而半开玩笑地为英国读者撰写了这份"建议"。在书价日益昂贵的今天，重读奥威尔的"建议"让我们明白了一个浅显的道理：价格不是我们不读书的理由，反而应该成为阅读的一个理由。

奥威尔谈写作

　　对于中国的读者来讲，一提到乔治·奥威尔，我们通常会给他贴上小说家的标签。《动物农庄》和《1984》之于奥威尔，好像成了某种我们不得不提及却又仅止于此、不愿再作深究的标志性读本。尤其在国内早些年的时候，虽然"上穷碧落下黄泉"，但我能够找到、读到的奥威尔原作也就只有这两本小说而已。直到拜读了北京外国语学院著名教授王佐良先生的著作《英国散文的流变》，才知道奥威尔对英国文学的真正贡献在于散文。来到英国，我做的第一件事便是跑到书店购得奥威尔散文一本，花了一个多月，断断续续、忙里偷闲地将它读完。读罢感到奥威尔对于散文写作的确卓见颇多，于是记录心得一二，未能备述、聊作消遣。

奥威尔谈到的散文，通常不是纯文学意义上的散文，而是指政论、文学批评以及新闻写作，但这并不说明他不重视散文的艺术性，恰恰相反，从奥威尔的写作源头来看，作品的艺术性价值是凌驾于他写作的政治立场之上的。在《我为何写作》（*Why I Write*）的开篇他就说，早在五六岁的时候，他就冥冥中觉得自己日后注定成为一个作家，而这种对于文学的自觉可能来自于幼年的孤独和被人忽略的感觉："从一开始，我的文学抱负就混杂着孤独和被人看轻的感觉。"写作的理由，在他看来，只是源于一种表达的愿望，"一种分享有价值、且不应该遗失的经验的欲望"。有趣的是，奥威尔同时也认为，仅仅从个人的小世界出发，不关心公共事务、不带任何政治观点的写作会导致写作自身的失败："每次回顾我自己的作品，我发现每当我的写作缺少政治目的时，我总是写出一些毫无生机的书，写出华而不实的句子和毫无意义的段落。"

奥威尔并非自相矛盾。他在这里提出"政治"的写作是建立在一个前提之下：政治立场对一个作家写作经验的影响是不可避免的，尤其对于现代作家来讲（奥威尔所处的 20 世纪三四十年代），政治的压力如此迫切，以至于笔下出现的每个单词都要被纳入某种政治考量之下，写作与政治不可避免地被时代黏合了起来。对此，奥威尔有一个很诡异的论断："一切艺术都是政治宣传"，而"一切政治宣传都不是艺术"。当然，这个判断一个前提就是，奥威尔（作为某种意义上的复古主义者）认为他那个时代英格兰政治是败坏的，而败坏的根源则在于时下流行的、糟糕的政治英语。在写于 1946 年的名篇《政治与英语》（*Politics and the English Language*）中，奥威尔辛辣讽刺过英国政治与文学语言的关系："一个人或许会由于认为自己很失败而酗酒，然后因为酗酒而更加失败。英语的情况就是这样。它正因为我们思想的愚蠢而变得越来越丑陋和词不达意，而我们一团糟的英语让我们更容易像傻瓜般思考。"

不难看出，文中的英国读者俨然被比作了一个醉汉，而他所说的"一团糟的英语"（sloven English）则是不断愚弄读者的酒精（本来想用"麻醉"这个词，但又觉得这样说过于"五四"了一些。奥威尔只是希望剔除现代英语中冗余的部分，使之更适应当代思想的发展，而不是像比如鲁迅那样强调文学对社会"疗救"的作用）。要想让这个酗酒者清醒过来，最佳办法就是拿走他手中的酒。奥威尔认为，使整个英国人思想烂醉如泥的劣质酒精就在于英语本身，一个真正严肃的写作者，应当考虑通过改变语言的方式来改变人的思想。某种意义上说，奥威尔是个"文学工具论者"。他曾在一篇文章中反复说："如果自由思想消亡，那么文学也将毁于一旦。"（Literature is doomed if liberty of thought perishes）

自由、独立的思想被奥威尔界定为处于政治影响之外的理性思想。当然，这不同于俄国作家将写作视为对强权的反抗（布罗茨基的名言是：诗歌将停止干预政治，直到政治停止干预诗歌）。奥威尔更多的是作为思想界的左派面目出现在 40 年代的英国文坛，他认为散文写作与个人精神的独立性是密切相关的，相反，诗歌则可以是集体声音的产物。

在前面提到的《政治与英语》一文中，奥威尔指名道姓地批驳了当时政论文章中的英语，认为它们太冗长、且含义不清，说白了就是英文写得不地道。这说明了写下烂英文的作者："要么表意不清，要么不知不觉偏离了话题，要么压根不在乎他自己说的是什么。"看似搞笑，其实这话说得挺重。而他认为，最具有表现力的英文应该是简洁、浅白、流畅的英文，这恰似古人所谓"留取黛眉浅处，画章台春色"。但奥威尔不打算说这种带有装饰性的话，于是，他提笔写下了著名的六条写作定律，这六条定律后来被广泛地引用、篡改、出现在各种写作教材之中……其中最后一条写道："宁愿打破前面列出的任何一条规律，也不要说出卑鄙的文辞！"（Break any of these rules sooner than say anything outright barbarous）这声呼喊道出了奥威尔笔耕多年的苦心。

尽管奥威尔的散文几乎篇篇都涉及政治，但他还是将自己的写作动机归根于"艺术激情"（aesthetic enthusiasm），一种只有当一个人独自面对自己时才能获得的美学冲动。总之，在他看来，写作从来都是"一个人的事"而不是集体的产物。写作的独立性，说小无非涉及写作者的立场问题，而说大则关乎一个时代的文学想象、民族精神和集体记忆。与哲学家萨特一样，奥威尔也是写作行为的论述者和实践者。但和萨特们不同的是，奥威尔是从散文写作以及语言的细致入微处着手这个问题的，这一点，是萨特们的不屑之处，也是他们的不及之处。

"观察家"岁月

读过奥威尔的小说，不一定读过他的通讯与书评；认识作家乔治·奥威尔，不一定认识记者埃里克·阿瑟·布莱尔。举个例子，1945年奥威尔应《观察家报》之邀前往德国报道盟军的消息，途经巴黎时，他曾在某旅馆留宿一晚，碰巧在入住登记表上发现了厄内斯特·海明威的名字。于是，奥威尔兴奋地敲开了海明威的房间，自报家门，但海明威愣在原地半天也弄不明白眼前这位布莱尔先生何许人也。直到奥威尔以笔名相告，对方才恍然大悟，并立即开了一瓶芝华士，算是赔礼。

奥威尔夜访海明威，自然不是为了叙旧。他知道海明威在写小说之余，也是个玩枪的高手，这次在巴黎相遇，使得一直担心被苏联特工跟踪的奥威尔有机会求助于海明威。最后，海明威答应借给他一把点 32 口径手枪，作防身之用。

但奥威尔一代鸿儒，何以落到整天心怀戚戚、枪不离身的地步呢？1945 年，奥威尔完成了《动物农庄》，这部被后世誉为艺术性超越了《1984》的小说，竟像烫手的山芋，没有一家出版商敢伸手去碰。原因再明显不过：苏联老大哥与英国的盟友关系当时尚未皲裂，而小说里那只驱逐了"雪球"的公猪"拿破仑"，不俨然是在讽刺敬爱的斯大林元帅么？最后，还是先前出版过《向加泰罗尼亚致敬》的瑟克·瓦伯格出版社（Secker & Warburg）替奥威尔出头，在当年 8 月发行了《动物农庄》。或许正是因为这本书的缘故，奥威尔不久后辞去了《论坛报》的文学编辑职务，并被《观察家报》"发配"去海峡对岸的欧洲。一来确实有撰稿之需，二来也算是暂避风头。而到了离苏联更

第二次世界大战期间，奥威尔曾经担任 BBC 广播员，成为盟军宣传机器的一颗螺丝钉。

近的德国，奥威尔也不得不多长个心眼。毕竟，那会儿战地记者出点"意外"的几率实在太高了。

从 BBC 到《论坛报》再到《每日镜报》，奥威尔与英国媒体的关系从来是若即若离，唯独与《观察家报》多年来肝胆相照，直至他 1949 年因健康原因辍笔，其"观察家"的身份才算告一段落。从 1942 年 2 月起，乔治·奥威尔正式成为《观察家报》写稿，开始了七年的"观察家"岁月。这个机会，全仗奥威尔的朋友，时任总编辑的大卫·阿斯特（David Astor）。当时他正着手大刀阔斧地改革《观察家报》的办报思路，新开辟了多个时政专栏。此前，《观察家报》的主编是著名的右派报人 J. L. 加尔文。阿斯特入主后，对于报纸内的托利党"毒瘤"予以最大限度的"肃清"，使其成了彻头彻尾的左派报纸。

当然，奥威尔与《观察家报》的立场仅仅是"偏左"，尚不"激进"。而且英国的所谓左派立场和中国读者所理解的左派大不相同，或者可以将之理解为以下三条：关注英国的劳工阶级，同情殖民地人民，反对一切形式的极权主义。在这三个方面，奥威尔倒是颇能"一分为二"地看问题。比如，当踏上德国土地的时候，奥威尔强烈地感受到因多年的敌对宣传而造成的"海峡两岸"人民对彼此的误解。巴伐利亚的纽伦堡，尽管被盟军方面视作纳粹的起源地，按理说应该是"一团漆黑"的地狱景象，但在奥威尔看来，彼处与别的欧洲城市并没有太多区别。奥威尔虽然不遗余力地反对法西斯集权政府，但他还是思考着，"巴伐利亚地区朴实的农民与这场战争到底有什么关系？"

相反，战胜国英国，在他看来仍旧是一个毫无活力、充满消极情绪的国家。奥威尔曾在 1944 年的一篇社论中说道："相信政府可能进行战后重建的人越来越多，但相信其有能力做到的人却没有几个。领导阶层和被领导阶层的裂隙在不断扩大，而那个充满怨恨的字眼——'他们'削弱着我们的信心，助长了无政府主义和极端个人主义的思潮。"据此，奥威尔断言说最可能的情况是，大英帝国在 1945 年之后不是迎来 1946 年，而是回到内忧外患的 1918 年。因为这时的奥威尔已经预感到，第三世界人民的反殖民运动即将到来。英国的"帝国"梦醒，只是时间问题。

奥威尔的写作量和写作速度都是相当惊人的。在此期间，他写作了上百篇稿件和大量散文。据他的一位挚友，同时也是奥威尔传记的作者乔治·伍德科克（George Woodcock）回忆，奥威尔写作通常不需打草稿，直接在打字机上完成。在咖啡馆与朋友聊天时，奥威尔时常会滔滔不绝地谈论自己对某一问题的看法，而听众们则会在不久后出版的报纸上发现奥威尔据此撰写的一篇评论。奥威尔撰稿如此多快好省，与他在《政治与英语》中提倡的将书面语和口语结合有很大的关系。

1943 年到 1946 年，奥威尔开始为《观察家报》撰写书评，每两周一篇，从未间断。书评既涉及了埃德蒙·威尔逊、哈罗尔德·拉斯基这样的作家，也谈到了康拉德、陀思妥耶夫斯基甚至哈耶克的作品。其中值得一提的，是奥威尔对萧乾编选的英译作品集《千弦琴》（*A Harp With A Thousand Strings*）和《龙须与蓝图》（*The Dragon Beards Versus Blueprints*）的两篇书评。在谈到以萧乾为代表的中国知识分子对机械文明和传统文化的思考时，奥威尔说过一段话，不妨抄给大家："萧乾先生对此深信不疑，同时他也可以充分地证明，他的同胞们并不满足于物质文明。他们的文化与艺术传统如此根深蒂固，机械文明无法将之摧毁。同时，中国将要屹立于现代世界，她已经不喜欢被西方人告知说：脑后的辫子比头上的钢盔更好看。不过，如果中国可以适度地远离外面世界的干扰，她会安然地回到自己闲适的传统文化中。"

当然，书评究竟只是"副业"，《动物农庄》才是奥威尔成为"书评人"期间耗费心血最多的作品。或许受到了小说主题的影响，奥威尔的书评同样显示出对苏式社会主义和集权政府的强烈反感。据说，他的一篇言辞刻薄的书评得罪了昔日的座上客 H. G. 威尔斯，由头是威尔斯在一本书里表达了对"共产主义"的某种向往。威尔斯在读过那篇文章后火冒三丈，发誓不再同奥威尔讲话，事实上，他也履行了誓言。

别误会了亚当·斯密

前几年听老外讲"中国崛起",作为中国人的我还会有些沾沾自喜,这几年再听人说同样的话,除了礼节性的谦虚之外,我却会不由得在心里犯嘀咕:这家伙该不会是别有用心的一小撮吧。这种想法代表了今天大多数中国人的心态,也说明我们在别人的表扬面前学得更聪明了。至少,我们懂得,表扬并非都出于善意,有时候"强大"也会成为他者攻击的把柄。前不久的中欧峰会上,总理温家宝对外界流行的"中美 G2"一说敬谢不敏,也就是源于这个道理。

不过,倘若一棍子打死说外国人论述中国的崛起,都是心怀鬼胎,自然又显得矫枉过正,有失公允。中国崛起和中国威胁,两者不过一线之隔,区别的重点在于论述者有无怀着一种"酸葡萄"心理。在这种心理的作用下,一方面,中国被描述成创造前所未有的经济奇迹的崛起大国;另一方面,大国背后的形象却老是被"人权问题"、"军事威胁"、"贸易倾销"等诸多负面词汇包围起来,理所当然地成为国际舆论的众矢之的。对于这种重结论而轻实证的说话方式,中方的回应往往只能表现为强烈的"不高兴"。在论辩程序上,这可以说是令双方都感到难堪的技术犯规。

怎样谈论中国的问题才算客观？能深入剖析、批评中国的经济崛起而又能提出建设性意见者，美国学人黄亚生所著的《中国特色的资本主义》可算一例。这本书的英文版我曾匆匆浏览过一次，除了为一位外籍学者鞭辟入里剖析中国的能力所惊叹之外，我也感到有些意犹未尽。黄亚生反复强调：改革开放一晃30年，但关于改革，至今存在一个误会。我们已经养成过多地关注国有资本，或者说GDP增长的习惯，而忘了问"谁是改革开放的最大受益人"这个基本问题。如果最终的改革结果是政府腐败丛生、贫富差距拉大、社会矛盾激化，那么，在他看来，这样的改革根本不符合资本主义精神。

不过，黄亚生把问题的症结归于政府深度干预经济的"上海模式"，以及政府放手民营、个体经济的"温州模式"之间的争执，却并没有就此深入讨论下去。其实，不论采取何种模式，无非是技术环节的"问题"。如今人们急切地论争"上海模式"和"温州模式"孰优孰劣，就像多年前人们询问"姓资还是姓社"一样，其背后蕴含着更深层面的"两条道路"的抉择。

意大利经济学者乔万尼·阿里吉在《亚当·斯密在北京：21世纪的谱系》一书中将这种"争执"进行了各种归类，比如：商业道路与市场列宁主义之争、精英市场经济与资本主义市场经济之争，等等。不过，阿里吉觉得这些说法统统没击中要害。于是他自己给这种争执作出了定义——马克思与亚当·斯密之争。

在中学课本里我们就学过，马克思对英国古典经济学大师斯密的理念是有所承接的。比如马克思的"剩余价值说"和"劳动分工说"，都直接来自斯密等人（也包括大卫·李嘉图）。在学术传承意义上，其实两人原是一家。但斯密和马克思，也恰恰是被后世学者们"引用最多而被阅读最少"的两位经济学大师。对于两人的思想，不同的国家、不同的人群从来都是因地制宜，各取所需。这本来不是件坏事，不过当我们在有计划有选择地吸收了马克思和斯密的思想以后，对于两者剩下的部分该作何处理，是否也需要予以充分的认识？

遗憾的是，对于阿里吉在书中提出的这个问题，我们没法理直气壮地作出肯定回答。尽管在我们当中鼓吹自由贸易和所谓市场自由竞争的亚当·斯密们越来越多，但斯密说话的前提和语境却被我们忽略得一干二净。至少在阿里吉看来，在一个连基本的法制都不完善的社会引入斯密主义，并在一个信奉"无利不起早"原则的国家的学校中强制推行马克思主义教材，显得不切实际。这两种自相矛盾的做法传达出同一种危险。我们可以把它归纳为一种思想和行为上的"人格分裂"：高举马克思主义这面意识形态的旗帜，同时为"资本主义制度的有害和破坏性特征"辩护。

为此，阿里吉不厌其烦地把斯密那套政治经济学的"前提"再次强调了一遍。那就是：《国富论》、《道德情操论》以及死后发表的《哲学论文集》这些著作，不但没有建立一个绝对放任自由的，能够自我调节的独立市场理论，反而预先假定这套理论的土壤应当是一个强大的国家。既"向国家提供用于公共服务的充足财政收入"，又"向人民提供丰富的生活资料，或者说，让他们能够为自己提供这种生活资料"。

阿里吉解释说，斯密强调自由竞争的目的并不是竞争本身，而是以竞争的方式最终获得整个社会分配的"公平"。身处工场手工业向机械大生产转变时期的斯密对工商业者的工作甚为赞赏，但对他们的动机不无怀疑。他在《国富论》中以颇为矛盾的口吻写道，商人们"只想得到自己的利益"，但同时又好像"被一只无形的手牵着去实现一种他根本无意要实现的目的……他们促进社会的利益，其效果往往比他们真正想要实现的还要好"。

因此，为英国在18世纪冉冉上升、逐渐走向成熟的商业社会和商业精神做辩护的斯密，也不忘宣称"人道、正直、慷慨和公共精神，是对他人最有帮助的品质"。换言之，斯密自己十分清楚，如果人们片面地强调自己学说中"自由竞争"的一面而忽视"公平竞争"的一面，那么最后的结果，往往是那些"以利润为生的人"（企业经营者）为了实现个人利益最大化而不惜违反游戏规则，垄断所有人的利益，从而"把荒谬的负担加到自己同胞的身上"。

很可惜，无论出于何种原因，我们在输入所谓西方价值观的时候，一开始就两眼紧盯着撰写《国富论》的经济学家斯密，而完全无视《道德情操论》中那个对人性有着深刻洞察的斯密。这一幕太容易被人们忽略：在苏格兰的爱丁堡公墓，斯密的墓碑上镌刻的铭文写着："这里长眠着《道德情操论》以及《国富论》的作者，亚当·斯密。"道德在前，国富在后，斯为斯密。

如今，以马克思主义为主导的社会民主党与共产党的真正中心从英国转向了美国与欧洲大陆。意大利的新左派学者马里奥·特朗梯就将底特律视作第二次世界大战后马克思主义的大本营，他考察得出结论说，当地的汽车工人在迫使资本进行结构性调整以满足他们提高工资的要求上做得最成功。在美国很多地方，劳资关系其实"客观上就是马克思主义的"。如果说，20世纪60年代以前，贫穷的第三世界国家是马克思主义的忠实信徒，那么现在，马克思主义可以说已经拐了个弯回到第一世界，而不幸被曲解的斯密，反而成为一些曾经风靡马克思主义国家的新偶像。

英国的煤矿工人在数十年前就已经深谙如何用合法的罢工来与撒切尔夫人的强硬保守主义"对干"，以谋求合理的工资与社会保险。在欧洲和美洲大陆，工人们如今已经可以挺直腰板大喊"全世界的无产者联合起来"，而我们国家的工人则面对企业的重重内幕和毫不透明的信息渠道无计可施。

这句著名的口号会让人联想到马克思先于弗里德曼150年提出了"世界是平的"观念。但如果真正追根溯源，首先提出这个观念的还是英国人亚当·斯密。《国富论》第二卷记叙道：各地频繁的贸易往来，会使"世界所有不同角落的居民最终都有可能拥有同等的勇气和力量，从而激发出相互畏惧，以至于足以震慑独立国家的非正义行为，是各国能尊重彼此的权利"。世界到底是"变平"、"变弯"或是变成别的形状已经不重要，重要的是，中国在这个不可逆转的过程中，所有转型需要付出的社会成本是否依旧像以往那样，要让社会最贫穷的人来埋单？

从巴黎塔到伦敦眼

作为一名准巴黎人，罗兰·巴特对埃菲尔铁塔并不感冒，他曾引述同样讨厌铁塔的作家莫泊桑的话"这是巴黎唯一让我身处其中而无法看到它的地方"，并将之形容为现代科技为 19 世纪塑造的"空心纪念碑"。

不过，巴特并未考虑到，他所厌恶的埃菲尔铁塔的"空心"很快就被旅游消费的巨额利润所填满，"空心"与否，不再是问题。每年接待数倍于卢浮宫、巴黎"Le Grand Rex"剧院的游客，使得铁塔象征的工业科技逐渐与现代社会的消费精神融为一体，而消费又与巴黎繁华的城市风貌融为一体。按语言学的术语，埃菲尔铁塔属于典型的"能指过剩"——几根钢筋铁条支撑起来的三角形原本什么也不是，其意义全是游人与商人不断添加上去的，这属于"意义大于形式"。

埃菲尔模式在 20 世纪的升级版本，便是泰晤士河畔的伦敦眼（London Eye）。这座耗资 7000 多万英镑的巨型铁轮子，本身就是座移动的埃菲尔铁塔。自运营以来，它已吸引了超过 3000 万人次的游客。花上 15 镑半到伦敦上空兜一圈，已经成了伦敦旅游休闲文化重要的一部分。伦敦市长鲍里斯·约翰逊上任不久甚至说："上午游览国会大厦，下午坐上伦敦之眼一览城市全貌，晚餐前再到伦敦剧院看场歌舞剧，这种享受只有伦敦客才拥有。"这固然是他胜选后的释然之言，又何尝不是他之前作为小市民时的有感而发。

　　不过，对中国人而言，巴黎与伦敦距离普通百姓的生活恐怕还是太遥远。在"走出去"困难的情况下，"请进来"便成了大势所趋，于是，这种舶来的大铁轮子也就在中国四处拔地而起。前不久，天津永乐桥的巨型"天津眼"刚刚开放，2009 年竣工的北京朝阳摩天轮，据说诨名也叫"北京眼"，仅名字就散发着一股拙劣的模仿技艺，实在"cheap"得很。此外，长沙、青岛、海南等地都不遑多让，或已建成或正筹划城市的"眼睛"，意图打造高耸的地标式建筑，并且一个赛过一个高，每个都号称"世界最高"。

耗资 7000 多万英镑的巨型铁轮的伦敦眼已经不单是伦敦的地标，它已完全融入了伦敦人的生活。

但城市"地标"毕竟不等于城市"路标",修得越高意义不一定就越大。巴黎塔和伦敦眼并不是世界最高,修建之初也没把"高度"作为目标。埃菲尔铁塔的缘起之一是政府为了法国大革命的百年纪念;伦敦眼则是源于《泰晤士报》向全民开放的一场设计比赛。在看似不经意之下,巴特所谓的"城市在它脚下伸展又收拢",经由公共建筑成了全民触手可及的现实。2009 年,英国民众刚刚将伦敦眼票选为全国最受欢迎的景点,并非因为高度,而因为它是这座帝胄之城为数不多的向公众开放的新式建筑。

蓬皮杜中心的设计者之一,英国建筑师理查德·罗杰斯(Richard Rogers)曾评述伦敦眼和埃菲尔铁塔的共同点,称两者都是"一种现代城市的象征,每个普通的市民都可以登上摩天轮的轿箱俯瞰伦敦",并将这种大众性和公开性形容为其"美之所在"。善哉罗杰斯此言!从巴黎塔到伦敦眼,其间的距离不仅丈量出工业社会向后工业社会的历史轮转,还从侧面映衬着这"面向大众"的市民精神。

对生活在维多利亚时期的伦敦人说,你准备来伦敦度假,他肯定会大笑;要是对 20 世纪 40 年代的伦敦人说同样的话,他会歪着脖子笑。前是由于工业污染过于严重,伦敦被机械工业生产的热情熏成了一座巨型烟囱厂,泰晤士河散发的扰人气味堪比臭水沟;而 40 年代的伦敦经历纳粹炸弹洗礼,压根是一片瓦砾堆,盖房子可以,谈何旅游。过去住在伦敦的年轻人,一有假期就巴不得往外跑,去普罗旺斯、巴塞罗那,要不就是越南、非洲之类,总之不会待在这座令他们感到沉闷的城市。不列颠人厌倦了往日帝国的荣光,《卫报》的文章说,直到有了伦敦眼,这座过去雾气氤氲的工业城才逐渐被人们认可为"后工业时代的游乐场"。

伦敦眼被票选为全英最受欢迎的景点,并不是因为这座摩天轮的高度"世界第一"或者"象征着伦敦的地标",而是因为它在建立之后，立即融入了伦敦人的生活，甚至"参与"到了发生在这座城市的公共事件。前不久，打出"人民第一"（Put People First）的反 G20 示威者就是以伦敦眼为出发点，前往代表言论自由的海德公园游行。此外，英国的影视、小说涉及伦敦眼的简直不胜枚举，总之，它与巴黎塔一样，成了大众文化的重要"聚集地"。

无论是伦敦还是巴黎，在代表权力的国家中心建立一座前卫的建筑，其意义更多是象征性的，但在功能上却具有连接到每个人内心深处的"实用性"。或多或少，伦敦的人们总会有故事与这座摩天轮有关。笔者很多年前就曾在这座"城市之眼"上对某位女孩信誓旦旦，时过境迁后想来颇为可笑，但其间也不失一种温馨。就像巴特说的，埃菲尔铁塔是巴黎的"观察者"，但在观察这个城市的同时，它自身也是这个城市的一部分，因此也是一个"被观察者"。这段话，用来描述今天的伦敦眼，显得如此的恰当。

反观自身，我们的"实用性"似乎还停留在对于数字的膜拜上，这样的数字能否为本地的形象工程增添一个"最……"的词头，才是建设者们所关心的。而除了这个基本功能之外的其他功能，又似乎都属多余。若照这个逻辑推想，无论是铁塔或者摩天轮，修建它们的普遍意又在哪里呢？108 米，110 米，120 米，再到"北京之眼"的 208 米，我们看到了虚幻的高度和城市摩天轮的巨额维护成本，却看不到巴特所谓的将建筑"融入公共生活之中"的人文关怀。

这是一个用数据说话的时代，但在数据之外，所有"眼睛"的本质都是"空心"的，关键看我们赋予它何种意义。

特劳德曼：足球背后的沉重

在中国当一个球迷既幸运又不幸。不幸的是中国男足的集体缺钙和集体腐败几乎已经让去球场看球成了万人同时骂娘的行为艺术，幸运的是我们还能通过央视足球频道了解到世界各地联赛战况，认识众多中国以外的足球明星，为巴萨、国米、曼联等值得为之喝彩的球队喝彩。

这句话的意图，不是准备批评死猪不怕开水烫的中国足球，而是为了引出下文，一本谈论英国足球的书，准确点说，它其实是一位足球守门员的传记。传记的主人公叫特劳德曼（Bert Trautmann），曼城队历史上著名的传奇门将。

特劳德曼能被世界球迷记住的"经典之作"，便是1956年在曼城对伯明翰的足总杯决赛上，帮助所效力的曼城队夺冠。在那场决赛中，他在颈部骨折的情况下仍然坚持比赛，并多次封出伯明翰城的射门，最后以3比1击败伯明翰捧得历史上第三座足总杯。直到比赛结束才被送到医院急救。这种近乎不理智的"献身"精神，为他赢得了英国足坛广泛的尊重。英国天空体育台在2005年评出的足坛历史上十大门神中，特劳德曼赫然在列。

　　但这位英国门神，却是个地道的德国人，第二次世界大战期间还与纳粹有过一段关系。

　　特劳德曼 1923 年 10 月出生在德国不莱梅，家庭原本属于有车有房的中产，但 30 年代濒临崩溃的德国经济逼迫他的家庭卖掉了产业，成了工人阶级的一员，接受过反犹主义和反布尔什维克的宣传。在 1933 年希特勒正式成为德国总理之时，特劳德曼也加入了德国少年团（Deutsches Jungvolk），成了纳粹的"预备役"。

　　尽管从小喜欢足球，并且一有时间就会练习，但是战争让特劳德曼真正接受专业足球训练和踢足球比赛的时间有限，在战争期间，特劳德曼曾参加空军的作战部队，传记作家卡特里内·克莱（Catrine Clay）在《特劳德曼的旅程：从希特勒少年团到足总杯传奇》中记载，特劳德曼目睹过德军对犹太人的屠杀，并且他自己也在前线和盟军作战，在战斗中杀死过不少盟军战士。

　　特劳德曼这一项不那么"光彩"的历史，让日后成为曼城守门员的他受到了不少球迷的非议。1945 年战争结束时，特劳德曼和众多德军一起被捕，辗转关押在英国的数个战俘营。这期间，他也开始真正涉足足球，他在那一时期为利物浦的一间小球会踢球，但他的业余队友们却惊奇地发现，这位名叫特劳德曼的守门员技术确实了得。终于，在 1949 年 10 月，他得到了曼彻斯特城队的青睐，很快成了一名职业足球员。

　　但曼城的球迷无法接受特劳德曼曾是一位纳粹的事实，来自全英国球迷的指责信纷纷来到了曼城。有一次前往伦敦和福尔汉姆的比赛中，体育场的不少球迷都冲着他喊："纳粹"、"德国佬"，并要求他立刻滚回去。然而，他只是默默地承受这一切，专注于赛事。当那个赛季结束以后，特劳德曼极少的失球数让他获得了大多数球迷的尊重，球队也对他倾注了尽量多的信任，在后来他职业生涯中 250 多场比赛中，特劳德曼只缺席了其中的5场。特别是在1956年那场足总杯的决赛，其英勇无比的表现也让人十分刻骨铭心。

但这本传记并不是仅仅关于足球的，更是关于历史自身的。《观察者报》对本书的评价是：这本书的真正意思并不是要讲述各个时期的特劳德曼，而是要透过他来反映纳粹德国的某些侧面，以及战后一部分德国人心态的转变。足球"牵"出来的，是沉重的历史。

作者在书里追问特劳德曼当年在纳粹德国是否思考过屠杀犹太人这一类问题正义与否。他回答说，在纳粹德国的时候，人们尽量避免去面对、谈论这些问题，而是将其当做一个不需要动脑的"政策"去执行。但在战后回想起来，他对自己和自己国家的所作所为感到羞愧难当，时刻希望赎罪。他的第一任妻子在一次家庭聚会的饭桌上，和他开起"嗨，希特勒"的玩笑时，他勃然大怒，后来居然和她离婚了。如今已到老年的特劳德曼，逐渐远离了足球，现在更多关心的是为德国和英国的友好关系作出自己的贡献。

到今天为止，有一个镜头仍然盘桓在特劳德曼的脑海中无法散去。那是在他被派往俄罗斯前线的时候，有一天深夜他被枪声吵醒，于是顺着枪声在森林里寻找来源，后来他在一片空地上发现了灯光，眼前的一幕让他惊呆了：自己的军队同僚正在成批地枪杀苏俄战俘，包括男人、女人、小孩在内的俘虏一律被处决，尸体就地掩埋在战壕里。

这是特劳德曼的梦魇，所幸有足球充当他的疗伤剂。一个从希特勒的德国少年团走出来的孩子，日后却成了英格兰足总杯比赛上的英雄，这固然是战后英德互相谅解后民间关系转暖的标志，但换个角度考虑，这何尝没有展现出足球的巨大魅力。这门人类共同的语言是不同的人们用来消弭隔阂，化解误会的工具，而不是加速仇恨和暴力的催化剂。这是关于体育和足球的一个起码常识……

如果政府用股票还债

最近，中国的媒体在热议一个话题。根据官方的审计结果，中国各地方政府的债务总额达到 10.7 万亿元人民币，占 GDP 的 27%。和美国的 87%、英国的 80% 以及日本的 210% 相比，中国政府的负债比率看上去并不算高。不过也有人指出，如果把地方隐性债务算上，数字就可能非常庞大。到底有多大？暂时没人能作出精确的估算，不过，有一点可以肯定的是，政府债务累积过多，对这个国家的人民来说并不是什么好消息。我想，在这个问题上，英国人在将近三百年前就给我们上过深刻的一课。

任何一本金融史都不会绕开的话题是世界上早期的三大经济泡沫：法国密西西比泡沫、英国南海泡沫以及荷兰的郁金香泡沫。对这三次泡沫成因的解释都十分一致而笼统：人们丧失理性，盲目投资，把大笔金钱砸向他们心中永不贬值的投资物。然而，泡沫终究是要破的。当泡沫灰飞烟灭，投资者的激情随之冷却，他们会发现自己手中的股票或者郁金香球茎的价格已经贬得一文不值。经济史研究者查尔斯·马凯甚至干脆把金融泡沫的原因称为：惊人的幻觉与大众的疯狂。

这样的说法已经成了经济史中的老生常谈。不过，以英国 1720 年的南海泡沫（South Sea Bubble）为例，我们会发现其实政府债务才是股市泡沫和金融泡沫的真正源头。"南海"（South Sea Company）原本是一家1711年成立的股份公司，由辉格党议员，牛津伯爵罗伯特·哈莱（Robert Harley）和一些贵族创立，主要的经营业务是英国在南美洲殖民地的贸易。南美洲有什么呢？南海公司向人们宣传说，那里有金、有银、有烟草，把南美洲的生意打理好了，就意味着金山银山滚滚而来。而牛津伯爵创建这个公司的最大目的，就是为负债累累的英国政府筹集资金。

就解决负债这一点，BBC的顾问马尔科姆·巴伦（Malcolm Balen）在《典型的英国式欺骗》一书中指出，当时的英国政府"每年需要花费5500万英镑，去支持部署在欧洲大陆的9万人的军队，以及4万人的海军部队。在1710年的时候，军费开支已经占到了政府财政总收入的9%……政府的财政问题还在持续，因为在18世纪早期，英国政府至少有超过1/3的收入被它所需偿还的利息给消化了，从1714年到1717年，这个比例已经至少上升至50%"。英国政府因为战争而欠了一屁股债，为了多一个筹钱的渠道，于是同意成立了南海公司。因此，南海公司的营业执照和主管也都是由政府颁发和指派的。

在国家力量对经济的强力干预下，英国自16世纪开始仿效荷兰等国成立了早期的"国有企业"，例如莫斯科公司、东印度公司、南海公司等负责殖民地贸易专营的国企。但问题在于，在缺乏严格游戏规则的情况下，政治与商业的合谋，其结果就是无所忌惮地追逐利益，无视公正、道德和一切社会准则。坏商人和坏政客的结合，结果就是"坏"的最大化。于是，英国的议会也就在这帮"坏人"的兴风作浪之下，被搞得乌烟瘴气、黑幕重重。

南海公司是一家股份公司，因此它是对外公开发行股票的，并且，它又是一家英国国有的公司，所以它既得到政府支持、又是为政府服务的。南海公司内部的"坏人"们一起开动脑筋，根据公司的这种特殊情况想出一个赚钱妙招，那就是利用公司的"国有"背景，将股票与国债进行交换。南海公司决定向英国议会提出一个名为"南海计划"（South Sea Scheme）的大型换股计划，让人们用手里的国债交换南海公司的股票。这样，股民们对南海公司股票的持有量就会在短时间内暴增，到时公司只要略施手段抬高股价，然后抛售，那么泡沫产生的收益就不仅可以偿还政府的公共债务，还能让公司轻松大赚一笔。

获得御准生效的最终认股方案中，南海公司用公司的股票作交换，以很低的利率购入市场总值高达3160万英镑的债券，并且"回报式"地支付政府数百万英镑现金。到1720年，南海公司承诺接收全部国债。当上下议院通过这项计划时，南海公司的股票价格开始暴涨：从1月的120英镑每股，到3月的200至300英镑每股，再到4月底的400英镑每股……当年8月南海公司向市场抛售12 500股公司股份的时候，股价已涨到1000英镑每股。英国散户们纷纷跟进追涨。

1720年8月，作为大庄家的南海公司突然开始抛售股票，股价顿然失去了支撑，一泻千里，从最高点的1000英镑，跌至150英镑，这个让人心惊肉跳的过程居然只花了短短一个月的时间。中小股民们猝不及防，等他们回过神来的时候，一切为时已晚，手中的南海公司股票已变成草纸，甚至连草纸都不如。当时的伦敦证券交易市场，不见了人们往日喜悦的神色，只见无数英国人投入股市、希望通过购买南海公司股票增值的血汗钱，突然人间蒸发，就像一听跑光了气的可乐，只剩下黑色的死水微澜。在书里，马尔科姆·巴伦却对南海泡沫中蚀本的英国股民毫不同情：投资者们过于贪婪、轻信，而这一特点恰好被政府和股份公司利用。

这就是政府将债务压力转化到股票市场的恶劣结果。当政府需要利用股市来偿还公债的时候，股民们离遭殃就不远了。300年后回看这个历史事件，中国人能得出什么结论呢？

故乡的异乡人

最初知道比尔·布莱森（Bill Bryson）这个名字还是在《华盛顿邮报》的一个专访里。当时正值英国反对美国伊拉克战争的高潮期，《华盛顿邮报》特地采访了一组在英居住经年的知名美国人士，布莱森便是其中之一。此采访消弭美英间政治罅隙的意图不言而喻，我当时也不禁为这位老兄捏把汗：替美国说了这许多好话，书在英国还如何卖得动？

后来陆续读了布莱森的一些文章和著述，方知他其实对自己的祖国"意见"也不少。就拿手边这本《人在故乡为异客》（I'm a Stranger Here Myself）来说，作者开篇就抱怨从英国回到大洋彼岸的美国后诸多琐事的不适应："买点小东西却乱给小费，呆立在自动取款机、自助加油机泵和付费电话前不知所措，而且当你的手臂被人猛然抓住时，才惊讶地发现加油站的地图再也不是免费的了。"

美国，在离乡背井多年的布莱森笔下俨然由"故乡"变为了"异乡"。虽然同属英语国家，但英美两国在语言、文化、生活习惯的差异还是让布莱森觉得与自己老家的这个社会"格格不入"。不过，以幽默见长的他并没有转而攻击起美国文化，而是"享受"起了这种差异，寻求其间冷暖自知的意味与这种差异背后的原因。就专栏文章对此所能具有的深度而言，布莱森已将这种文体发挥到了极致。

　　英国人似乎都对美国有些诟病之词。1842 年，游历美国的狄更斯乘船沿俄亥俄河往西南而行时，看见河岸的洼地，便说出"丑恶的坟地，疾病的温床"之恶语，只因不少英国商人被骗至此投资。同一时期曾著有《美国人的风俗习惯》的弗朗西斯·特罗洛普也嘲讽道，美国人一面口称自由民主，一面却压迫黑奴、屠杀印第安土著，其行为几近虚伪。布莱森和他们相较，既有相同，更有独特之处。

　　布莱森自 1973 年踏上英格兰土地以来，为《泰晤士报》《独立报》等媒体撰写文章 20 余年，直到子女即将就读大学之际才举家搬回美国的新罕布尔州。当初布莱森初来乍到不列颠小岛，对于此处种种事物的新鲜感并不亚于他作为一个"英国人"返回美国后所产生的疏离感。他打趣说，在英国连驾车自助游也不过是"驱车到超市的距离"。当然，这是以他当年尚根深蒂固的美国人观点来看。英国佬实在太有趣了，就这么一点举足即至的里程距离，驾车人竟然还不惜耗费唇舌与人争论如何抄近道。而伦敦那些"没法直线行驶两百英尺"的计程车司机，听闻了一个自己并不熟悉的地名后，抹不开面子，强不知以为知，载着他东兜西转。好不容易到达目的地，却还嘴硬说"当然，我知道你说的那个旅馆在哪儿"。这番周章，让布莱森对自己说，英国人果然是固执得有趣。

　　然久居英国，难免南橘北枳，布莱森的思维难免受英国文人对美国观念的影响。这么多年下来，英国式的固执，在他眼里不再是一件可笑的事，反倒是扑面而来的美国社会百态——与英国的固有思维习惯不合，令他颇感惊异。由此，经幽默的笔墨点染，布莱森对美国人过分依赖自驾车、整日充斥着无聊广告和垃圾食品的生活极尽嘲笑之能事。同时，作为旅行作家的布莱森足迹遍布世界各地，本身又是颇精藻鉴之人，自然不会将自身视域囿于传统的窠臼，比较与阐发居多，单向的批评居少。

　　例如，他在书中一面批评说美国的高等教育不及英国严谨，尤其是公立学校教育不发达，同时，他也看到，像英国牛津剑桥大学这样的所谓"公立学校"却并不对学校之外的公众开放。相反，倒是美国的私立大学，例如他所居小镇的达特茅斯学院，则会将运动场、艺术馆、咖啡厅等学校设施免费向大众开放，布莱森认为这是美国人际关系沟通比英国更为"顺畅"的一个缩影。不过，他也看到这看似融洽的人际关系，无非是美国人日常的一种"条件反射"，而从统计数据上看，美国仍是最仇视外来移民、最早使用监视器摄像头的国家。

　　布莱森还注意到美国的另一种"虚伪"，一种数据上的、经济学的虚伪，他注意到美国人对于专业术语以及统计数据的迷恋。当初他选择在新罕布尔州居住，就是因为阅读了《美国数据摘要》中对该州犯罪率的统计。同时，他也认为充斥在广告、杂志上的各种表格数据似乎太过泛滥了一些，弄得人人都不得不像一位经济学者般思考。一次路过纽约第六大道时，布莱森注意到矗立于此的那面电子"国债钟"，上面每秒钟都在不断刷新的数字让他有所顿悟。4.5兆美元的庞大金额让在此驻足观看的人不由得产生出一种莫名的快感，一种美国梦般足以用来顶礼膜拜的幻象。可是，他紧接着问：对一个普通人而言，"四点五兆又意味着什么呢"？

　　这连他自己也无法回答。不过，面对儿女读大学开支的账单时，布莱森却真实地感受到了数据的"力量"——不是两万美元一年的学费，而是另一种数据——岁月在人生中留下的刻度。他曾在过去的20年里仔细计算过所写每本书、每一篇文章的成本与收益。但当他的儿女们纷纷上大学离家之后，面对着空荡荡的房间，布莱森猛然意识到，时间的流逝往往"来得比你想象中要快"，不会有别的什么会比与家人待在一起的"收益"更高。于是，他决定动身返回故里，来到汉诺威小镇，成了一个生活在故乡的异乡人。

集中营里的自由

曾为卡波特立传的作家杰拉尔德·克拉克尝言："最好的传记作家向小说求教。"沿着这个逻辑推想，似乎小说家的自传就一定比别人更耐读。即便承认这个假设，当翻开英国作家詹姆斯·格雷厄姆·巴拉德（J.G. Ballard）的晚年自传《生活的奇迹》（*Miracles of Life: Shanghai to Shepperton*）时，读者心中还是难免嘀咕，巴拉德还能带给我们什么新意？

当然，对于之前从未读过巴拉德的读者来讲，这并不是一个问题。传记在内容上不乏吸引眼球之处。问题在于，由于作者在1984年出版的自传体小说《太阳帝国》（*Empire of the Sun*）和斯皮尔伯格改编的同名电影，巴拉德已经被中国的读者理所当然地与反战作家联系起来，作者的真实生活反而因此受到了某种"遮蔽"——虽然上海龙华集中营的生活与电影中吉姆的遭遇几无二致：拥挤的牢房、疟疾、永远都缺乏的食品与水；同时，集中营也给一个12岁的男孩带来了另一种意义的自由。

"1930年11月15日，我出生于上海综合医院。多年后，母亲常对我说，由于她身材苗条，而我的头太大，以致在分娩时受挤压变形。"

自传是以玩笑的方式开始的，巴拉德对他在上海最初的生活，似乎都带着几分戏谑的、漫不经心的描述。他回忆自己在新华路（Amherst Avenue）31 号的洋房中，听见"收音机里嗡嗡响着蒋介石的抗战讲话，内容却不时被日本啤酒的广告打断"。尽管当时连侨民出行都须接受日本军队哨卡的检查，但 20 世纪 30 年代上海的公共租界依旧充斥着没完没了的聚会、典礼、歌舞、电影，来自英国和美国的水兵们每天依旧在酒吧厮混。

但对于巴拉德来讲，上海的浮华背后是血淋淋的残忍："我在上海的街头巷尾见到了太多的暴戾和死亡，我把它们看成是理所当然的事情。"他至今还记得上海市政府每天都派卡车运送饿毙在路边的行人尸体，日本士兵用刺刀驱赶人群。而在陪父亲去纺织厂的路上，他看到黄浦江上随处可见用几块木板简单拼装的浮棺，躺在里面的人"穷得买不起一口棺材"。

珍珠港事件后，美日正式宣战。巴拉德全家也在 1942 年被强行遣送，羁押在龙华集中营。与小说相反，现实中他并没有像吉姆那样被迫与父母分开。他写道："被关押的最大一个好处就是你有更多的时间与父母相处。在我的生命中，我第一次与父母在一间屋子里同吃同睡。"巴拉德的父亲早年在上海经商，家境优裕，但也遵守着传统的英国家庭习俗，家规尤严。而在难民营中，当看到父母被战争吓得胆战心惊，成年人的世界丧失了权威，巴拉德认为这是人生重要的一课，只是"代价过于残忍"。

在一个未曾涉世的男孩眼里，三四十年代中国的极度赤贫以及对于混乱与无序的体验，自然会直接影响到巴拉德今后的创作。他小说中的反乌托邦情节，很大程度上来自于解放前的旧上海。《太阳帝国》刚发表的时候，"熟悉我早期的作品和短篇小说的读者发现那本书里满是在旧作中出现过的意象……干涸的游泳池、废弃的旅店和夜总会、荒芜的飞机跑道和洪水四溢的河流"。小说《可卡因之夜》（*Cocaine Nights*）和《撞车》（*Crash*）算是此类作品的代表。尤其是后者，后现代理论家波德里亚曾以之为例，说明后现代社会中的暴力对道德维度的超越。

巴拉德并不同意波德里亚对自己作品的解读，他认为自己所关注的恰恰是道德视域。他相信："人类的情感正在堕落，而我想要揭示这种堕落指向何方。我悲哀地发现，那些从未经历过暴力的人们沉迷于把它当作娱乐。或许娱乐化的暴力能够满足人类对于残酷的深层需要，这种本能只有当人类永久地处于战争之中时，才算得上是一项优点。"与狱友鲍比从仓库偷煤渣的场景始终在巴拉德的脑海中萦绕不散："鲍比用一把废弃的刺刀从仓库墙角凿一个洞，伸手进去掏出几捧煤渣。"好不容易得手之后，巴拉德准备将"赃物"带回宿舍生火煮饭，但鲍比却用自己的那份煤渣在池塘边玩起了打水漂。这一幕使巴拉德体会到战争和长期的羁押对人心灵的扭曲，尽管"很难判断处于战争时期的道德行为"，但"对于鲍比这样的战争孤儿来说，我相信他生命中的某些部分已经死亡"。

在一次接受《泰晤士报》的访问时，巴拉德回忆，他在剑桥求学的时候，同舍有一位男生就是奥斯威辛的幸存者。但巴拉德从不在他面前提自己在集中营的经历，因为与他相比，自己在龙华难民营"养尊处优"的生活实在"微不足道"。对于巴拉德，集中营生活意味着一场战争游戏，而自由就是他的战利品。他的最大乐趣是跑到美国人营区与水手们下棋。作为酬谢，水手们会送给他诸如《生活》之类的过期杂志，巴拉德最初的文学根底，就是靠集中营的舶来杂志所培养的。

事实上，《生活的奇迹》更像一部即兴风格的回忆录。作者从自己78载的人生岁月里遴选出20余个片段，以相对独立的形式加以呈现。一方面，这是出于作者个人的写作风格，同时也是他的写作状态使然。

自两年前被诊断出患有癌症以来，巴拉德的健康一直由他的私人医生料理，正是在他的一再建议下，身体状况不佳的巴拉德才决定动笔写作。这本 260 多页的自传仅花了他不到半年的时间。

在 1947 年回到英国后，他花了好几年时间才逐渐适应英格兰的生活，由一个二手上海人重新变为英国人。但巴拉德始终感觉自己与英国社会格格不入："看着周围的英国人，我难以相信他们竟是这场战争的胜利者。他们更像一群失败者。"相反，"我在集中营的生活比以前快乐，这种快乐一直持续到我后来结婚、生子。"并且，"我记得上海，记得龙华，要比记得我 20 世纪六七十年代在英国的生活真切得多"。于是，在结束了剑桥的学业后，他来到和上海有几分相似的伦敦，并在郊区的谢伯顿（Shepperton）安家，做起了撰稿人。这一做就是半个世纪。

巴拉德的所有作品都在昭示着一个复调主题——"回归"。从早期的新浪潮科幻小说，到随后的《太阳帝国》及其姊妹篇《女性的仁慈》，再到《生活的奇迹》，我们可以清晰地看到作者多年来一直试图寻迹自己童年的路径。在他的科幻小说《微缩城市》里，小男孩乘坐火车环游世界，为了寻找一片能够放风筝的天空。但是他不小心走得太远，以至于从地球的另一端回到了起点。"英国佬"巴拉德在 1991 年曾短暂回到上海，却再也找不到自己 50 年前在静安寺路（Bubbling Well Road）骑自行车的影子了，那座以几何级数变化的城市早已不是他当初的起点。"我走向一个幻象，并在沿途中想象它是真实的，最后却穿越了它，"他如是说。

剑桥的"堕落"?

2010年2月，剑桥大学纽纳姆学院（Newnham College Cambridge）的管理方向校舍的400多名本科学生发出了邮件，要求他们在夜间与异性伙伴"运动"的时候注意减低音量，不要影响其他人休息。该学院的宿舍主席称，自己在一个月内收到了30多份此类投诉之后，决定向所有学生发出这份邮件。这则由《国家学生》（*The National Student*）杂志报道，并被多家英国媒体转载的消息，使得英国最古老的大学之一——剑桥大学，又一次成为了人们茶余饭后的谈资。

尽管那位学生宿舍主席也说，学生投诉的吵闹声并不止一种，其实还包括多种嘈杂声，但纽纳姆学院作为一个女子学院的身份，还是让其背上了剑桥"淫秽学院"（slutty college of Cambridge）的恶名。另外，近来不断爆出的剑桥学生集体酗酒、服用禁药的新闻让人们不禁有些诧异：难道说剑桥大学已经沦丧如此，学生成日不务学业，只知道流连酒色之事？校训上写着"启蒙之所和智慧之源"的剑桥，是否已开始滑向"堕落"？

或许，有人会对此作出肯定的回答，但这是只知其一，不知其二。

众所周知，剑桥大学是在13世纪初由一批从牛津逃出来的老师建立的。准确点说，他们更像是一群对牛津不满的传教士，从一个让他们感到厌恶的地方来到一个陌生的小镇另起炉灶，因为中世纪的大学都要受到教廷的庇护，某种程度上是宗教的附属品。自1318年罗马教皇正式承认剑桥大学身份到1871年剑桥正式废除宗教考试，500多年时间里，这里的学者一直维持着中世纪寺庙烦琐的宗教礼节，比如教师要穿类似于和尚服的"学袍"、学院人员要一同进餐、学生必须住在学院之内等。最早的时候，院士甚至要恪守天主教神父般的戒律，不许结婚。而女子能够堂堂正正称自己为剑桥学子，还是20世纪20年代以来的事。

中世纪陈腐的清规戒律碰上一天变一个样的现代社会，肯定要发生摩擦。今天的剑桥大学早已废除了大多数宗教传统，但学院共宿同餐之类的习俗，毕竟作为一种传统被部分地保留了下来。怎奈，剑桥实在太美了，生活实在太过安逸，要不是整日里为了写论文、温书备考等"琐事"所拖累，风光润美的剑桥完全不愧为纵情声色的圣地。老一辈记者萧乾先生负笈剑桥时，就曾感慨："剑大那样优越的环境，既能训练杰出人才，也可以成为懒汉的天堂。"而当见过剑桥大学那些终日与酒作伴、与女人厮混的纨绔子弟，萧乾又说："可见严峻的僧侣制度之外，剑桥还有个花花公子的底子。"

剑桥学生何其聪明，求学之余怎会不懂得享受生活？再说，那些住宿在学院的学生大多是些20多岁的年轻人，血气方刚，平日被导师开出的永远看不完的书单和写不完的论文反复折磨，夜里还只能独守空房，岂不悲哀？于是，像纽纳姆之类的学院重新制定规则说，学生如有异性朋友留宿，第一天甚至不需在宿舍登记。或许剑桥的学生学业压力确实很大，以"留宿"异性住所来"释放压力"者不在少数。本是为学生谋福利的"人性化"规定，一来二去，结果却弄出了这么一则让人哭笑不得的新闻。

　　既说到"色"，必然要谈到"酒"。其实酒类在剑桥并不属于禁忌之列，有一些学院甚至还保留有自身的酒窖。按照传统，剑桥学生每逢考试结束，或者论文完成之时，都会相约到指定的一些酒吧畅饮庆祝。现在的学生，每逢周末夜晚更是三五成群、浓妆艳抹，辗转于数间酒吧之间，酒酣耳热后，男男女女相拥而睡，并无奇怪。这一点，他们和英国普通的年轻人没什么两样。并且，也不应该有什么两样。

　　但剑桥的学生仍然觉得外界对他们给予的理解太少。当英国的酒吧连锁商格兰瑟姆（Wetherspoons）宣布将近期在剑桥增开一家大型酒吧时，有民间人士反对说：这不是摆明了在毒害我们的莘莘学子吗？对此，剑桥学生刊物 The Tab 的一位作者觉得很不满，他在一篇文章中大发牢骚，说虽然英国早就进入了现代社会，但时至今日还有不少老古董们把剑桥的学生想象成不食人间烟火的僧侣，并且理所当然认为他们应该不食人间烟火。

　　在那位身为剑桥学生的批评者看来，外界确实把剑桥的生活过于理想化，甚至神圣化了。如今的年轻大学生都信奉那句流行语："work hard，play hard"（学好，玩好），在需要比一般大学承受更多压力的剑桥，更是如此。那里的本科学生依靠酒精以及异性等"外力"来帮助他们度过这难熬的三年，这是现实的需要，和道德堕落完全扯不上关系，另外，做完工作后出去喝几口小酒、甚至吸两口大麻，这在英国是再正常不过的社交行为，但为何有人偏要对剑桥学生另作要求呢？无论如何，学生的种种行为都谈不上什么"堕落"，大学竞争力排行榜，应该能堵住一些人的嘴。

　　所谓酒肉穿肠过，学术心中留。如此来理解剑桥和它的学子，方称公允。

牛津何以成为牛津

在牛津城的百老汇街（Broad Street）和商业街的交接处，我找到了"水石书店"。踏进店门，飘来淡淡的咖啡香味。在一楼的咖啡厅靠窗的位置坐下，我迫不及待地点了一份"Espresso"，翻开刚从书架上取来的新书《我们的大学为何不再教授生命的意义》，作者是耶鲁法学院的斯特林讲座教授——安东尼·克隆曼。书中，克隆曼提出了一个尖锐的问题："为什么大学的通识教育会在这几十年的时间里变得越来越庸俗化？"作者自问自答，认为充斥全球的美式民主和办学模式造成了当前大学文化的"悲惨景象"。

克隆曼的观点在英国高校依然适用。多年来，英国各个大学因为仿效美国的教育产业化而备受批评，甚至被人指责为导致社会庸俗化的敛财机器。而作为英国高等教育的执牛耳者，牛津大学对美国教育产业化理念的输入可谓不遗余力。牛津与耶鲁大学近年来建立起了密切的学术交流与合作，其新任命的副校长安德鲁·汉密尔顿便是耶鲁大学的前教务主任。更为重要的是，牛津成功地引入了美国大学的捐赠机制，使得学校的财力剧增，有更多资金投入基础设施建设。牛津人甚至将他们大学的独立学院制比作美国的联邦制政体，声称这体现了独立自主的治学原则。

在近期的《泰晤士报》"英国优秀大学指南"上，牛津大学连续第七次占据英国优秀大学排名首位。实际上，自 20 世纪 90 年代《泰晤士报》创办"英国优秀大学指南"以来，剑桥大学长期占据着排名榜的首位，牛津只得屈居次席。但从 2002 年开始，牛津终于超过剑桥，成为第一，并将这一纪录保持至今。

稍加留意不难发现，在今年排名榜的各项指标上，牛津与剑桥相差无几，然而在"学校设施建设"一项上，牛津则大大领先于包括剑桥在内的大部分英国高校。这也从一个侧面说明了在教育领域，金钱是"第一生产力"的真理。

牛津大学去年发起了 10 亿英镑的筹资运动，用以兴建学校建筑和发放奖学金。在雷德克里夫新建的校园便是这场筹资运动的成果。学校近期还斥资 6000 万英镑修建了欧洲最大的化学系并翻新改建了经济系大楼，紧接着又修建了价值两千万英镑的社会科学图书馆。更多的收入还意味着奖学金数量的增多。据《泰晤士报》的一项统计，牛津大学学生获奖比例为二比一，这些日后活跃于国际政坛、受聘于跨国公司的商政精英们，将以数十倍于当年奖学金的捐赠，回报母校。

不过，行政上的"亲美"并没有使牛津丧失对古老传统的恪守。虽然年收入逾六亿英镑的牛津已成为英国最富的大学之一，但她依旧保持着古朴的风格。初到牛津的人，都会觉得每个学院都像是废弃的古庙，一进门就给人一种寂寞与萧索的感觉。有些学院上课时还规定必须穿黑袍，正式考试、开学典礼或毕业典礼更是维系早期中世纪的繁文缛节，这也衬托出英国社会阶层的划分与保留传统的作风。一位在林肯学院念书的朋友告诉我，牛津最厚的一本书就是他们的考试法典，上面记录了数百年积累下来的各种繁文缛节，至今学生们依然需要研读此书，并对上面的章程恪守不渝。

保留这些"过时"的规矩，看似没有必要，实际上它反映了牛津大学对传统的尊重，而只有尊重自身传统的大学才有学术独立可言。有一个最庸俗、流传最广的故事说，在布莱尔执政时期，苏格兰北部边远地区有一个教育相对不发达的郡，有一位女学生以优异的毕业考试成绩达到了牛津大学的录取标准并获得面试机会。这是当地近百年出的第一个考上牛津的"状元"，当地政府因而特别重视，希望牛津大学可以通融一下，让她过关。但校方在面试以后却坚持认为该学生不具备牛津大学要求的潜质，因而拒绝了她的入学申请。

当地政府将此事反映给英国议会，甚至请教育大臣出面，希望疏通关系，给予破格录取。在被牛津大学婉言拒绝后，教育大臣又找到副首相前去求情，但还是遭到拒绝。最后副首相只好请出布莱尔，希望牛津大学会给英国首相一个面子。谁料，牛津大学仍然拒绝接受此学生，理由只有一个：在招生问题上，任何人都无权更改学院面试的结论，这是牛津建校八百年来的传统。

被弄得很尴尬的布莱尔在事后曾发牢骚说，牛津大学实在是太过古板，要与时俱进，必须进行改革。牛津的师生听闻首相先生的言论后愤慨得紧，立即取消了原定授予布莱尔荣誉博士的计划，并对政府干预校方事务的做法提出严正的抗议。

在重视传统及阶级意识的英国社会中，牛津、剑桥的毕业生仍拥有较高的社会地位及较多的鱼跃龙门的机会。牛津大学在英国人眼中声望之高，影响力之大无远弗届，包括政界、人文及艺术界的精英很多来自牛津。在英国历届的49位首相中，毕业于牛津的就达25位，校友之中的知名人士更是不胜枚举。但牛津从来不会为了"政治正确"而违背自己的传统，无论对方是国王还是首相。表面上这很不近人情，但正是这种近乎死板的价值观念让牛津得以在历史长河中从一个"养不起自己学者"的修道院发展为英国大学的一面旗帜。

回到我所在的书店——这个"星巴克"文化与牛津传统的结合部。在全球教育日益美国化的今天,它颇能象征英国大学面临的问题:在变革中如何才能不迷失自我的传统与身份?克隆曼将这一问题的症结归因于两个相互关联的历史现象:美式文化的多元性和世俗性,以及过去 30 年大学教育受制于学院内部的政治正确的文化。这使我想起前段时间国内流行的一个说法,过分的市场化或者官场化,都是制约大学发展的因素。从这个意义上讲,牛津既远离了"官场",又在市场化与古老的传统之间保持了良好的平衡。这正如牛津的默顿学院和沃尔夫森学院,两者建立的时间虽相差了 7 个世纪,却能在 21 世纪的今天同时存在,联为整体。

莫里斯·博拉与牛津传统

　　莫里斯·博拉（Maurice Bowra）的名字，除了钻研古希腊历史的专业人士以外，恐怕无人听闻。但提起伊夫林·沃（Evelyn Waugh）的《故园风雨后》，嗜英国小说的读者们则再熟悉不过。只是，少有人留意到小说中带领塞巴斯蒂安毕业旅行的山姆格拉斯先生，这位来自牛津万灵学院的教师，正是以莫里斯·博拉为原型。

　　小说甫一出版，作为学生的沃便给时任牛津大学沃德姆学院（Wadham College）院长的博拉寄去一份样书。博拉对那个并非主角却与自己颇为相似的人物赞不绝口，甚至在给沃的回信中连用了三个"精彩卓绝"。需知，博拉说话一向以刻薄著称，他曾经称奥顿是个只知喝酒不做学问的庸才，痛批政府为托尔金授爵。他的同行，古典学教授爱德华·弗兰克尔（Eduard Fraenkel）更是被他奚落为"一无是处的市侩"。而旁人对于经常"出言不逊"的博拉也绝不会嘴下留情，以至于以赛亚·伯林拒绝承认博拉与自己有过交往。如此，对于伊夫林·沃书中自己不太负面的形象，博拉的欣喜之情自然出于言表，即使那不过是个有些愚蠢、迂腐的教员。

　　《故园风雨后》的跟风之作不少，亦有好事者在此类以牛津为背景

的文学作品中寻章摘句，将某些角色与博拉对号入座。但作为 20 世纪
牛津大学颇具影响力的人物，莫里斯·博拉若仅仅出现于"稗官野史"
和人们的臆测之中未免可惜。现实中的博拉如何影响了牛津，牛津又
如何塑造了他，这是莱斯利·米切尔（Leslie Mitchell）在《莫里斯·博
拉的一生》（*Maurice Bowra：A Life*）中将要解答的疑问。

　　博拉 1898 年出生于江西九江，供职于中国海关的父亲却没有给他
更多了解中国的机会，在博拉幼年的时候就将他送回英国的私立学校
就读。1916 年，博拉考取了牛津大学的奖学金并进入沃德姆学院，在
因第一次世界大战而搁置了一年的学业后，他重回牛津师从古典学者
莫里（Gilbert Murray）研读希腊典籍。自 1922 年成为沃德姆学院的教
员起，博拉再未离开过牛津大学。1938 年，40 岁的他被选为院长。博
拉将这个职位保持了一生，并在 50 年代一度成为牛津大学副校长。对
博拉而言，牛津不啻为其毕生倾心注血之所在。至于他在接下来的几
十年中当上大英帝国研究院主席、受封晋爵等则又是后话，本文按下
不表。

　　若单表博拉与牛津大学，则无法绕开受博拉影响的一代牛津学
人。奥顿曾将他们统称为"博拉集团"，并说"在一个时期，当几乎
所有的年轻人困惑于自己的信仰和人生观时，他们的个性以及举止、
言谈、思维，都在博拉那一时期被塑形，并伴随其一生"。从经济学
家罗伊·哈罗德（Roy Harrod），到艺术史家克拉克（Kenneth Clark），
从诗人约翰·贝哲曼（John Betjeman），到政治家休·盖茨克（Hugh
Gaitskell），博拉的圈子几乎达及人文学科各个领域。至于哲学家汉普
夏尔（Stuart Hampshire）、艾耶尔（A. J. Ayer）以及以赛亚·伯林，更
是与博拉有过深交。

　　虽然门下弟子多有与政界往来者，但博拉本人很少谈论时政。对
于政治的喧嚣，博拉认为这"侵损了他静谧的思考，而对于政治的狂

热感情则有害于他那纤细、敏锐的感受力"。因此，对于自己引为同侪的晚辈休·盖茨克弃学术而从政，他一直耿耿于怀。直到1963年，当上工党党魁的盖茨克去世，博拉也未原谅这位当初"背叛师门"的学生。

而对于信仰科学主义的作家，博拉也一概否定。左拉、威尔斯、萧伯纳在他眼里均不值一哂。"任何作家皈依科学的唯一后果就是艺术感的丧失。"终其一生，博拉始终相信古希腊文明高于他身处其中的盎格鲁—撒克逊文明，而在古希腊文化中，博拉独爱诗歌与文学，却视古希腊科学之价值为无物。在他所推崇的个人中，你可以找到萨福和品达，却绝不可能发现阿基米德或亚里士多德的影子。

在生活中，他却践行着上溯自维多利亚时期的20年代文人的风逸与不羁。牛津的彻韦尔河畔（River Cherwell）以前有一处被称作"Parson's Pleasure"（中文意为"牧师之乐"）的地方，常给男教师裸泳做日光浴，女士止步。据说有一天，一艘载着女客的船不小心闯入禁地，引起了骚动，男士们赶忙遮遮掩掩。别人都遮下体，唯独一丝不挂的博拉此时却用手去遮他的老脸。事后，他说，你们这些人遮哪里我不知道，"但我这张脸在牛津可是人尽皆知啊"（My dear, in Oxford I am known by my face）。

若单从以上三方面审视，博拉岂非一个成天放浪形骸、思想偏激的隐逸之士？这样的人也能成为学者吗？其实这仅是博拉的一个侧面。博拉更为人知晓的一面，则是一位持有理想主义的教育家。拥趸古希腊自由民主政治的他，无时无刻不希望以雅典学院式的自由思想影响周遭的人们，而非将"真理"或者"知识"强加于人。因此，虽然博拉个人反对科学主义，但他也公开表态："当代牛津的基本任务有四：培养领袖人才，科学研究，培养新型的学者和科学家，通过学院传递文明。"而在第二次世界大战期间，"不问政治"的博拉更是暗中帮助伯林等来自俄国、德国的学者引渡欧美，流露出一个知识分子的良知。

以此观之，博拉倒也颇识大体。只是忧虑于牛津古老的自由学术传统在 20 世纪的命运，让博拉有时难免偏执于一端，以期影响后学与同辈，以使他心目中的希腊式自由传统在牛津不至于倾覆。

作为典型的中世纪大学（studium generale），牛津大学的建立可上溯至 1096 年学者们自发的教学活动。随着杰弗瑞·卢西（Goeffrey Lucy）在 13 世纪初被任命为牛津大学校长，牛津也开始被称为"universitas"，这标志着牛津大学由一个同人性质的学者团体，独立为一所学术机构。此时的牛津具备了大学原初的两个含义：首先，大学是探索宇宙通则的场所；其次，它也是学者组成的社团。时至今日，这种理念依旧影响着牛津大学，成为牛津大学理念中最深远的一部分。

在 19 世纪轰轰烈烈的牛津运动当中，纽曼发表了著名的关于大学理念的演讲，他的基本理念是：与学者的小圈子比起来，大学更是探索普遍学问的场所。继之而起的，是以赫胥黎为代表的科学教育理念。他们已经不满于牛津精英教育的传统，转而倡导平民的科学教育。通过历次运动，牛津大学成为一所更为专业化的学府，但同时，博拉却认为，在为学生创造自由理念和对人文理想的追求上，牛津似乎有着过于"平民"和"大众"的趋势，但他一辈子都扮演着"精英"教育的拥趸。设若博拉活到今天，对于大学普遍设置 MBA 课程和网络远程教学等"敛财"之举，定有更为辛辣的言论，只可惜，我们并不可能听到。

拉斐尔名画《雅典学院》描绘的自由学术氛围无疑是博拉心目中理想的大学精神，但这种自由绝不等于知识的重复累积和工业化复制。换言之，大学之道贵在"熏陶"，而非"传授"。林语堂当年引证牛津的导师制，称师生间的思想激荡全凭一只烟斗吞云吐雾。这也决定了此类教育的受益者只能是"小众"。今天的牛津，喷烟的导师越来越少见，但"自由"与"精英"的意味却未减损。如果我们不将"精英主义"理解为一种智识上的褊狭，那么无论博拉之于牛津还是牛津之于博拉，都堪称一笔财富。

来自洛克比上空的余音

2009 年 8 月，"洛克比空难"制造者之一的利比亚特工迈格拉希，被苏格兰当局以"人道理由"释放，在离开故乡多年以后得以返回利比亚首都的黎波里。事后，苏格兰的司法大臣麦克艾斯吉向苏格兰议会解释说，迈格拉希虽然对苏格兰毫无仁慈之心，但苏格兰仍有责任对这个可怜的囚犯以德报怨，表现出一定的怜悯。从表面上看，司法大臣的论据似乎仁慈而理性。此前迈格拉希一直在格拉斯哥市格里诺克监狱服刑，如今，身患前列腺癌的他被医生确认只剩下 3 个月左右的生命。此时，释放这位行将就木的人回到利比亚，让他在故土"有尊严地死去"，自然不失为文明国家为罪犯提供的基本"人道保障"。

不过，尽管得到了苏格兰部分洛克比罹难者家属的支持，但这个决定更多地受到了各种声音的指责，这当中有英国的，也有美国的；有来自民间的，也有来自官方的。大家关注的焦点归结起来无非是：对于迈格拉希这样一个恐怖分子说放就放，这合法吗？

这个疑问，在苏格兰议会回响了一月有余，仍无定论。其间又传出了不少与之相关的消息。迈格拉希回到利比亚以后，不仅受到了英雄般的接待，而且在接受采访时他更是隐晦地表示自己实际上是无辜的，主谋另有其人。同时，英国政坛又有传言说，释放迈格拉希，其实是因为英方希望将此作为送给利比亚领导人卡扎菲的"礼物"，换来两国的石油协议，以填补北海油田枯竭为英国带来的能源空缺。当英国的司法大臣对着记者的话筒默认了这一传言时，人们终于恍然大悟：原来这又是自己的政府搞出来的一次"法律问题，政治解决；政治问题，经济解决"的愚弄公众的行为。

人们在对麦克艾斯吉前些天一直鼓吹的"人道主义"嗤之以鼻的同时，对释放迈格拉希的合法性，就更有疑问了。负责对此事进行调查的保守党议员比尔·艾特肯就在《卫报》上公开表示了自己对苏格兰政府的不信任，声称要将此事彻查清楚。不过他也说"我们希望尽快通过调查弄清决定释放这位袭击者的过程是否合法，但我们并不准备去判定这个决定本身的对错"。而对于当年审判迈格拉希时的诸多疑点和漏洞，他现在更是绝口不提，只将注意力集中在释放迈格拉希是否"程序正义"的问题上，仿佛"洛克比空难"这个事件本身早已盖棺定论，无须再费唇舌。

这话听起来似有道理，却经不起推敲。否则，你拿那些版本众多的传言和煞有介事的小道消息怎么办？敢于仗义执言的英国律师加雷思·皮尔斯（Gareth Peirce）在 2009 年 9 月号的《伦敦书评》上发表长文说，她经过仔细考察当年的档案资料，发现"洛克比空难"疑点众多，绝非像人们想象的那么简单。因此，真正的要害问题并不是如今"放"迈格拉希的程序是否符合法律规定，而是当年"捉"他的过程或许本身就不合法。

既然说到当年，不妨回顾一下事情始末。1988 年 12 月 21 日，英国苏格兰洛克比镇上空发生恐怖分子策划的泛美航空 103 客机爆炸案，机上 259 人无一生还，其中大部分是美国公民。而在飞机坠地之后，小镇居民也有 11 人罹难。遭到飞来横祸的苏格兰小镇洛克比从此几乎成为空中灾难的代名词，而灾难本身则让西方人，尤其是美国人第一次亲身感觉到恐怖主义的"恐怖"。12 月 22 日黎明时分，闻讯赶来的苏格兰警察把失事现场重重封锁起来，开始取证工作。尽管搜寻人员带着各种仪器对这一区域的每一寸土地进行地毯式搜查，寻找遇难者尸体和飞机的残余物件。但是高空爆炸后飞机的残余物洒落得十分零散，这为取证工作带来了不小的难度。

很快，英国秘密情报局（MI6）、苏格兰场和美国中央情报局（CIA）及联邦调查局（FBI）联合成立了联合调查组，经过近一周的努力，他们找到了大部分遇难者的尸体和近两万件大小各异的飞机碎片，这些碎片全部上交了英国国防部所属单位进行分析，以确定飞机失事的原因。正当专家和技术人员对这些飞机碎片进行分析、模拟和鉴定的时候。调查人员们注意到一片残留了少许痕迹的金属板，以及部分来自一部东芝录音机的碎片。经过鉴定，金属板是机体前部行李舱的碎片，而痕迹则是一种高性能塑胶炸弹的残余物。炸弹名为塞姆泰克斯，是军火界最负盛名的塑胶炸弹，也是最受恐怖分子青睐的一种产品，一般的安全检查仪器对它无能为力。炸药被放置在一个手提箱里，与录音机连接。而录音机，就是这枚炸弹的计时器。

以上这些内容，都不难从曾经参与"洛克比空难"调查的前 FBI 探员理查·马奎斯（Richard A. Marquise）所著的《证据与洛克比调查》（*Scotbom: Evidence and the Lockerbie Investigation*）一书中找到。书中，马探员盛赞了这次国际刑侦合作的成功，不过，他同时也将当年 FBI 与英国警方的合作共事形容为"非常密切，虽然并不能总保持一致"。

那么，当年可谓沆瀣一气的英美，双方分歧又在何处呢？马奎斯没有很清楚地告诉读者。倒是皮尔斯在《伦敦书评》的文章，提到了几处细节：最开始，搜救工作是在苏格兰警方和当地居民的协力之下进行的。纯朴的苏格兰小镇居民认为，既然飞机是在苏格兰境内掉到地上的，还伤及了苏格兰居民，那么此事苏格兰就算管定了。

　　但很快他们就发现，这事自己是很难"管"起来的。没过多久，一些身着泛美航空员工服的人士来到现场调查取证。但这些无论搜集情报还是调查取证都极具专业素质的人，与其说是航空公司员工，不如说更像是国安局的情报人员。看到空中不断增多的飞机和地面上不断增多的调查人员，洛克比当地居民感到事情正在逐渐起变化，因为他们发现，这些既不归英国约克郡警方管辖也不归苏格兰管辖的"入侵者"们，基本上把大到机身碎片，小到乘客衣衫纽扣的物件一股脑全都带走，而其他人可以说是毫无机会接触这些证物，更不要说参与调查了。实际上，苏格兰，此时已经被踢出局。

　　经过两年多时间的调查取证，直到 1991 年 11 月 14 日，美英两国才宣布了洛克比空难的调查结果：空难是由两名利比亚情报人员制造的。一位是前利比亚航空公司驻马耳他办事处主任阿里·穆罕默德·迈格拉希，另一位是他的同事拉明·哈里发·弗希迈。他们将藏在一部东芝录音机里的炸弹行李从马耳他送上了 103 航班。

　　然而，皮尔斯的怀疑此时才真正开始。她提出了调查中几个耐人寻味之处，首先是怀疑对象的问题。"洛克比空难"的调查人员们，似乎对谁是坠机策划人的取证，有些因果倒置。也就是说，并不是因为调查方取得了怎样的证据，然后借此推论出谁是真正的嫌疑人，而是将整个逻辑颠倒过来，先怀疑，或者说先"内定"凶手是谁，再尽量拼凑出支撑自己观点的材料。马奎斯的话几乎代表了每一个调查人员的态度："我知道还有什么人也牵连进来了。只是 FBI 和警方暂时没找出证据可以指认他。"

　　当然，对"谁是凶手"的设定绝不会是凭借调查人员的心血来潮加以最后拍板，显而易见，背后的政治力量才是真正的"话事人"。其实自飞机坠毁以来，就有多个国家上了调查人员眼中的"黑名单"，巴

勒斯坦人民阵线总指挥部（Popular Front for the Liberation of Palestine –
General Command），以及伊朗、叙利亚等国都榜上有名。尤其是巴勒
斯坦人民阵线总指挥部，这个由阿荷曼·基利尔（Ahmed Jibril）领导
的组织，自 20 世纪 70 年代就不断策划各类飞机炸弹袭击，并且，在
空难前两个月，他们曾经被查出在德国法兰克福地区使用过与泛美
103 号残骸中发现的"录音机炸弹"非常类似的设备，因而嫌疑重大。
1989 年末的《星期日泰晤士报》甚至刊出报道，以不容置辩的口气一
口咬定此事乃人民阵线总指挥部所为。

　　但数月之后，风云突变。1990 年 4 月，萨达姆·侯赛因入侵科威特，
此举至少危及美国 10% 的原油供应以及西方国家在整个波斯湾地区的
利益。原先在两伊战争中支持伊拉克遏制伊朗的美国，此时开始考虑
更换它的盟友。

　　于是，美国主动缓和了与伊朗的紧张关系，而之前被视为恐怖主
义国家的叙利亚则成了美国在中东地区遏制伊拉克的主要军事盟友。
值得注意的是，巴勒斯坦人民阵线总指挥部的总部，就在在叙利亚首
都大马士革。因此，伊朗和巴勒斯坦的名字也就从嫌疑名单中被除去
了，置换它的，便是三番五次向美国叫板，在西方眼中"很不听话"
的利比亚。

　　由此观之，美英两国历数利比亚的"罪恶"，其实是有一定的政治
前提的。但是马奎斯仍然在他的书中始终坚持自己的感觉，他坚信恐
怖组织的成员一旦被德国人拘捕便无法完成任务，所以他们索性把袭
击计划转让给了利比亚。而皮尔斯对这种先入为主的见解感到很荒谬。
她认为在这种目的性过强的假设背后，其实上是政治对于司法的操弄。
因为在被国际社会勒令交出恐怖分子之后，利比亚越是大喊冤枉，美
英就越有理由对其进行贸易禁运和经济制裁。

　　这种分歧不难解释。在政治策士们眼里，法律基本上只是政治的

一个附属品，一种"抵达"某种利益的途径。但在法律专业人士看来，所谓司法独立于政治而独立存在，不受外界政治力量干预，此乃不证自明、不容挑战的公理。皮尔斯毕业于伦敦政治经济学院，笃信市场自由与司法独立的她自然不会例外。

根据她的分析，"洛克比空难"的很多"证据"都存在漏洞。就拿探员海耶斯发现的录音机炸弹残骸为例。根据他当年的最初证词，残骸是在飞机的底层运货仓被发现的，而调查的结果又显示爆炸应该发生在货仓最上层，因为炸弹是从马耳他进入德国的，当飞机中途在法兰克福降落时被作为货物装上飞机。很明显，这其中必然有人撒谎。此外，海耶斯将所提供的证据上交后，直接负责的 FBI 探员托马斯·瑟曼并没有及时记录那块碎片的影像资料，后来根据海耶斯对证物的描述所作的记录，偏偏又在资料归档的时候遗失。

耐人寻味的是，在 2000 年出庭作证时，海耶斯却又改口，称自己是在货运仓第二层找到的录音炸弹残骸。而且在后来第三国境内临时的苏格兰法庭里，除了庭内的三位法官之外，并没有陪审团人员到场。海耶斯"对口供"的行为也就没有得到更多的质问，最后不了了之，迈格拉希最终被判有罪。这在与法律打了一辈子交道的皮尔斯看来，真是滑天下之大稽：既然审讯期间苏格兰拥有该处地方的主权，在苏格兰法律下管治，那么依照海洋法系统的惯例，审判是必须要陪审团在场的。这种没有陪审团的审判，在她看来，不仅结果无效，而且本身就不合法。

"到底谁应该对空难负责？"皮尔斯认为应该重新调查此案，在符合法律精神的前提下找出真凶。但她几近天真的意见，又有谁会倾听呢？马奎斯已经以 FBI 探员的身份为这个事件定性了：恐怖袭击。而现在，"恐怖主义"这个词几乎保证了它不会受到法律屏障的制约。

多年前的《华盛顿邮报》有篇文章，称在空难调查的过程中，时任美国总统的里根曾多次与英国首相撒切尔夫人秘密通话，告诫她考虑到美国在黎巴嫩的人质安全，千万不要触怒中东国家。当时热衷于和美国一道构筑"自由经济体"的英国当然言听计从。而如今自作主张释放利比亚特工的英国，背后的动机是为了利用利比亚解决迫切的能源危机。其实说到底，两者都是一种"利益结盟"的政治算盘。这就是英国式外交的逻辑：一方面尽量不要得罪自己的盟友，但实际的利益，即便算尽机关也是一定要弄到手的。至于20多年前洛克比上空那声震耳欲聋的巨响，虽然至今仍留有余音，但其间已经夹杂了太多政治的、外交的，乃至利益争斗的杂音，它本来是什么，反而没有人清楚了。

那个热爱中国的老外

英国人李约瑟与中国的"邂逅"是颇为浪漫的。根据西蒙·温彻斯特的叙述，这一切开始于他对一名中国女子的爱情。这名女子就是来自南京的鲁桂珍，抗战初期，她因仰慕李约瑟夫妇两人在生物学上的成就，远赴英国剑桥留学。李约瑟对她一见钟情。就在两人"越过友谊界线"的那晚，李约瑟学写了他的第一个中文字——"菸"。之后，约瑟夫，这个来自苏格兰家庭的独生子，自取中文名字"李约瑟"，并对中国文化产生了与爱情一样激烈的痴迷。

李约瑟的最新传记《热爱中国的人》便是以这样一个爱情故事开始。传记的作者西蒙·温彻斯特早年从事地理学研究，他曾在《卫报》当了 20 多年的驻外通讯员，足迹遍布世界各个角落。1995 年，温彻斯特第一次听说了李约瑟的名字，当时他正在撰写一部有关长江航运的书籍，一个偶然的机会使他读到了《中国科学技术史》第四卷介绍中国古代船只的一章。当时，温彻斯特为自己对古代中国文化的孤陋寡闻感到汗颜，并对李约瑟和他的中国研究逐渐产生了兴趣。

中国对李约瑟的吸引力，是温彻斯特心中挥不去的疑问。他参考了大量李约瑟的日记，其中既有他非传统的生活方式、开明的婚姻和许多婚外恋情，也有他穿越中国的异域情调的冒险之旅。同时，温彻斯特是一个善于讲故事的人，在他笔下，李约瑟的一生，毫无学者生活的枯燥与刻板。这部生动的传记想要询问的是，到底是什么使得李约瑟一心扑在"中国"这个问题上。

在剑桥认识了自己未来的第二任妻子鲁桂珍以后，1942 年，粗通汉语的李约瑟出任英国驻华使馆科学参赞，兼任英国驻华科学考察团团长。他在重庆组建了中英科学馆，这是抗战期间中英合作的项目。李约瑟的使命，是为当时受日本封锁的中国科教界提供物资交流与信息沟通。这次中国之行，对李约瑟而言是一个饶有兴味的探究过程。他努力让自己融入中国的文化，坚持使用"李约瑟"的名字，而不喜欢别人根据译名叫他"倪德汉"。温彻斯特用了大量篇幅来描述他作为英国科技参赞被派往中国，在陪都重庆驻扎的 3 年多的经历。在战乱中跋涉了 4 个月才由伦敦抵达昆明之后，李约瑟立即由衷地、全方位和无保留地爱上了中国。

　　某种意义上，李约瑟对中国的爱产生于他和初到剑桥的鲁桂珍的一次刻骨铭心的浪漫爱情。

李约瑟在战时的中国跋山涉水,遍游云南与缅甸边境的热带森林,后来又驾车驶过 10 多个省,西北去过陕西、甘肃,东南到达广东、福建。温彻斯特认为,这同李约瑟性格里的探险精神不无关系。他骑着驴子去看千佛洞,挤进一辆装满难民的火车冲过一座即将爆炸的铁路桥……然而,他的胆量和冷静兼具的头脑,同样融入了对中国科学史的研究中。李约瑟自己曾说过,中国之行"注定了我今后的命运,除了编写一本过去西方文献中旷古未有的中国文化中科学、技术、医药的历史专书,我已别无所求"。

爱就一个字,而表现各异。北洋时代的英国驻华公使酷爱中国文化,爱得来到处搜罗中国古玩器具,甚至连烟枪、痰盂也不放过。烟枪回赠英国人,白底青花痰盂则放在桌上插花。"爱"到深处,总会有点病态。但李约瑟对中国的爱,其表现则与当年的公使先生大异其趣。1948 年回到剑桥后,李约瑟名义上回归旧职,依然是生物化学教授,但实际上他已完全专注于新的事业,开始将自己这些年在中国的研究以及对于中国这位"恋人"的爱付诸笔端。李约瑟原计划在 1954 年出版 2 卷本的《中国科学技术史》,但随着研究计划的不断扩展,到 1995 年李约瑟去世时,《中国科学技术史》已经出到了第 18 卷,并且数量至今还在不断累积,足见"爱情"的历久弥坚。

众所周知,《中国科学技术史》这部巨著,彻底推翻了长期称霸国际史学界的"西方中心论",为中国古代科学史谋得了一席之地。其中记载的中国科技文明的辉煌历史,几乎囊括古代科技的各个方面。李约瑟写作此书,除了要匡正西方人认为中国落后的偏见之外,更重要的是,他希望在写书的过程里,找到一个问题的答案,那就是:中国如此先进的科学传统,为何在 16 世纪以后一蹶不振,而完全没有发展出可与西方分庭抗礼的现代科学?

李约瑟的对中国科学编史学的贡献,也因为这一开放式的"李约瑟问题"而显得伟大。至今，这一问题仍被学界激烈地讨论着。不同领域的学者试图从不同的角度，提出对此问题的解答。不过，李约瑟自己从未预备一个最后答案给我们，至多也只曾含混地列举说，中国庞杂的官僚体制，使得中国文化重伦理而轻自然，有科技而无科学，以作为众多答案中的一种。可见在"李约瑟问题"的语境里，作者让后来者延续这段"与中国的爱情"的可能。

当然，这本登上了《经济学人》中国畅销书榜第二名的传记，"阐释"得最多的还是李约瑟卓尔不群的个人生活：他的早年的裸体主义和左翼思想，他与妻子和鲁桂珍的三角爱情关系，他对雪茄烟和甜食的嗜好等等。李约瑟在麦卡锡时代的一些偏激言论使他一度不见容于西方世界，其名也因政治打压而不彰显。因此，作者撰述这本传记的目的就不仅仅是消弭国界、关注更多非西方文明，而是要将李约瑟的人生重新展现在世人面前。

李约瑟的丰富人生和广博思想，远非一本单纯的传记所能回答。正如文章开篇提到的，李约瑟的思想源自他的博爱，李约瑟无法释怀的，是中国的文化，中国的生活，以及让他爱上中国的那段爱情，在《大西洋月刊》的一篇访谈中，温彻斯特这样描述他创作此书的感受："写作……就像是一些十分珍贵却被我们忽略已久的东西，它们是真正能打动人的故事。现在，我们再次将这些东西发掘出来。"作者为我们书写的，是一个过去缺少细节、于今更为真实的李约瑟。我一直认为，中国人对李约瑟的理解似乎过于"科学化"和"技术化"了，相反，一个拥有真情实感、拥有"爱"的李约瑟，或许有助于我们弥补上"李约瑟拼图"那缺失的一角。

"奇趣"文学手册

　　文学何来"奇趣"？看罢题目，读者难免有此一问。传统观念中，用来"立言"的文学历来被视为大业和盛事，仿佛非正襟危坐不能谈论之。而咱们谈论文学，动辄便是"鲁郭茅，巴老曹"，一碗水端平，何"奇"之有？身为资深书评人兼文学教师的约翰·萨瑟兰（John Sutherland）却在《文坛异闻录》（*Curiosities of Literature*）一书中提醒读者：别忘了，文学还有源自生活之中、出乎文本之外的一面。批评家的任务除了纠缠于对文本的"诠释与过度诠释"之外，也不要忽视了"诗外功夫"。

　　显然，萨瑟兰自己的"功夫"，大都用在了"诗外"。在他的旧作《如何阅读一本小说》（*How to Read a Novel*）中，身为前布克奖评委的萨瑟兰向大众提出了一个尖锐的问题：为什么让现在的读者阅读一本小说比让他们自己写一本还难？他自答说，大量的改编影视作品使得年青一代不愿直接阅读原著，更不用说去了解文学背后的故事了。而萨瑟兰自己的作品，恰恰试图告诉读者文学背后那些有趣的人和事。记得年初读萨瑟兰在《卫报》的专栏，发现除了他对《泰晤士报文学增刊》一些"非本报立场"的意见之外，通篇皆是掌故，当下即惊为天人，心想这位老先生如着力出一本"书话"或文坛掌故类的集子，当蔚为可观。果然，作者在年底之前推出本书，为英国读者解颐。

不过，若仅将此书视为出版商针对圣诞节市场而推出的快餐读物，未免太过轻巧。萨瑟兰在序言里便表明自己写作的动机是受到了文学家艾萨克·迪斯雷利（英国19世纪著名的文人首相本杰明·迪斯雷利之父）《文苑搜奇》一书的启发。说到此书，想来中国读者并不陌生，钱锺书在《管锥编》和《旧文四篇》的脚注中对此书多有引用（《管锥篇》中，"迪斯雷利"被钱氏译作"狄士瑞立"），钱氏治学多而杂，博而精，能如此看重此书，足见此书"干货"之多，内容芜杂丰富之甚。萨瑟兰也自承他创作此书很大程度上是为了完成迪氏的"未竟之功"，因为尽管《文苑搜奇》在1791年到1823年间多次再版，成为文学青年一时之选，但怎奈其年代久远，篇目错舛时出，加之出版尚早，未足令读者耳20世纪新文学之语。萨瑟兰发愿说，作为书评家的自己有必要及时出手，为迪斯雷利的著作写一段20世纪的"番外篇"。

事实上，爱书之人的确能在字里行间发现众多20世纪不为世人所知的欧美"文坛轶事"，它们可能是逗乐的、随意的、琐碎的，甚至带几分戏谑和嘲讽。在本书中，你能读到以下看似不大"严肃"的问题：E.M.福斯特是首位将快餐（fast-food）写进小说的作家吗？哪位美国总统使得伊恩·弗莱明一夜成名？作家们都用什么牌的打字机？哮喘与文学天赋有什么关系？克隆狄更斯在科学上可行吗？……萨瑟兰却突然板起面孔说，虽然"连最不严肃的读者都会觉得此书有些地方写得不够严肃"，但恰恰是这些看似无涉宏旨的奇闻逸事，比庙堂里的文学史更能说明文学作品与作家在过去百年的实际遭遇与命运。

举一个例子。去过西敏寺参观的游客基本上都把"诗人之角"视为文学圣地。事实上，并非每位英国作家都希望安葬于此。小说家托马斯·哈代去世时，按照遗愿，他希望将自己安葬在威塞克斯，不过当时的英国首相鲍德温是个哈代小说迷，他认定了哈代"属于全英国人民"而执意要把他葬在西敏寺的"诗人之角"。对于如何处置哈代的遗体，人们莫衷一是，最后妥协的结果是将哈代的心脏从尸体中挖出，埋葬在斯廷斯福德教堂（Stinsford），而他的骨灰却被送往了西敏寺。历史上，遗体受到"分而葬之"的作家并不止哈代一人，诗人拜伦、雪莱都曾享受类似"待遇"，只是，当他们的心脏葬于别处而遗体被运往西敏寺时，竟然因故遭到了拒绝。但问题马上来了——哈代的心脏被人从尸体里刨出来时，时间已经进入了 1928 年，英国早已进入现代文明时代，好多民众对"分尸而葬"的做法感到十分恶心，认为此野蛮之举与现代文明格格不入。当年伦敦的酒吧和咖啡店里，人们对此非议颇多。英政府感觉此做法欠妥，遂决定下不为例。哈代也就此成为最后一位遗体被分葬的英国作家。这段不为正统文学史所道的往事，从另一方面透露着百年来英国社会与人心的某些细微变化，此亦为文学史家所不察。

同时，萨瑟兰也不忘在书里为一些历史旧账"翻案"，例如针对桑塔格等人认为《失乐园》的真正作者是弥尔顿的三个女儿，而不是弥尔顿本人。萨瑟兰一口咬定说那只是"60 年代以来女性主义的一相情愿"，至于他的证据是什么，恕笔者不能透露太多，否则阅读过程的"奇趣"会因此损减。

亚里士多德在《修辞学》中有言：文学之用在于"给平常的事物赋予一种奇趣的氛围"。在这个连文学也被数字化的时代，还有多少东西是能让我们感到"奇趣"，让人慢慢品读之后会心一笑的呢？在索尼每年都推出新的电子阅读器，人们的阅读习惯不可避免地朝着《美丽新世界》的预言发展的情况下，萨瑟兰似乎更喜欢"回头看"——在过去的这个世纪，纷杂的文学界究竟发生了什么，这些变化又是如何与社会发展纠结于一体的。

　　然而，尽管作者在动笔写作前曾发了类似"继承迪斯雷利遗志"这样的"宏愿"，但萨瑟兰此书的叙事也许并不那么"宏大"，自铸"希腊小庙"的成分更多一点。《卫报》有一篇书评将《文坛异闻录》比作"包含所有书"的"沙之书"，这样的称颂是否恰当，至少博尔赫斯先生会在另一个世界持保留意见，而至于此书是否完成了迪斯雷利的"未竟之功"，还是留待那些"有历史癖和考据癖"的读者作判断吧。

我们需要绅士精神吗？

在北京的某条路边闲逛书摊，见摆着不少所谓的绅士时尚杂志，随便一翻，里面讲的尽是些穿衣吃饭之事，其中有一本居然在封面发愿要培养中国当今的绅士生活方式。真是幽默，教人西装和领带该买什么牌子就等于培养出了绅士的生活方式？这种逻辑要是被真正的绅士听到，只会引来他们鄙夷的讪笑。

绅士们总是西装革履，这不假，但仅仅西装革履，只能算模特。绅士的外在仪表有固定的讲究，本文不谈，去书摊翻那些男性精英杂志就能模仿个八九分相似，但绅士的内在"配套设施"则需要具有一种精神，言谈举止都必须符合这个精神，以求表里如一。这种纯正的绅士范儿，从中国书摊的杂志上是学不来的。

通常，绅士阶级容易给人造成一个误会，那就是他们整日养尊处优、无所事事，活脱脱的二世祖。凡尔纳《环游地球80天》里描写的英国绅士斐利亚·福克，就给人这样的印象。福克先生没有正式工作，也不从事金融投资，整天呆在伦敦的绅士俱乐部里看报纸喝茶，仿佛绅士的唯一标志就是闲暇。不过，凡尔纳本人就是一位令人敬佩的法国绅士，他当然不会如此解读绅士精神的真意。仔细读小说，你会发现福克虽然沉默寡言，但是举止优雅、待人正直，被周围的人视作道德楷模。因此，当他与人打赌说自己要在 80 天内环游地球时，对方仅凭借他令人景仰的绅士风度，就完全信任于他，而不把他视为一个诈骗犯。

福克身上的绅士精神为何会有如此巨大的感召力？这是因为绅士的教条，全是建立在一套相互信任的道德共识上，一个被人称为绅士的人，一定是一个受过优等教育，且具有强烈信托责任感的现代公民。也许，你会说这只是小说里面的虚构人物，和现实的情况还是有所差距的。其实不然，历史上的绅士精神，就承接自古代的骑士精神。而一名骑士的信条，就是要忠诚勇敢，更重要的，是要有心怀他人的侠义心肠。

英国人爱德华·伯曼在他的《绅士生活》一书中为我们梳理了绅士精神的源流：古代的骑士为他们君主的利益在战场拼杀，忠心耿耿，但在战场之外，骑士的生活又充满浪漫，他们向淑女求爱，向恶徒拔剑，怀着一颗兼济天下的心，奔走四方。1413 年，英国国王亨利五世颁布一则申报财产的规定，文中第一次用了"gentleman"（绅士）这个词，其所指就是骑士家庭里的年轻男性们。自此，"绅士"也逐渐脱下骑士们那厚重发霉的盔甲，成为一种独立的人格品质。

按照英国旧的贵族体系，骑士阶层排在最末端，准确地说，还算不上贵族。但在亨利八世时期，英皇与罗马教廷决裂，原本属于教会的修道院和土地被没收，于是，没有土地的骑士阶层和新兴的商业阶层纷纷购买这些土地，变得和旧时的贵族一样有了地产和身份。这个时候，他们名正言顺地开始叫自己"绅士"。这些由骑士变来的绅士，在维多利亚时期，控制了英国议会的下议院，为帝国的走向出谋献策。他们恪守的那套行为价值观，就被人称作"绅士精神"。

伯曼在书中描述说，绅士精神，通过伊顿、哈罗这样的英国公学得以延续至今，又乘着帝国海军的船队传遍了世界。绅士们富有而具情调，原本单调的生活通常会被他们点染、装扮得具有品位。那些未开化的民族看到了，误以为这就是绅士生活的全部，因此拼命仿效，却始终画虎不成。这是因为他们只晓得羡慕绅士的锦衣玉食，却从没思考过绅士肩上所承担的责任。这些仪表堂堂的男人们，并不一定是巨商富贾，但他们中的很多都在英国政府的海外部门或者商业机构任职，为了帝国的繁荣，满世界奔波，这就像从前的英国骑士们，为了君主的利益驰骋沙场一样。绅士们心知肚明，英王就是个摆设，实际上在供养自己的，是英帝国的大众，因此，为了帝国子民的荣光，受过最好教育、最有能力的他们责无旁贷，冲在最前头。绅士精神最大行其道的时候，正是英国历史上最辉煌的维多利亚时代。

在维多利亚时代，英国贵族崇尚猎狐运动，有钱的绅士们在闲暇时亦效仿之。但进入 20 世纪末，动物保护组织和人道团体强烈谴责血腥的猎狐，致使政府立法禁止了这项运动。有英国人感叹说，英国绅

传统的英国绅士常以西装革履的形象示人。

士的旧习俗将不保，绅士阶层已没落。实际上，数百年来，绅士的精神早就融入了英国中产阶级的血液之中，区区一项猎狐运动又怎会使它没落？然而，这种不着调的感叹放在我们国家则是再正常不过。我们缅怀前朝遗老，爱的是他们玩过的玉器琅琊、古玩字画，却没有嗅出这些旧时代绅士们身上散发出的那种古朴、谦逊和责任感。我们时常哀叹贵族没落，却并不知道在一个成熟的公民社会，人人都是贵族。

看来，中国人爱说的"Ladies and 乡亲们"不是一句调侃，而是自况。改革开放 30 年，一部分人一夜暴富，遍地英雄下夕烟，冒出了 N 多土老财。这致使"乡亲们"太多，而真正的"gentleman"凤毛麟角。这真是人间悲剧。过去，绅士精神约等于不让提倡的封建主义和修正主义，但现在我们终于明白，它说穿了其实是一种对社会的责任意识。要成为一名绅士，先得成为一位公民，只有具有公民的责任感，我们才不会把买没买"dunhill"的西装拿来判断一个人是否是绅士。抛弃时尚杂志里的"dunhill"吧，绅士是拿钱买不来的。

像英国中产阶级那样生活

我遇到过的英国人似乎都有点"腼腆"。说他们腼腆，实际上是因为这些人无论说话还是做事始终显得模棱两可，有时甚至过于谨慎，给人一种极度内向、不善交流的错觉。后来我才慢慢了解，原来英国人并非天性内向，或者不善言辞，只是他们的言行无一不遵从于英国社会千百年来形成的一套独特而烦琐的社交规则，而在我们这些"老中"看来，这些规则难以理解罢了。换句话说，想要和英国人有深入的接触，首先就得适应他们这一套奇特的说话和行为习惯，并且还得按照这一套不成文的"潜规则"来说话和思考。

作为读"人教版"英文课本长大的一代，我们从小就被老师告知，当你听不懂从老外嘴里冒出来的一连串英文单词的时候，应该对对方说"Pardon?"，这在我们看来是最简单不过的英语常识，然而，在现实中，当我招架不住聊天中那一连串含混的英文，而随口说出"怕等"时，金发碧眼的英国小伙本（Ben）马上讥讽我说话"很矫情"。我却自觉冤枉：连英文都没能听懂，哪还有闲工夫矫情？

一问之下，得知原委。"Pardon"这个词，虽然按照字面解释有"我没听清，请您再说一遍"之意，但"Pardon"的原意却是指古代君主、主教等上层阶级对犯人的"宽恕"和"原谅",因此,当一个人说"Pardon"的时候,他就好像在咬文嚼字地说:"请见谅,在下未曾听清。"如此看来,这种说法的确有"矫情"之嫌,不过,更为重要的是,这种表达方式能够体现出说话人的社会地位。像"Pardon"这类英文,通常会出现在今日英国下层阶级的谈话中。英国的中产阶级和上层阶级往往会使用更直白的"Sorry"和"What"来表达相同的意思。

这是个很有趣的现象,如果仔细观察,你会发现英国人不仅认为"Pardon"这个词是不妥的,同样,当你想管餐厅服务员要"餐巾"时,也只能用"napkin"而不是"serviette"这个装腔作势的法语词,否则也会被人视为下层阶级。推而广之,这样的道理也出现在英国人生活的其他方面,比如中产阶级会把房间布置得干净整齐、但从不把屋子搞得珠光宝气,他们认为这是底层阶级干的事;生活富裕的中产阶级上层,从来避讳露骨地谈钱,只有那些出身低微的下层劳工,才会对钱财斤斤计较……所有这些奇怪的英式"言行潜规则"被牛津大学的社会学家凯特·福克斯总结为:一种英式的"伪善"。不过,这种"伪善"的背后,却牵连着英国人独特的思维模式、民族理念和一套行为的"语法"。

在《英国人的言行潜规则》一书中,凯特·福克斯通过大量的社会调查,把英国人各种难以被人理解的社交规则作了归类和总结,她认为,所谓的"英国性格"主要体现在英国人的"社交拘泥症"。例如,人们说话时的用词总是那么节制、总是以自嘲为幽默,以及那种带有虚伪性质的彬彬有礼等等。但内敛得过分,便落得迂腐可笑。伊夫林·沃写过一篇故事,大意是说一艘国际游船触礁将沉,船长乘坐唯一的救生艇早早开溜,留下一帮来自欧洲各国绝望而愤怒的船客。众人聚集在甲板上哀嚎哭喊之时,只见一位西装革履的英国人叼着烟斗,缓步走向船的边缘,镇定地整整衣领,然后自沉于海底。大难临头仍不忘"装腔作势"，英国人果然有一套。

这种过于"拘泥"而不近人情的行为表现，从表面上看是体现出了英国人追求中庸与谦和，凡事小心谨慎的民族性格，然而这种民族性，千百年来始终围绕着一个主题展开演变，那就是英国人，尤其是英国的中产阶级如何理解自己的阶级属性。

说来也奇怪，英国人对阶级的理解和人们通常采用的"按收入划分"并不相同。这一点，英国人和他们的"近亲"美国人大不一样。美国学者米尔斯在1951年出版的著作《白领——美国的中产阶级》中曾提出，由于现代社会机械化和农业劳动生产率的提高、城镇小生产者逐渐让位于大型产业公司，这使得"旧的中产阶级"被新的中间阶层所取代。米尔斯所说的中产阶级，从一般社会学角度出发，更像是在描述那些生活讲究、收入不菲的白领精英们。但是，英国人可并不这么认为，他们在询问自己属于什么阶级这个问题的时候，一点也不"唯物"，而是彻底的"唯心主义"。简言之，那就是只要一个人保持了中产阶级的生活习惯，那么不论他收入多寡、地位高低，都可算作"中产"之列。"吾欲中产，斯中产至矣"，我想，孔圣人设若生于不列颠岛，定能说出这番话来。

有了这种"人人皆可中产"的阶级观，那么一个英国人便不必如此在意他的收入和工作了，相反，保持一种中上层阶级的社交礼仪，成了一种显示自己身份的"门面功夫"。但对"身份"二字十分敏感的英国人也认为，这一桩"门面功夫"不能操作得过于刻意，以至于让他人察觉到这是底层阶级的下等人在东施效颦，装模作样。假如被人目为此类，那对于一位地道的英国佬来说简直是比脱光了游街还要大的耻辱。因此，人们在日常生活中，也就对这一系列烦琐的"言行潜规则"尊崇备至，践行之时，也不敢越雷池半步，生怕被他人抓住把柄，沦为茶余饭后的谈资。难怪萧伯纳当年讥讽说，你根本找不到一个做错了事的英国人，因为"他无论做什么都是根据原则办事的"。

至此，我终于明白自己在英国佬眼里是一位多么没有品位可言的"普罗列塔利亚"了。我平时总是把自己的房间收拾得干干净净，被子也叠得蛮好，但英国的室友看了，却觉得这简直是底层人刻意想证明自己属于中产阶级的结果；当我穿着运动服慢跑的时候，胸前那醒目的"耐克"标志同样会被中产阶级视作大忌，正确的穿衣方法是不穿有明显商标的衣服；而当我试图帮朋友清理汽车凌乱的座位时，遭到了一口回绝，原因是中产阶级的汽车内需要一种"刻意"的凌乱；最后，我被这一套可恶的规则搞得忍无可忍，说了声我要回家（home），意欲离去，但梦魇又立刻显现了，因为有人告诉我，有品位的中产阶级只会以"house"或"property"来指称"家"，而"home"显然是下层阶级的一个词汇……

但有时我会怀疑，这样一个具有强烈到几乎"变态"的阶级观念的社会，到底存在的价值是什么。凯特·福克斯在书里这样为英国人的阶级观辩护："英国基于阶级或出身的社会体系，与美国'精英统治'的主要区别在于……在前者的体制下，有钱人与有权人会有更强烈的社会责任感。"这一套"英国特色"的中产阶级社会潜规则是否必然会培养出英国上层人士的社会责任感，本文存而不论，但至少，这样恪奉规则的社会无疑能让人具备一种根深蒂固的观念，那就是一个人的社会阶级地位并不取决于他的收入，而是由他的言谈、礼貌、行为习惯决定。

诚如凯特·福克斯所言：一位操中产语言，用中产阶级行为方式做事的人，即使穷困潦倒、面临失业，他仍是一个不折不扣的中产阶级。相反，一位说话粗俗，毫无品味，行为鲁莽的人，即使腰缠万贯，他也是个下层阶级。如今回到国内的我，目睹周围种种，再回读她这番话，不仅丝毫不觉得英国人虚伪，反而切实感到了他们的真诚。

约翰·伯格：有故事的人

《约定》、《讲故事的人》、《我们在此相遇》，国内出版社推出英国作家约翰·伯格（John Berger）的三部中文译作，刚好为我们构建了一个叙述场景：读者与故事讲述者像是一对情人，事先约定好了见面地点，尔后双方如期相遇，正式开始了约会——虽然这是一个迟到的约会。按理说，两个月之前这三本书都应该相继面世，付梓之际唯独欠缺梁文道先生的一篇总序，而梁先生又极重视约翰·伯格这位"西方左翼思想的传人"，故而对于这篇序言反复斟酌，不肯轻易下笔。

梁先生在序言里特别提到了约翰·伯格身上的欧洲左派知识分子传统。他认为，在经历过冷战、苏东剧变这"两次对西方左翼知识分子的打击"后，能够存活下来并持续发挥影响力的欧洲知识分子，伯格算得上是其中最重要的一个。"一手投入公共领域的锋锐评论，另一手则是深沉内向的虚构创作"是这位"讲故事的人"多年来的最佳写照。

约翰·伯格的"故事"到底讲得好不好，先存而不论。但是，一个好的故事讲述者，首先必须是一个"有故事的人"。而约翰·伯格自己的故事，则要从 20 世纪 50 年代讲起。

那时，二战后复原的伯格已经完成了在切尔西艺术学院（Chelsea

School of Art）和伦敦中央艺术学院（Central School of Art）的学习，开始以画家的身份进入公众的视野，在伦敦的多个画廊举办展览。有7年时间，他还兼任着绘画教师的职位，开始为英国著名的时政杂志《新政治家》（*New Statesman*）撰写艺术批评。但伯格却一写而不可收，所论及的话题也逐渐由艺术扩展开去，涉及政治、文化，以及人们社会生活的一些重大主题。

1958年，伯格发表了他的小说处女作《我们时代的画家》（*A Painter of Our Time*），作品以半日记体的形式讲述了一位虚构人物匈牙利画家亚诺·拉文（Janos Lavin）的流亡故事。伯格把小说背景设定在伦敦，其实是想让其更符合他当时的生活境况。谁知，让政治气温降至冰点的"冷战"却让西方激进的右派们头脑发热过度，认为伯格是在为社会主义国家说话。联邦德国的反共组织，"文化自由代表大会"（Congress for Cultural Freedom）给出版方施压，使得此书仅上市一个月便被迫收仓入库。

20世纪50年代，欧洲的右派不仅"右"，而且还"右"得莫名其妙，由此可见一斑。这件事，也让从小就思想左倾、出身底层的伯格情感上更加倾向马克思主义。在写完两部展示英国腐朽空虚的都市生活的小说之后，伯格在1962年"自我流放"离开了不列颠，移居到法国乡间。

真正让伯格名声大噪的，要算是1972年他为BBC拍摄的艺术系列片《观看之道》（*Ways of Seeing*）。这部《观看之道》，其实深烙着时代的印痕。电视片的开始，伯格用裁纸刀从波提切利的名画《维纳斯与马尔斯》中切割下维纳斯的头像，用带着几分神经质的声音对镜头说："观看之道，其实并非出于观看者的自发，而是很大程度上取决于人们的习俗……"

《观看之道》中，洋溢着伯格对于资本主义影像技术的批评。他认为，20世纪50年代以来的现代绘画和摄影技术，已经背离了14世纪以来西方绘画的传统。传统油画中那种活生生的历史感，已经被精巧设置的场景与构图所取代。这些画面不是建立在一种对于"所有物"的观看之上，而是建立在一种以个体、以物质消费为中心的基础上。大众摄影术的泛滥使得一切场景都像是一种广告，"观看"的背后，显示出的其实是一种资本主义向普罗大众推销的白日梦。

但与一般被封为"左翼"的欧洲知识分子相比，伯格又有所不同。20 世纪初期，费边主义在英国工党下议院议员以及知识分子中间有着不小的影响力，随着 30 年代不断涌现的左翼读书俱乐部以及新费边研究社的成立，左翼思潮的影响力更是达到顶峰。然而，尽管有不少标榜社会主义的读书人，英国的知识界却并没有形成欧洲大陆所谓的"新马克思主义"。对于实证主义思维方式的恪守，让英国人更愿意将社会主义理念体现在政党间的议会辩论上，而不是将之束缚在学校的高墙深院里。所以，在德国、法国版的"文革"上演时，英国"工人阶级"政党的领袖哈罗德·威尔逊的位置却是岌岌可危。

而向来都是独来独往的约翰·伯格，一方面长期"在野"，此外他的思想也并不属于任何一类学院派。这使得伯格的马克思主义是一种非常个人化的"主义"，确切点说，伯格其实是不屑以"马克思"来给自己贴金的。在尖锐的公共知识分子和对写作深度的追求之间，伯格始终保持着一种平衡。

这或许就是伯格的迷人之处。在 20 世纪 80 年代铁娘子撒切尔夫人残酷镇压英国煤矿工人罢工期间，伯格并没有如众多庸俗的左派人士一样，通过游行、集会、扯横幅、睡马路、与警察干仗等节目来标榜自己的立场。他通过克努德·斯坦普（Knud Stampe）等人创作的英国矿工的写实派画作，找到了为这一历史事件塑形的方法。

在《约定》中，收录了他当时为英国矿工所作的一篇文章，伯格在文中认为，将艺术与政治割裂的评价体系完全是一种谬误，"艺术审判那审判之人，为无辜之人申冤，向未来展示过去的苦难，因此它永远不会被人遗忘"，并宣称"有权势者害怕艺术……因为它最终与正义密不可分"。因此，这些描绘英国矿工状况的作品，实际上已经成为人们保存这些"时代英雄"的最佳载体。

伯格评价艺术的一个出发点，就是认为政治与艺术始终有着某种联系。这种联系随着时代变迁会呈现或明或暗的变化，却不会消失。他深为19世纪末法国乡村的艺术家费迪南·谢瓦尔花了9万多个小时自制的"理想宫"所倾倒，因为在他心里，相对于资本主义过目即忘的宣传，农民阶级身上保存了一种深厚的历史感和时间经验。因此，邮差谢瓦尔关于"能否保持农民的阶级身份同时进行艺术创作"的诘问，被伯格视为我们这个时代传统主义者们的普遍疑问：机械复制的文学和艺术能否取代人们对于传统以及未知世界的敬畏？

在伯格看来，资本主义所兜售的文化形式是外向的、消费的，同时也是转瞬即逝的，而传统主义的文化形式是内敛的、缓慢的、从历史的根系中获得给养的。在《讲故事的人》中，他特别从食物的角度论及了两者的区别。"在布尔乔亚的生活里，膳食具有规律、象征的重要性。烹饪书畅销，大多数报纸都有美食专栏。"而农民的宴飨，始终被劳动所包围。"食物代表着劳动的结束，随之是休息。"对于布尔乔亚，进食恰恰标志着夜间社会生活的开始。

不过，伯格极为反对将所谓的底层、无产阶级的社会行为和艺术形式装点成一种阶级斗争史的做法。在阅读尼克吉斯·哈基尼科拉乌的《艺术史和阶级意识》时，伯格彻底被作者的"庸俗马克思主义"给搞得烦躁不安，因此，他大骂这类艺术史家将意识形态视为"一种更系统方法，借助它，一个阶级或者另一个阶级的部分投射、伪装、辩护自己与世界之间的关系"。他引用马克思那个著名的问题，说为什么我们至今仍然认为，古希腊的雕像是美的？他自我回答说，虽然"艺术家、世界、造型方式"三者在不同的历史时期会相互作用、达到平衡，但"艺术作品永远是历史和心灵的综合"。缺少了这种幽深绵长的东西，一切理论都是灰色的。

正因为对于"左翼"理论家的耍嘴皮和学术争吵毫无兴趣，伯格选择了来到法国乡间，选择了自我放逐。这些踪迹都可以从他的自传小说《我们在此相遇》觅得一二。他曾经踏着博尔赫斯的足迹来到日内瓦；在波兰的克拉科夫回忆第二次世界大战时那些"人类历史上最重大的罪行"；而在伦敦的伊斯林顿，他则回忆起德军空袭英国时，和情人躲在寓所内聆听远处隆隆爆炸声的情景……

所有这些看似互不相干的场景被伯格的回忆穿插在一起，显得那么凌乱、无序。但是凌乱与无序，不也是人在历史中扮演的最真实角色吗？约翰·伯格并未打算为自己立传，他所希望的，无非是通过一位匿名的旅行者，为人们的记忆保存一些个人的、细节的，并非来自于任何宏大主义或理论的叙述。正如他所说，"无论政治信仰抑或是个人动机促使我写点什么，一旦笔尖触及纸面，写作便成了赋予经验以意义的奋斗"。伯格的"奋斗"，显然是一种"抵抗"的奋斗。

抵抗什么？有人会问。抵抗一种对于历史、艺术以及我们自身现状的理所当然的阐释，一种按照阶级归类法对于这一切的阐释。我们并无必要再多认识一个所谓的左翼知识分子，但我们却应该了解一个真实的约翰·伯格，而这，需要的是对他真正的倾听。我们常常把"Berger"想当然地翻译为"伯格"，而并没有真正倾听其本来的发音，译为"约翰·伯杰"（台湾译法，此处为正解），正如我们对他作品时有的误读，伯格的本意，并非依靠贴标签就可以读懂。

行文至此，又不得不推翻开篇转述梁文道先生的观点。约翰·伯格实际上并非什么左翼思想的"传人"。他是一个"有故事的人"，也是那个时代英国的"过来人"之一。只是，他讲述的那些长长短短的故事是如此动听、如此深邃，以至于画室中人听后认为是艺术，引车卖浆者听后只当是闲谈，而那些怀有济世心肠的读书人听见，一不小心就把它当成了掷地有声的左派宣言。

选"桂冠诗人"有什么意义

2009 年 5 月，英国"桂冠诗人"（Poet Laureate）安德鲁·姆辛（Andrew Motion）的十年任期结束，英国皇室随即任命卡罗尔·安妮·达菲（Carol Anne Duffy）为新一任英国桂冠诗人。她成为这一职位设立 300 多年来首位女性获任者，也是首位同性恋获任者。不少国内外的女权主义人士据此拍手称快说，把"国家级诗人"的桂冠授予一位女性，无疑是在诗歌领域对"男权制"的胜利倾覆。

女权主义者们的说法不是没有道理，只是在她们高呼胜利的同时，却忽略了这样一个事实：不论选出来的"桂冠诗人"是男是女，最终的决定权其实一直都攥在英国政府手里。熟悉英国文学史的人知道，"桂冠诗人"源起于英国皇家颁给优秀诗人的非正式称号。它最早始于 1616 年英王詹姆斯一世授予诗人本·琼森的一笔薪俸，本·琼森随即以诗人身份成为国王的"夜莺"，为英国皇家歌咏唱和。到了 1668 年，查理二世授冠予诗人约翰·德雷顿，这一职位进一步被确认为出缺即应继补的官职，其主要任务又增设了在国王御前祝贺新年及生日颂诗等。

但多少年来，关于这项英国官方的最高诗歌荣誉，其候选者的甄选与最终"得主"产生的漫长过程却不为世人所知。久而久之，"桂冠诗人"的筛选程序与英国社会与政治生活中众多不可稽考的繁文缛节一样，成为人们早已习以为常却又不愿作深究的"传统"之一，还有不少人甚至逐渐将这件事情淡忘。具有讽刺意味的是，而到了 20 世纪这个所谓"诗歌的世纪"，非但大众，包括诗人本身对这个"桂冠"也越来越不买账。前任的"桂冠诗人"约翰·贝哲曼就曾公开在报纸上写文章表示过自己的不满："我因这个称号而被卷入媒体的旋涡，被曲解、欺骗，以至我不敢再动笔写作。"而著名的诗人菲利普·拉金在 1984 年则干脆公开拒绝这一官方头衔。

拉金在那一年的拒绝客观上成全了另一位同样著名的诗人特德·休斯。他得以替补拉金的位置，戴上了诗人的"桂冠"，并且占有着这个称号直到 1999 年病逝。由于休斯的死讯突然，布莱尔政府在那一年只得"临危受命"安德鲁·姆辛为休斯的接班人，不过，这一位"桂冠诗人"的任期只有十年，而并非遵循英国传统实行终身制。这个细节似乎也在表明，"桂冠诗人"的称号更多的已经由虚变实，由一个皇家的荣誉职衔变成了在政府部门服务的"差使"。

昔日的荣誉头衔如今变成了具体工作，这让姆辛的"桂冠诗人"当得并不轻松。除了原本应尽的职责之外，他不得不挂名的附属头衔和职位遍及英国的文化部门、图书馆、剧院、博物馆、国家档案馆等，公务繁忙，这是他的任何一位前任都不曾享受过的"待遇"。被桂冠的头衔缠得抹不开身的姆辛也公开对媒体抱怨说，多年来繁杂的行政事宜和为皇室庆典的应景写作令人厌倦，"极大地损害了我的诗才"。这一点，许多英国的批评家都表示同意，因为自成为"桂冠诗人"以来，姆辛再也没有写出过任何一篇"足以收编进文学史"的作品。费伯—费伯出版社（Faber and Faber）的姆辛诗歌集中，收录了他 2003 年为威廉王子 21 岁生日所作的颂歌，批评界对此诗反应如何呢？——"一段拙劣的说唱"。

虽然自从维多利亚女王任命华兹华斯为"桂冠诗人"后，官方表示"桂冠诗人"的职衔成为诗才卓越的奖赏，而不再担任特定的任务，但按照一位英国专栏作家的说法，在媒体与政治无孔不入的今天，"桂冠诗人"已然变成了文学版的阿里斯泰尔·坎贝尔（布莱尔的前幕僚、工党新闻官）。今天的工党政府所考虑的，哪里是什么纯粹的诗歌与文学，他们关心的是如何通过再三的权衡与考量，遴选出一位"出得厅堂，入得闺房"的政治贤内助：既具有显赫的文学声誉，又没有诗人桀骜不驯的习气；既拥有足以上镜BBC《今日》节目的外在形象，又是新工党和英国皇室的坚定支持者。这也是为什么像谢莫斯·希尼这样获得过诺贝尔奖的著名诗人却长期与"桂冠"无缘的原因。须知姆辛曾经颇有"自豪感"地对希尼说过：得到诺贝尔委员会的认可，并不代表得到了英国文化部（DCMS）和媒体大众的认可。

回到今天。说穿了，为女诗人戴上这顶"桂冠"，因素很多。别的不说，至少有不少女性选民会因这个彬彬有礼的举动更加亲近工党政府。这或许可以解释为何英国文化部一边宣布不会对"桂冠诗人"进行全民票选，但同时也预先半年之久在网上公布候选名单。英国皇室和民众，两边他们都想讨好。政府的"文化戏"多年来一直是这样唱的：21世纪的皇室在选出国家的"夜莺"这个问题上不能表现得太专断、独裁，然而，如果"诗人"和"大师"真的靠民间直选，恐怕高层也会担心：通过票选的结果万一不是官方所希望的"含泪"型诗人，而是如"拒绝为一个孩子的死而哀悼"的迪伦·托马斯般遗世独立，那么在很大程度上，选出的"桂冠诗人"对英国政府也就失去了意义。

如果把眼光放得更广一些，其实"桂冠诗人"这个东西，世界上很多地方都有，美国、加拿大、南非，甚至联合国，都曾经选出自己的"桂冠诗人"，当然，它们的目的不尽相同，有的是为了促进族群与文化交流，有的是为提升民族自豪感。说回我们自己的国家，我们却

发现"诗人"的影子基本上已经从公众的视野消失了，取而代之的是
到处充斥的民间或官方授衔的"大师"与"专家"们。原因无他，在诗
歌地位越来越低的今天，"诗人"这个头衔在中国已近于粗口，更何况
这头衔还是"国家级"的？

　　设若以后诗人的形象又变回那富有传奇色彩的 80 年代，政府给这
些搞文学的人颁奖之举，恐怕还是没办法荣耀诗歌，甚至很难迎合大
众。毕竟，文学——尤其是诗歌——更多的是一种自说自话的写作形
式，读诗的人再多，也远远没法和如今风靡英伦的《英国达人》、《X
Factor》，以及它们在中国的山寨版——《超级女声》、《快乐男声》一
类的选唱秀的观众人数相比。

一段未完成的革命史

前几天重温了英国导演保罗·格林加斯拍摄的《血色星期天》（*Bloody Sunday*），很奇怪自己当初为何仅仅把它当一部战争片来看待，后来竟然又把它理解为一部政治题材片。其实，直到最近我才弄明白，除了像纪录片般上下晃动的镜头语言之外，对于 1972 年北爱尔兰德里（Derry）的血腥冲突，该片基本没能传达给我们任何有效信息：它的真相、它发生的社会背景、它对爱尔兰此后政治的走向有何种深远影响，所有这些元素都在电影胶片的背后保持了一种令人尴尬的沉默。

而根据我有限的阅读经验，1972 年不啻为爱尔兰现代政治史上最值得书写的一年。德里的流血事件过后，爱尔兰共和军（IRA）开始了内部的派别分化。而在此之前，这个新芬党（Sinn Féin）的军事组织长期以武装斗争为纲，因而被英国政府目为恐怖组织。

1972 年之后的爱尔兰共和军，就像《笑傲江湖》里的华山剑派分裂为"剑宗"和"气宗"两派一样，正式分裂为"正统"（Official IRA）和"临时"（Provisional IRA）两派。它们虽然同属共和军门下，但两派所持的政治主张可谓大相径庭。正统派以马克思主义的实践者自居，宣称逐渐放弃恐怖主义活动，转向非暴力的政治斗争，用笔杆子和嘴皮子与英国政府周旋；而临时派则坚持极端的民族主义，继续恐怖活动，以枪杆子和定时炸弹同英国政府对抗。双方都认为自己属于"正统"，因此彼此间的态度谈不上友善。

但把共和军的分化简单归结为对流血事件的"反思"，显然是不够的。在企鹅出版社爱尔兰分社新出版的《失去的革命：正统派爱尔兰共和军与工人党遗事》一书中，记录了同样是发生在1972年的一个事件：这一年也是爱尔兰就是否加入当时的"欧洲经济共同体"进行全民投票表决的一年。新芬党在爱尔兰国家电视台的帮助下，于都柏林建立了一个临时电台，苦口婆心地劝说爱尔兰兄弟投出反对票。他们的宣传语是："富人总是会背叛我们穷人。"

不消多说，"穷人"自然是爱尔兰人的自况，而"富人"，却不单是指西欧那些见利忘义的富裕国家。在《失去的革命》中，作者布莱恩·翰雷和斯科特·米勒道出了这个词更深远的含义：它既可以用来指英国的"征服者"，还可以用来指英格兰的新教徒，甚至是更为广义的资产阶级。换句话说，新芬党和爱尔兰共和军的政治野心不仅是"驱除鞑虏，恢复北爱"。在这两位爱尔兰问题专家看来，在20世纪60年代，新芬党与共和军的活动很大程度上受到了国际社会主义思潮的驱动，他们认为自己的政治运动可以被纳入从古巴到越南的左翼国家解放运动之列。因此，共和军的内部分裂，与其说是因为"斗争方法"的分歧，不如说是保守的爱尔兰"共和主义者"与"社会主义者"的分道扬镳。而这种分歧，早在1969年底的新芬党党会上便已公开化。

据书中所载，共和军的领导人之一古尔丁（Cathal Goulding）钟情于社会革命，在1964年的时候，他与活跃于爱丁堡的左翼政治家雷·约翰斯顿（Ray Johnston）建立了密切往来。约翰斯顿当时正醉心于古巴革命和阿尔及利亚的抗法斗争，这两个国家推翻殖民者统治的经验让他与古尔丁不约而同地看到了爱尔兰全境获得独立的那条康庄大道。

于是，古尔丁开始了对共和军成员的"思想改造"。在他的主导下，共和军在1965年建立了政教部，并在全爱尔兰境内建立了将近50处训练营，训练的内容除了涉及军事之外，还有关于爱尔兰历史、世界革命等"文宣"内容的讲座。虽然此时的爱尔兰共和军只是"文武双修"而非"偃武修文"，但他们所宣扬的马克思主义理论，已经足以被爱尔兰政府视作洪水猛兽，受到强烈的打压。对比之下，在那个人人对社会主义噤若寒蝉的冷战时代，临时派共和军所坚持的武装斗争路线反而显得没那么出格、那么令人紧张了。

其实从1170年英王亨利二世武力征服爱尔兰开始，爱尔兰人的独立运动就一直未停歇过，除了民族主义作祟之外，更重要的还有那挥之不去的宗教情结。爱尔兰天主教徒们长期以来视北部占多数的新教徒为异类。这些移民而来的英格兰人长期把持着地方议会，垄断地区经济，可谓占据着"异教徒"和"资产阶级"的双重邪恶身份。

正是因为考虑到爱尔兰延续自宗教传统的"阶级现实"，古尔丁与另一位政治家希恩·加兰德（Sean Garland）将六七十年代之交分裂后的一部分新芬党资源重新组建，成立了爱尔兰工人党，继续着他们的革命理想。但一度利用宗教的他们也深知，要想让爱尔兰独立运动由实际上并未成功的"共和运动"变成一场不带有民族主义色彩的纯粹社会运动，必须要摒除其中那些阴郁的宗教情绪。

因此，20世纪70年代以后的正统派共和军与工人党才如此卖力地鼓吹他们非暴力的政治理念，尽量将自己与临时派区隔开。《失去的革命》对于正统派的政治目标这样总结道："他们想要建立一个宗教派别之外的阶级运动，从而真正保护爱尔兰的工人阶级。最终的目标则是建立一个完整的32郡县共和国，而非一个天主教共和国。"但遗憾的是，这个目标到今天依然没有实现。

对于革命缘何"未竟全功"，此书的两位作者也未能给出定论。不过，对于人员构成如此复杂的爱尔兰共和军和新芬党来说，自身的许多理念实际上都无法彻底贯彻，例如在"血色星期天"后宣布放弃暴力活动的正统派，在撒切尔夫人当政时期仍然策划了多次恐怖爆炸。而本来就一直无法在爱尔兰国内形成气候的社会主义思想在苏东剧变和柏林墙倒塌之后更是四分五裂，共和军"革命"的一面最终消退。直到 2005 年 7 月，共和军在政府授意下正式弃械，终止武装斗争之时，其实仍然暗中重操旧业，秘密策划着恐怖活动。放弃了数十年前社会革命原则的他们，又重新拿起枪，实践着愈加遥远的革命目标。看来，文绉绉的秀才革命通常只能充当历史掌故中的过往云烟，武装与暴力却不会。

一家旧书店的三十九年

　　英国的旧书业逐渐成为了浪漫的代名词，还是因为一部叫《查令十字街84号》的电影。但正如荷兰人很少去逛阿姆斯特丹的娼馆，英国人也不会像疯狂的影迷和旅游者那样排着队挤进伦敦查令街的那家书店。我很怀疑其中到底有多少人是为了淘书而去的。据我所知，真正的英国书迷往往更钟情静僻一些的，不那么"浪漫"的旧书店，例如"原汁原味的稀罕货"（Rare and Racy）。我因为一个很偶然的机会成为了这间谢菲尔德的二手书店的顾客。两层楼的书店坐落在熙熙攘攘的德汶郡路（Devonshire Road），在一大堆嘈杂的酒吧和商店中间，能保存着这样一个别具一格的小店，也算是一件颇为难得的事情。20世纪60年代末，约翰·凯普斯（John Capes）因为厌倦了他所从事的广告业，决定自筹资金建立一家贩卖二手书籍和唱片的店铺。于是他打电话给自己的好友约瑟夫·姆朗格（Joseph Mhlongo），问他愿不愿意入伙，当年还属于"垮掉一代"的摇滚青年约瑟夫欣然同意（可现在他的造型就像爱因斯坦）。约瑟夫开玩笑说，那时他没有工作和任何对未来的计划，所以选择待在书店里帮忙，但没想到一待就是39年。

　　那是一个怎样的年代呢？没有步行街，没有遍地都是的特易购

（Tesco），更没有电脑、手机、互联网，也没有亚马逊网站，但节奏缓慢的人们似乎更懂得享受生活。据艾伦说，那个时候谢菲尔德的商业中心还没有扩展到这片区域，德汶郡路是画廊和礼品店唱主角的艺术一条街。如果你想要听歌，那么你会去唱片堆积如山的书架旁花上一个小时寻找一张属于你的黑胶唱片；如果你要买某个作者写的小说，你肯定会毫不吝惜地利用整个周末的下午来找到它（在比较大的二手书店找书其实是一件很费事的工作）。而门外拐个弯就有咖啡馆，老板始终那么热情。这就是那个遥远年代：一切都在慢悠悠地进行着，同时，一切都显得那么温婉、真实。

　　约翰的弟弟艾伦（Alan）在20世纪70年代初继而加入了书店的经营（现在他则成了书店的主人），那也是"原汁原味的稀罕货"生意最好的时期，艾伦和约瑟夫回忆起那段时光都显得十分高兴，不仅书籍交易量可观，他们甚至在附近开了一家分店。而当我问及现在书店的经营状况时，艾伦似乎有些失落。他将账本翻给我看说："现在每天能卖出去的书根本没法和当年比。100本？这仅仅是能够维持我们生存的最低数量。"周围环境的浓厚商业气氛并没有为书店带来更多的顾客。如今的德汶郡路和毗邻的"西街"上行人不绝，但大多只是匆匆路过，鲜有人踏进店门。是书出了问题还是读者出了问题？

　　带着这个疑问我来到他们位于书店二楼"初版"书架（First Edition Section），发现里面藏着许多淘换不着的好东西：海明威、凯鲁亚克、乔伊斯、丘吉尔作品的初版，海恩里希·伯尔《青年女士的群像》第一个英译本，以及据说是全世界唯一一本的英国摇滚歌手彼得·约克的著作。四围的书架中间是一张大木桌，上面摆满了英国各个时期的地图册和19世纪约克郡的画家们所创作的素描，其中很多甚至可以用"文物"来形容。那么，唱片呢？如今小店里的LP已经剩下不多了，但稀罕的CD倒是不少，除了少量古典乐以外，众多20世纪各个年代的爵士乐、蓝调、摇滚乐占了整整一个房间。因此也有人说，"原汁原味的稀罕货"最有名的其实不是书，是音乐。

不过我并非乐迷，只好继续谈书。记得一次我刚踏进店门，老板艾伦就扔给我一本卡尔维诺的小说《马科瓦多》（*Marcovaldo*），1983年Picador版，并且脸上带着诡异的笑容说："你的卡尔维诺到了。"我稍一迟疑，随后想起个把月前我曾向他问过卡尔维诺的小说，但他当时找了半天也没找到，后来这事也被我逐渐淡忘了，倒是艾伦还替我记着。另一次，艾伦则在聊天的时候给我"秀"了一套大陆出版的1967年7月到1968年11月《中国文学》（英语月刊）并准备免费送给我，最后，在我的一再坚持下他才象征性的收了我一英镑。"兴许你带回中国会变得价值连城呢，"他说。

每次当我去"原汁原味的稀罕货"都会有或大或小的惊喜。也许，这正是旧书业的价值所在。但是谁又能想到这样一间被誉为"波希米亚之角"（Bohemian Corner）的书店去年却因为生意萧条而欠债，差点被迫关门，靠着记者对"原汁原味的稀罕货"的报道和社会舆论才勉强支撑了一年。透过因年久而模糊的橱窗玻璃，可以看见临街门庭若市的餐馆和新修的店铺，我不禁想起翻译家萧乾先生在回忆北京的旧书铺时说过的一句话："许多行业的门面都由茅屋变成巨厦了，唯独旧书业却恰恰相反。在新兴的城市建设中，根本没有它的位置。"当然，艾伦可能不同意我的看法。在书店的主人看来，忙碌的生活使人们忽略了对周围事物的感知。如今愿意将原本就有限的时间花在旧书店里的人越来越少，阅读已经逐渐成为了一种快餐式的消费。曾经有一位英国乐迷从网上打听到"原汁原味的稀罕货"里的某张绝版唱片而慕名前往，却发现这间书店和自己的住处相隔只有一条街。但就是这短短的一条街有时候会让我们与生命中珍贵的东西擦肩而过。

至此，我已经解答了自己在前文提出的疑问。戈登·阿兰（Gorden

Allan）在《初版与末版：英格兰的二手书店》一书中这样写道："如果你像买食物那样买书的话，水石（Waterstone's，英国的大型连锁书店）和狄龙书店（Dillon's）对你已经足够了。但在这种书店里你不会遇到任何惊喜，正如超市不会带来惊喜一样。少了这种搜寻书籍的惊喜，阅读的乐趣在很大程度上就褪掉了颜色。"我想，这不仅是一个生活品位的问题，更涉及人们心智在当下生活的节奏、心灵与现实的互文关系。假如除了生产与消费，或者波德里亚所说的象征交换的节奏之外，我们的心灵不能保留更为缓慢的、细腻的节奏，那么，生活将是不堪忍受的。有人建议艾伦把书店搬到网上。对此，他的回答是："开一家网上书店当然是现在流行的生财之道，因为你可以毫不费力地把书存放在库房里，但那不是我所希望的生活方式。"

一个人想要坚持点什么其实并不难，但用39年的时间坚持做一件事，就不是那么容易。尤其在这样一个节奏快得近乎疯狂的消费时代，旧书业的生存空间被快速的生活节奏压缩得越来越窄。"原汁原味的稀罕货"的历史就快翻到第40个年头了，可艾伦说，和39年前相比，此地并无两样（这句话后来被《每日电讯报》的记者用来做了报道该书店的新闻标题）。我想，无论时代怎样变化，有些东西却是无法改变的。这爿坐落在街道一隅的书店就是其中之一。

有一天中午我又路过这家小店，本想再进去看看，不巧主人外出。12月冷冷的阳光映照着橱窗玻璃上的一张小纸条："Monday 10–4PM"。快到圣诞节了，连平时周日都不关门的"原汁原味的稀罕货"也一反常态，闭门谢客。没准书店主人想借这个机会出去散散心，或者又去各地搜罗更多的稀罕宝贝。但无论如何，我想我明天应该再来一趟，不仅仅为了淘书，同时也让我这个"斯克鲁奇"有机会向艾伦和约瑟夫说一声圣诞快乐。

球犹如此，人何以堪？

李国文的书里记有一段李鸿章在清光绪二十二年（1896）访英的有趣细节。当时，伦敦的使节邀请他去看足球比赛，中堂大人走进球场，但看来看去，不得要领。半场结束后他莫名其妙地对旁人说："这种天气，为什么不雇些佣人去踢？为什么要自己来，跑得满头大汗？回头内热外感，伤风感冒可就不妥了，谬矣哉，谬矣哉！" 2月的伦敦寒气未退，在这个时候跑到球场上出一通热汗，李大人对此唯一能联想到的便是"伤风感冒"四个字。当年的他并不理解足球是个什么玩意儿，过了100多年，好歹打进过一次世界杯的中国人似乎依旧不理解足球是个什么玩意儿。

话说英国政府也准备整治足球，首相卡梅伦在唐宁街召开会议义正词严地说，政府要严打"足坛种族主义"，英足总主席贝恩斯坦也随声附和。"严打"二字，中国人历来熟悉，仅就足球而言，这几年闹得沸沸扬扬的"足坛打黑"至今余波未绝。但英国的这场"严打"并不是所谓的足坛反腐，而是要整治近期英超赛场频频出现的种族歧视以及同性恋歧视现象。

近来英超赛场的争议事件不断。原英格兰最球队队长特里对黑人球员安顿·费迪南德的侮辱性言语让他被剥夺了队长资格，利物浦队球员苏亚雷斯也因为涉嫌种族歧视遭到禁赛。这两项处罚均是由英格兰足球总会（The Football Association，中文简称"英足总"，英文简称"The FA"）作出的。但为什么要对这样的行为进行处罚？我们或许能够不假思索地回答说，这是英足总为了维护英格兰足球形象而做的"形象工程建设"。特里与苏亚雷斯，不过恰好是在严打时期顶风作案的两个"倒霉蛋"罢了。这样的见解，照李中堂大人的话说，谬矣哉！惩治足坛种族主义，客观上固然维护了英足总乃至英超联赛的形象，却并非英足总一系列行动背后的真正动机。

在李鸿章访问英国前30多年，世界上第一个足球协会——英足总就已经成立。足协成立之初不过是为了制定英格兰各个足球俱乐部之间认可的游戏规则，后来英国那些象征性的足协主席们，有不少是喜欢看球的皇室成员。并无实权的他们实际上领导不了谁，也代表不了谁，英国足协自己仅仅代表了足球这项运动本身。这和中国足协主席的部级待遇有天壤之别。说英足总"代表足球"，并不是文辞上的高调，而是说这个组织从诞生之初便是本着拓展足球运动的目的，从而"让英格兰的足球运动不分年龄、种族、信仰而被所有的人享受"。这"所有人"当中，自然还包括了英国社会的"边缘人群"。

我过去翻阅过英足总的前任训练部主任查尔斯·休斯编写的一套教材，他曾对20年来世界杯109场比赛进行过详细的战术研究，总结出一套"万能获胜公式"：球员的意志品质比任何战术训练更能决定比赛的胜负。也就是说，一只绵羊率领的狮群始终敌不过狮子率领的羊群。足球因而被英国人视为最具"阳刚之气"的运动之一，在英国俱乐部的"更衣室文化"里，任何"娘娘腔"的举动无一不会遭到同伴的嘲笑。也因为这个原因，"同性恋"一直被英足坛视为禁忌。但不巧的是，自从20世纪欧美的性解放运动以来，英国偏偏又成了个同志遍地的国度，混在足球界的同志们，不得不藏着掖着，生怕走漏风声受到队友的嘲笑。

英超联赛自成立以来只有一位公开"出柜"的球员，1998 年以自杀作为了断的贾斯汀·法辛奴（Justin Fashanu）。其余的球员同志们，根本不敢公开自己的性取向，只担心惹祸上身。足球场上的"男性主义"甚至波及球员个人的私生活。前利物浦的后卫约翰·斯盖尔斯因为长期没交女朋友，一度被队友视为同性恋嫌疑，连正常的比赛训练都受到影响。无奈的他只好在出席俱乐部的聚会时带上自己的"女性朋友"假装女友充数，以示自己"还能踢球"。

类似的荒谬事件，表面上看好像于英足总没有必然联系，但"同性恋"与"少数族裔"受到球员歧视的新闻频繁见诸报端，肯定会对于英国的黑人、亚裔以及各类社会边缘人群参与足球运动造成一种心理障碍。他们会自问：如果我也参与了，那么我会不会像那些球员一样，也遭到人们的非议、谩骂与唾沫？毕竟，足球乃是英国的"国球"，英超联赛虽然早就是纯商业运作模式，而一旦涉及足球的文化方面，英足总的监管力量就不可忽视。显然，英超的这种为白人男性独尊的"赛场文化"已经在一部分人面前设置了通往足球的"屏障"，英足总以及英国政府现在所做的，是要抹平这面文化屏障，让在英国居住的每一个人都能更自由地领略足球的魅力。就这一点来看，英足总真算是代表了英国足球的"科学发展观"。

即使稍作阅读英足总的章程，一个具有理性的人不可能认为这个机构"代表"不了足球。在他们官方网站的介绍栏，任何一个人都可以轻易查阅其职责和成绩。比如：管理英国 1700 个联盟里 125 000 个球队的比赛，包括每月 390 万名儿童的足球比赛；提供 5000 多个工程项目、斥资 6.3 亿英镑改善国家的足球基础设施；英足协的"帽子戏法"项目已经帮助 19 个英国落后贫穷社区的工人们开展足球运动，建立与其他社区的足球联谊；自 2007 年以来，英足总的 "Tesco Skills" 项目已经成功培养、训练了至少 70 万名 5 至 11 岁儿童的足球兴趣和球技；并且，以上两项目依旧在持续进行中……现今英国足坛所谓严打 "歧视" 的行动，无非是英足总诸项工作的沧海一粟。

　　回过头来，在中国足协的官方网页，我只能找到《支持抓赌打假行动 促进足球健康发展》之类的空洞内容。借问一句：中国足协为中国人更好地接触、开展足球运动做过什么有益的工作，至少我一样也讲不出，不知道足协官员们能否说得出一条半条？

文化该如何"自信"？

听说北京市要花 10 亿元人民币复建古城地标，招来不少人的反对。在网上，有朋友发言说，与其花高价复修一个假古董，还不如当初少拆几栋老房、少铲平几条胡同。有人就此问文物保护专家谢辰生有什么看法，年过九旬的谢老就一句话："文物拆掉了就是拆掉了，是永远恢复不了的。"谢老一生致力文物保护事业，民间盗墓、文物外流的事情，他见得多了，但最令他痛心疾首的，还是城市改建与商业开发过程中对古建筑的破坏。文化的破坏不可逆，今天人们却试图对这早就拆除消失的古城进行"还原"，无异于为被砍掉手臂的人安装假肢。这个"文化假肢"，无非贵一些罢了，但假肢终究还是假肢。

用安装文化假肢的办法来恢复"古都风貌"，正如用修建一栋栋大型地标建筑来展现所谓的"城市名片"。这不仅感情上易遭人反感，且在文化逻辑上几近于荒谬。获得普利兹克建筑奖的建筑师王澍最近说过一句话：中国热衷于建大型地标建筑是因为对自己的文化、生活缺乏信心，相反，越有自信的地方越是不需要地标的，因为他就生活在那里。

我们不停修建高楼，同时又在大量复制假古董，两者的心理基础如出一辙，都是王澍所谓"文化不自信"的表现。我们这些年来疯狂地拆迁、铲平过去的城市记忆，但同时内心也很清楚，对文化的掠夺必须偿付代价。这让我们看上去仿佛是一群记忆断档的人，失魂落魄、无所依靠，为了偿付文化上的这笔债务，不得不用新建的高楼和"还原"的古城的办法来弥补文化上的不自信。然而，王澍所谓"文化上的自信"又该是一番怎样的表现呢？我立刻联想到了伦敦特拉法加广场上那尊空了很久的雕像基座。

兴建于 19 世纪的特拉法加广场四角原本立有四个基座，其中三个基座上已经站着英国历史上帝王将相的塑像，而广场西北角那建于1841 年的第四个基座却与众不同。站在这个基座上的历史人物按原设计应该是威廉四世国王，但修建到一半时却因经费不足只好停工。这个著名的"第四基座"于是就成了伦敦最受人关注的一项"烂尾工程"。虽然"虚位以待"的基座空置了许多年，但伦敦政府并没有开动推土机，把这个有碍观瞻的空基座给铲平。或许，这就是英国人文化自信的一种表现吧。

更让人感到"自信"的是，1998 年以来，英国皇家艺术学会开始向当代艺术家征集作品，并专门设立了"第四柱基委员会"，以轮换方式将评选出的现代雕塑作品摆在这个柱基上。此方式受到了伦敦公众的欢迎。2012 年 2 月底，约莫在北京宣布重建古城的时候，第四基座又换上了最新的一座现代雕塑—— 一个骑着摇摆木马的青铜卷发小男孩。这就像是艺术家在向基座上另外三位骑着大马的历史人物开玩笑，但这个玩笑却开得如此善意、幽默。旧时代的历史印记如此珍贵，即使是一个"烂尾"的古代石头基座，英国人也十分用心地将它带入了现代的生活。正因如此，我们才有机会看到，当基座空着的时候，会有示威者爬上去，展开胸前的标语，化为一座代表着民众心声的肉体雕塑。广场上那个空着的基座，看似没有必要存在，其实它正好能体现英国人对待文化的成熟。

这个世界上的任何一座城市都不得不经历新陈代谢和文化上的更替。然而，这种"更替"不太可能是新的彻底推翻旧的，或者"现代"压倒性战胜"古代"。城市文化的更新始终和人们的生活交融在一起，有时候两者都很难区分彼此。想来，大部分人都不会愿意一夜之间抛弃过去的生活和记忆，相反，那种怀着对过去的敬意与历史共同生活的人才真正懂得生活的真谛。英国人是很早就想透了这个道理的，因此，在伦敦这座连人行道上随便一块砖头都有数百年历史的城市，你看不到推土机，也看不到拆迁队。再说大点，整个英国，乃至整个欧洲，我丝毫看不到城市建筑上的浮躁与急功近利。那里并不是没有修补和重建，但一条人行立交桥或许就要慢悠悠地修上三五年。这绝对算是一种"懒汉"式的城市拆迁和改建哲学，也是最有人性的哲学。

何必那么快呢？先强行拆迁，然后兴建新城，随即又推倒复建旧城，而这一切居然发生在短短的十几年时间里，实在匪夷所思。晚清时代的英国人总是嘲笑中国人性子太慢，社会更新过于迟滞，而现在中国城市令人神秘目眩的拆迁与修建肯定会让他们的后代大吃一惊。而当年英国人用武器敲开中国的大门时，他们就已着力在保护工业革命之前的古建筑不被机械化生产的浪潮所吞噬。19 世纪下半叶，英国的古迹保护草案和咨询机构陆续建立，积累至今，英国大概算是世界上想要拆除一座建筑最困难的国家之一。

有位朋友告诉我，北京的建筑拆迁其实也面临"困难"。当然，这种困难主要是来自经济方面，很多情况下是因为有关部门"赔不起"拆迁款，一纸拆除令才得以废止。而在古建筑随街即是的英国，很早就形成了一套有关古城古迹保护的完备法律体系。因此"拆迁"二字，实行之前势必要受到法规的层层严苛审查。仅法律这一关，就能把大部分城市改造、新建等"美好构想"挡在门外。

据说，英国某市法院前有一年新建大楼，施工队在挖掘地基时却意外发现诺尔曼人 1000 年前建盖的老屋遗址。这个遗址的文化价值有多大暂且不论，但此事一出，建造商立刻全面停工，原有法院大楼建筑设计被彻底更改。市政府不但不能移动这座老屋分毫，反而需额外投入大笔资金进行遗址原地保护。这个故事固然可以解释为在法律法规"捆绑"下的不得已而为之，但制定这些法规的是英国人，执行法规的也是英国人，冷冰冰的法规背后，摸到的依然是"人性"的体温。

人为谓之"伪"。我们周围的"伪建筑"、"伪古董"充斥太多，也就是说，人为的、刻意的刀刻斧凿太多。如此营造出的环境恐怕不会培养出真诚的人，但如果一个人连面对过去的真诚和敬意都失去了，还奢谈什么"文化自信"呢？

释常识

《华尔街日报》中文网的刘罡先生发表文章说，中国人的苦难缘于缺乏常识。他写道："就以我们日常生活中经常出现的问题和矛盾而言，如果当事人能够具备点人生的常识，许多问题其实都可以避免。"

据此，刘先生进一步指出，只要具备了"常识"这个东西，那么中国人就将结束苦难不休的生活，人民的幸福指数就会如 GDP 一般直线上升。但是，他却举了一个不太恰当的例子：几年前，一位同事向他抱怨说，楼上一户人家经常将未滤过水的污物倒入垃圾道，导致楼门口污水横流，那家人不肯付出一点举手之劳，致使整个单元的人天天生活在污浊之中。刘先生认为，这家人就是缺乏人生常识的典型，人生存的基本常识是趋利避害，干损人害己的事显然划不来，如果这家人具有这样的常识，困扰其邻居们的问题就可以迎刃而解。

我大致同意刘先生的观点，但他对"常识"二字的解读，我却持有保留意见。我想说的是，假如我们的苦难咸出于我们对于常识的缺乏，那么我更希望知道为何中国人会缺乏常识？须知，所谓常识，不就是人类知识结构中最为基本、甚至无须学习就能获得的简单知识吗？

刘先生所说的常识更像是中国学前教育里的《常识》课本。在这些花花绿绿的小册子里，你能找到诸如要乐于助人，不要损人利己，个人利益要服从集体利益之类的"常识"。这样的解读好像也让人云里雾里，翻翻字典吧，韦伯斯特字典对"常识"（common sense）的解释是："通过简单的知觉和事实作出的正确而明知的判断。"这个解释倒是颇符合亚里士多德认为常识来自人类先天固有知识的看法。但问题是，既然常识是所有人类先天具有的，那么中国人"缺乏常识"之论，理由又何在呢？解答这个问题，需要看看"常识"的另一面向。我们不妨从英国人如何理解"常识"开始。

众所周知，"common"这个英语单词除了作"一般"、"普通"之解外，也有"共同"的意思。换言之，"常识"亦可解读为"人们共通的知识"。17世纪英国的自由主义之父约翰·洛克在著作《论人类知性》中就把"常识"定义为"不同的外界印象所产生的共同感觉"，并且，它的前提是建立在当时人们的一般共识之上。信奉经验主义的洛克认为，这个"常识"是建立一个尊重每个人权利的政府的前提，政府只能是"常识"的执行者，舍此，并无任何常识可言。

以之推论，中国人对"常识"的缺乏，问题就出在这个"共识"有了偏差。举个不恰当的例子，通常，我们想象中的"常识"图景是：一个饥寒交迫的老人倒在路边，作为生于礼仪之邦的中国人，我们理应看到人们纷纷上前伸出援手，至少扶起这位老人，给他喝一杯热咖啡，并且送他回家。但实际的情况却是，人们在去帮助这位老人前会心下权衡："他会不会是一个骗子？我这样做会不会被人视为伪善？"于是跋前疐后、犹豫不决，通常最后的情况是，我不会上前帮助那位老人，并且以"自然有人会管"为自己的开脱。这种思维模式毫无疑问是违反常理的，但人们作此种决定又何尝不是因为当下社会某种秘而不宣的"共识"？

一方面我们对于彼此已不再信任，另一方面又安慰自己说"政府会打点一切"，于是，面对倒在路边的老人时我们不再觉得需要承担扶起他的责任，而是像小孩一样盼望有长辈替我们解决。中国古代有"父母官"的说法，政府管理之杰出者，亦有"爱民如子"之说。古代的政府管理模式符合了中国传统文化中严父慈母对子女的管教，所谓"父为子纲"，政府永远把草民当小孩，事无巨细，作出详尽规定、严格限制——你看，连父母都没考虑到的，政府都替你想到了，试问草民们得此"管教"，其欣喜为何如？人们说的全能型政府，就是这样一个"爱民如子"的"父母"型政府。约翰·洛克若有知，只会大摇其头。

在这样的政府形态下，人民的"共识"显然是很难形成的，因为各级政府已经替老百姓考虑到了一切，打点好了一切。民众受到无微不至的关心，状如沐浴春风中的孩童，依赖感有余，自主的意识却不足。台湾史学家孙隆基由是说，中国是一个未断奶的民族。

期望"未断奶"的人具有多少独立意识，并且由此凝结成一种健康的社会"共识"，恐怕是不切实际的想法，否则，托马斯·潘恩也不会在1776年匿名发表《常识》这本著名的小册子。当时的北美，就被英国人认为是自己的"儿女之国"，英国政府理所应当为北美打点一切、管理一切，北美人民因为思想上那点残存的"恋母"情结，此时也还没有坚定地准备脱英独立。考虑到这条未曾斩断的"思想脐带"，潘恩在发表对北美形势的意见时说道："英王和他的一伙帮闲阴险地采用'父母之邦'或'母国'这种词，含有卑鄙的天主教意图，想利用我们轻信的弱点让我们相信他那不公正的偏见。"换言之，洛克在英国的后人们逆向使用了他的理论：要想剥夺人的常识，先剥夺他们的自主意识。

潘恩的文字，意在让北美的人们与英国"断奶"，进而全然相信自己的理性与独立意志。照他的话说，即使北美有所谓的父母之国的话，那也应该是信奉人类理性的欧洲而不是高呼"天佑女王"的英国。结果，此言一出，北美人民积极响应，《常识》一书也火到不行，几乎到了人手一册的地步。潘恩早在数百年前就已弄明白，有"父母之邦"必有"父母之官"，要想民众从"爹疼娘爱"的蒙昧下解脱出来，就得和"父母"说再见，转向人们独立思考、自己做主的意识，或曰，常识。

　　最近，英国首相卡梅伦呼吁"小政府，大社会"，将政府的权利部分下放给民间组织和社会力量，人民的问题留待民间自己去解决。此举固有为政府节省财政开支的权益之意，但以长远计，又何尝不是信任民智，启发常识的改革之举？英国民众显然比英国政府更有"常识"。"大社会"的思想体现出一种对于人类智慧的信任——相信人从全能的政府庇护下脱离出来也能够独立地生活，而且会活得更好。说到底，常识不是钙，吃两片药就能补。它是经由人们的生活共识逐渐形成的，不是任何人赋予或者教导出来的。

　　是为常识。

约翰·格雷的乌托邦画像

　　在所谓的"后冷战时代"，乌托邦已然成了一个贬义词。20世纪80年代末东欧所发生的一切，似乎在告诉人们：对金钱和权力的贪恋往往会使人类美好的社会愿望朝着相反的方向发展。英国政治学者约翰·格雷就是那一时期产生的众多乌托邦质疑者之一。他的经历不禁让人想起了民国时期的杨度，换言之，就是属于几乎什么流行的思潮都信奉过，但到后来却又反对一切的那种人。格雷早年受到以赛亚·伯林和哈耶克的影响，同时鼓吹撒切尔主义。而到了90年代，特别是当他任教于伦敦政治经济学院之后，格雷摒弃了早年信奉的自由市场主义，转而攻击撒切尔并支持新工党的领袖布莱尔。伊战打响，他马上又成为布莱尔的反对者。近年，格雷着迷于乔治·索罗斯和詹姆斯·拉夫洛克等理论家。在完成了几本英国政治哲学的理论书籍之后，格雷正式以公共知识分子的形象登场，直接将矛头对准宗教与乌托邦思想。

　　在《黑弥撒：天启宗教和乌托邦的终结》（*Black Mass: Apocalyptic Religion and the Death of Utopia*）这本书里，格雷将世俗化了的现代政治视为宗教史的一个章节。他提出了一个有趣的观点，即现代人类的政治思想几乎全然是乌托邦式的思想，以反宗教的形式表达着崇高的宗教冲动。这种似非而是的现代宗教，不仅通过雅各宾党、斯大林主义、纳粹主义，甚至伊斯兰主义等思想所传达，也通过艾伦·布鲁姆等自由主义者们日益在保守主义阵营中蔓延。对社会进步的信仰，对自由的渴望，对普世价值观的鼓吹都不约而同透露出了这种乌托邦式冲动。

格雷的论调并不完全是原创。美国政治学者罗素·雅各比曾经先于他质疑过乌托邦的"权力主义倾向"，但他也说过，"一个丧失了乌托邦渴望的世界是绝望的"。与雅各比这种意识形态上的理想主义者不同的是，格雷认为乌托邦概念本身就是令人绝望的，它不仅是整个黑暗的基督教历史的一环，更与末世论和天启思想密不可分。"天启"（apocalypse）一词在希腊语中的原意指"揭示原本存在的东西"，即是说历史的发展是黑格尔式的不断揭示自身固有目标的、有着浓厚叙事性的过程。不过，对历史的这种"前理解"在格雷看来正是"未经过实际调查就得出结论"的乌托邦迷思。

格雷说，中世纪的基督教思想便是以这一"故事情节"为大前提的：由于人类与生俱来的"原罪"，历史的进程被描述为一场光明与黑暗之间的争斗。而当宗教思想被理性主义和工具主义所取代以后，基督教末世论也随即被现代社会的"革命者"一种世俗化了的方式传播开来。格雷借用罗伯斯庇尔1792年在雅各宾俱乐部一次讲话中的措辞，将这些自觉或不自觉的"革命者"称为"武装的传教士"。

"乌托邦"一词的发明者托马斯·莫尔，本身就是一个宗教意识强烈的基督徒，并因反对亨利八世国王自封为宗教领袖之事而殉道。所以，"乌托邦"这个词从一开始就带着发明者赋予的浓重宗教意蕴。在英国，末世论和天启宗教思想在查理二世时代开始衰落，17世纪的文艺复兴思潮使得启蒙思想在欧洲普遍取代了当时已显得过时的宗教教条。不过，天启宗教的思想传统并未就此中断，而是随着首批移民乘上了驶往北美新大陆的航船。"9·11"之后美国政治中的宗教狂热就是殖民地时期的清教思想的现代翻版，并且，美国式的乌托邦通过西方式的民主成了"武装的传教士"手中最为锐利的意识形态武器。

格雷认为，判断某一种思想潮流是否带有乌托邦的影子，并不在于它在本质上能否实现，反而在于它是如此显而易见地不可能实现。例如"在后共产主义的苏联建设西方式的市场经济"和"在后萨达姆的伊拉克建立自由民主政治"等过于简单地将西方价值观植入非西方政治土壤的做法，均在此列。因此他建议，面对西方价值观的输出乃至民主、自由、市场等概念的到来，任何人都需要再三思考如何因地制宜的问题，而不是一股脑儿地简单接收。

第二次世界大战前的捷克斯洛伐克是东欧式民主的典型，但这并没有阻止它在战后走向极权主义；而在后共产主义的波兰和匈牙利，自由主义的胜利并没有让国家顺利地走向市场化，倒是传统的保守派思想像社会主义革命前那样成了制约市场化的主要因素；东欧的其他前社会主义国家则将马克思主义学说让渡于民族主义思想。至少在格雷看来，那些缺少右派传统的前社会主义国家，一旦生硬地植入市场化和西方价值观，民粹主义思想便会在这些地方抬头。

社会主义和自由市场在这些国家的失败，在格雷眼中根本就是一回事。在为自己的旧作《启蒙主义的觉醒》所撰写的新版序言中，格雷再一次申明20世纪八九十年代之交的苏联东欧剧变从更大的历史叙事来看恰恰是欧洲启蒙主义的价值观在当今世界的崩溃。苏联政府摧枯拉朽式的垮台，不仅标志着全球范围内"去西方化"浪潮的开始，反过来更是印证了西方自启蒙以降的"革命"传统，即革命（revolution）在词源上的本意：回到原初。

但格雷的思想将使我们"回到"哪里呢？一种传统英国知识分子的"自大主义"使得他在书中提出的问题远多于答案，或者说，他根本不准备亲自为这些问题提供解答。专栏作家卡林·罗马诺在一篇书评中批评格雷说，出身贫寒的他"是个自我本位的忠实信徒，在古老的左—右意识形态的棋盘上来回晃悠"。格雷的两面性使他对孔德的实证主义历史观和哈耶克鼓吹的自由资本主义均感到不值一哂，同时也反对（他自己所定义的）从施密特、科耶夫到弗朗西斯·福山的新保守主义传统；一面强调政治的"现实主义"，一面却在《爱丁堡文学评论》上撰文鼓吹宗教信仰在今天的重要性。

　　约翰·格雷自身的矛盾性正是乌托邦在当下社会尴尬处境的最佳写照。我们是要承认乌托邦的终结从而成为格雷所说的那种"根本不去选择的人"，还是继续对乌托邦理想保持某种程度的虔诚？作者未能明确回答。在一篇访谈中，他提到此书的写作灵感源于他对斯克里亚宾《黑弥撒》第九钢琴鸣奏曲的聆听。值得一提的是，这首乐曲的创作时间正是十月革命前后，格雷希望通过这一标题暗示俄国革命是人类20世纪一系列乌托邦灾难的发轫，并以此间接表明自己的立场——对一切乌托邦思想的强烈质疑。说到底，英国的知识分子或多或少都是"个人主义者"，这让他们经常在意识形态上批判这、批判那，自我得很。不过，格雷的批判，尖锐之余也时常带给人眼前一亮之感，或许，这也得益于他强烈的个人主义吧。

莎士比亚与文化啃老

正如"红学"在中国地位显著，因而养活了不少写汉字的人，西方吃"莎学"这碗饭的学者、作家亦不在少数。可以说，莎士比亚的第一部剧作诞生以来，经过人们数百年的反复谈论、研究、考证，到如今已无甚新意，缺乏吸引人的谈资。于是，在很多年前，便有学者从另一个方向开掘"莎学"的一条新路，他们开始考证起莎士比亚这个作者的真实性：所有归在"莎士比亚"名下的剧作，作者真的是这个据说身短发长、目不识丁的家伙吗？

这也是美国人弗吉尼娅·菲罗斯所持的观点。她在考察了伊丽莎白一世时期大量的历史文献、书信之后，竟然得出结论说，莎士比亚作品的真正作者实际上是大学者弗朗西斯·培根。而培根本人，正是伊丽莎白一世和莱斯特伯爵的私生子，名剧《哈姆雷特》乃是培根对自己身份的写照……

这样耸人听闻的说法，或许会给人耳目一新的感觉，但菲罗斯所希望证明的这一切在研究"莎学"的达人看来早已是一个公开的秘密。历史上，关于莎士比亚的身份之谜，多年以来不断有人提出质疑。

早在 1785 年，一位叫詹姆斯·威尔莫特（James Wilmot）的学者在查询莎士比亚在斯特拉福德地区活动的文献记录时，发现居然无论如何也找不到任何关于莎士比亚的记载。后来，他的好朋友，一位名叫康沃尔的学者，在查找文献资料时也提出怀疑，其实作者另有其人。

19世纪初期，施莱格尔将莎士比亚的作品翻译为德文，让莎士比亚成了德国最受欢迎的外国戏剧家，也掀起了一股"莎士比亚热"。但浪漫主义文学运动勃发的欧洲文学批评界，也开始受到浪漫主义那种抒发作者真情实感、文如其人等风格的影响。当时已有德国学者开始通过文献考察荷马史诗和圣经故事作者的真实身份。在历史文献中不仅没有什么伟大人格，还要靠放高利贷赚钱的庸俗商人兼三流演员莎士比亚，怎么还能成为洞察人类灵魂的戏剧大师？

实际上，将这种怀疑最早付之于书籍的，并非德国，而是1857年美国人迪莉娅·培根（Delia Bacon）所著的《莎士比亚剧作哲学之呈现》，她从历史资料入手，把现实中的莎士比亚暴损一通，然后提出自己的祖先——英国哲学家培根——才是这些作品的真正操刀者。培根写下这些作品是为了控诉作为共和主义者的他在政治上反对的君主专制体制。此外，大致在同一时期，福楼拜的那本《庸见词典》（*Dictionary of Received Ideas*），也曾提到莎士比亚剧作的实际作者乃是培根。

在培根作者论（Baconian）愈演愈烈的时候，克里斯多夫·马洛、拉特兰伯爵等人也纷纷加入到"争夺"莎士比亚作品的作者行列中，关于托名莎士比亚的"特务说"、"政治说"也被人谈论得头头是道。正当论者激战正酣，从英格兰的牛津又传来新说：莎士比亚作品的作者其实是17世纪的牛津伯爵。托马斯·朗尼（Thomas Looney），一位当地的教师，曾写过一本书鼓吹牛津伯爵更像是写出莎士比亚作品的作者：大致相同的年代、对于国家政治的熟悉、贵族的背景、和李尔王一样有着3个女儿、与妻子结婚的年纪刚好也是罗密欧与朱丽叶结婚的年纪……所有这些巧合因素都是一个乡下演员无法具备的。这一观点在一段时期几乎取代了普遍流行的认为培根是莎士比亚真正作者的说法，再加上那些认为莎士比亚就是莎士比亚本人的看法，这三种观点支持者多年来喋喋不休地相互争吵……

这场嘈杂的舌战，一点也不符合英国人的传统性格。严格遵守实证主义思想的英国人，在莎士比亚花落谁家的问题上，只顾着"大胆假设"，可以说完全背离了"小心求证"的传统。传记作家詹姆士·夏皮罗（James Shapiro）在一本新书中写到，其实历史上各种试图证明莎士比亚作品的实际作者身份的所谓"文献"都有不少伪造的成分。比如支持培根论的学者，不惜伪造了18世纪并不存在的一份演讲稿，来证明威尔莫特和康沃尔的发现证据确凿。而支持牛津论的人，则干脆成立了一个学会，召集一大帮人进行"证明"的工作。莎士比亚的故乡，在其真实作者身份并未被推翻的情况下，依然热衷于开发旅游消费……各方利益所在不同，观点自然南辕北辙，莎士比亚也在众人的争执声中愈发模糊起来。莎士比亚的真实身份，或许永远是个传说，至于这个传说由谁来讲述，恐怕人们还要争上很长一段时间。

关于莎士比亚的种种争执，几乎凑得出一场英国版的"文化啃老"大戏。只是，木头木脑的约翰牛"啃老"技术还是太差，没有学到"啃"的精华。这个方面，他们得多向历史更悠久的中国"学习"。争夺"历史名人故里"的事情，我们早已司空见惯。有一年，某省甚至举办"中国观音故里形象代言全国海选"，也算是啃老实践中的"曲尽其妙"了。当然，文化之事，不可能毫不"啃老"，但这场英式"莎士比亚争夺战"究竟不可能闹成一场中式海选比赛，否则，我连把它写出来的这番笔墨也可以省去了。

读诗拾遗

一

　　书架上那本《弗罗斯特诗集》纸页泛黄，每每翻阅时，灯下的文字总想要把人引向百年前的古旧伦敦。那时，旅居英国的弗罗斯特混在老乡埃兹拉·庞德的文学圈子内，但丝毫没沾染上英国的"意象派"和"现代主义"的余毒，诗风清丽得很。从英国回到波士顿，他把自己彻底变成了一位田园的歌咏者，一个美国的陶渊明。笔下意象，自然与英诗大异其趣。

　　与许多人一样，我由那首《雪夜林边小驻》(*Stopping by Woods on a Snowy Evening*)"结识"了弗罗斯特。特别是初次读到结尾那句"and miles to go before I sleep，and miles to go before I sleep"时的震颤，至今想来，犹觉寒气在背。诗中的幽径、树林、农舍、湖泊……所有这些被雪花点染的景物全消失于暗夜旅人的匆匆一瞥。将黑夜比作诗人整个生命的旅途，从中我读出了一种荷尔德林式的使命感。但与荷尔德林有所不同，弗罗斯特直接遭遇了世界和世界内部的黑暗；弗罗斯特心中装着一个新英格兰的上帝，他不需要诗人为自己写冗长的编年史。

英国大诗人奥登在一篇评弗罗斯特的短论中以英美的"文化差异"比拟过这种区别：当一个英国人与自然相遇，例如，一棵树，那么他立刻会联想到这棵树的历史，也许某位君主曾来到树下，这棵树见证过战争、王朝的兴衰与变迁等，但他的精神世界并不会因为与这棵树的相遇而改变。英国文学沉重的"历史感"似乎压得诗人们喘不过气，那种直接感知自然的神秘力量就比更为"原生态"的北美诗人逊色不少。而对于一个美国人来讲，人与树的相遇是一次"势均力敌"的较量：两者都甩掉了沉重的历史包袱，分别携带着原初的自然力量。或许，正因为弗罗斯特有了一段"英国因缘"，这种"美国属性"才能够在他的诗作中体现得更淋漓尽致吧。

布罗茨基说过，对于诗人来讲，大自然并非布景，而是一幅自画像。弗罗斯特诗中的自然，便是他"心灵自画像"上的几处闲笔。当他写到乌鸦，他说："铁杉树上，乌鸦抖落雪尘的样子，让我心情为之改变。"（The way a crow/ Shook down on me/ The dust of snow/ From a hemlock tree/ Has given my heart a change of mood）一只普通的乌鸦也可以使诗人壅塞的心灵为之一振，诗歌的精神触感竟纤细至此。自然界的一切细微变化似乎都能让弗罗斯特感知某种生命的流动，尽管，在这流动的生命背后隐喻着更深层次的自况与自怜。

这更深层的地方藏匿何处呢？答案或许就是黑夜，是布朗肖所说的"另一种黑夜"。这是一个既不接纳、也不开放的夜晚。"在这种夜里，人总是在外部。它并不封闭，它并不是那个大城堡，虽然近在眼前，却无不可接近。"黑夜是弗罗斯特诗歌的起点，也是结束。在《步入》（Coming in）一诗中，画眉鸟的叫声仿佛要将诗人引进即将入夜的阴郁树林中，按道理，弗罗斯特本应欣然而往，但是在这时他却停下了脚步："我并不愿步入。即使有人邀请我也不去，更何况无人邀请我。"（I would not come in. I mean not even asked, And I hadn't been）在《雪夜林边小驻》中，尽管这片树林"可爱、黑暗而深邃"（lovely, dark and deep），诗人却始终没有步入其中。我不知道树林在弗罗斯特的个人语境中暗示着什么，但我知道，这"拒绝进入"之处正是其诗歌终结的所在。事实上，诗歌终结的地方往往是诗意展开的处所。弗罗斯特真正想要询问的是：诗歌的界限在哪里？诗人怎样透过词去寻迹那些逝去的、禁止的、不可能之物？

合上书本，萦绕于心头的疑问与幽深的孤独感挥之不去。尽管是夏夜，望向窗外我依然能感到一种遥远的寒冷，一种耀眼的、却又空无所指的洁白。乔伊斯的名句又回想于我的耳际："是的，报纸说得对，整个爱尔兰都在下雪。"（Yes, the newspaper was right: snow was general all over Ireland）就这样，我用一个夜晚的时间匆匆告别了弗罗斯特，告别了那些从纸上飘落、落进墨痕深处的雪花。现在，等待着我的仅剩下睡眠了，就像《都柏林人》中那个故事的结尾："他的灵魂随着满世界降落的雪一起渐渐陷入昏厥，就好像这纤弱的雪花最后一次降下，落在一切生者和死者的身上。"

二

似乎是在某期《伦敦书评》读到过，说是当年奥威尔在 BBC 做广播员时，曾经不无得意地宣称，如果没有广播作为传播媒介，现代英语诗歌毫无疑问只能走入死胡同，前提是我们不狭隘地将麦克风视为政治宣传的工具。在《诗歌与麦克风》一文中，奥威尔讽刺我们的时代为一个"诗歌比消防水龙头更能驱散人群"的时代。然而同在 BBC 工作过的爱尔兰诗人路易·麦克尼斯（Louis MacNeice）则认为诗歌和广播毫无关系。他与 BBC 合作长达 20 年。20 年的时间，足够消磨掉一个诗人的才华了。收入虽不恶，但心情极度郁闷的麦克尼斯只将自己的广播生涯视为对诗歌创作的"漫长中断"。他开始酗酒，直到决定退出为 BBC 全职工作。在 56 岁那一年，诗人说，他即将迎来一种新的生活。

　　伦敦生活的陈腔滥调烦透了麦克尼斯。即便在人人自危的 1938 年，他笔下的伦敦也"布满刻骨铭心的吻"，而不是充斥着慕尼黑危机、西班牙内战和小报消息的悲情城市。原本应该沉浸在恬淡里的第二次世界大战中立国爱尔兰反而在他笔下充满了阴郁："带着奥林奇教派的鼓声，长日将尽"（The sun goes down with a banging of Orange drums）；在《贝尔法斯特》一诗中，爱尔兰更是"充满了带斗篷的幽灵的脸庞"（country of cowled and haunted faces）。这便是他记忆中的贝尔法斯特和伦敦，比报纸和新闻里出现的那个制式化的幻象更为真实、沉重。现实的迫切感和虚无感催促麦克尼斯用诗歌写作让周遭的事物缓慢下来、凝固下来、重新塑形，成为美学意义上的某种"永恒之时"（timeless moment）。记得萨特论福克纳的《喧哗与骚动》时说过，福克纳小说中的时间是一种"遗忘"的时间，一个过去与未来都陷于其中的时刻。麦克尼斯诗歌中的时间似乎也是如此。

　　怎么让转瞬消失的时间"凝固"起来？天才般的麦克尼斯选用了"玻璃"这个意象。在那首《雪》中，一个极为琐碎的生活瞬间（作者在削橘子，而窗外下着雪）却被写出了哲学的抽象意味："在雪与巨大的玫瑰之间，不仅仅是玻璃。"（There is more than glass between the snow/ and the huge roses）如果说冰是凝固的水，玻璃是凝固的空气，那么诗歌就是凝固的时间。这种透过词语玻璃的写作，与迪伦·托马斯、奥登等英格兰诗人对现实的"介入"大相径庭，虽然，麦克尼斯与这二人有不错的交情。

三

即将搬家。整理堆积如山的旧书时，发现其中大部分以前没怎么翻过。我深知自己懒于读书并非一天两天，因此不以为过。前几年买来的书，基本上如袁枚所说，"高束焉，庋藏焉，曰'姑俟异日观'云尔"。这堆破书由于藏之颇高，积灰颇厚，因此整理起来挺费事。尤其那些沉重如板砖、字典也似的印刷物，最后都被我统统扔进垃圾袋里等候贱卖。不过，一本叫《英诗鉴赏》的薄薄小册反倒被我保存了下来。保留这本旧书，一方面是考虑到其体积方便携带，而更重要的，则是因为在一段晦暗的日子里，它曾经带给我许多内心的共鸣与震颤，并陪伴着我度过了那不复重现的时光。

台灯下，我再次翻开发黄的书页：依旧是那些诗人，依旧是那些诗。当中的一部分在这几年里已经为我所熟读，其余则早已印象模糊。邓恩、马伏尔、蒲伯、布莱克、济慈、丁尼生、叶芝、迪伦·托马斯……我无法想象自己未来的生活将离这些闪耀的名字多么遥远。多年后，当我再次倾听这些不朽的诗篇，倾听这些被时间放逐的、高贵灵魂的低语之时，内心将会产生何种感受？不得而知。但毫无疑问的是，这感受必定比现在更为深淳、更能直抵一个人的心灵深处。读诗的历程似乎是一个诡异的赫拉克里特式论断：人不可能两次读到同一首诗。或许，诗歌和读诗的人都在两次阅读的跨度之间发生了某些微妙的变化（心智的、感情的？）；或许我们的一生就像莎士比亚所言"是时间的弄臣"。无论如何，这一切都要留待岁月来验证。

丁尼生曾把整个人生比作一次穿过沙洲的航行。在那首《渡沙洲》（*Crossing the Bar*）中他写道："千古洪流，时空无限，滔滔载我至远方。"（For though from our bourne of Time and Place/ The flood may bear home far）我常想，此生的阅读与写作会将我带到一个怎样的彼岸？

是"滔滔载我至远方",或仅是"纵一苇之所如,凌万顷之茫然"?旅途中,很多原本熟悉的人和事逐渐离我而去了。有人把这个过程称为衰老。的确,它有点感伤,也有些无奈。但其间也存在着某种难以言说的幸运,我是指"变老"的幸运,一种获得成熟心灵的过程。诗人斯文森(May Swenson)带着达观的语调谈论这种幸运:"青春是赐予的,只有成熟才是需要我们去争取、去奋斗才能达到的所在。"(Youth is given, age is achieved/ One must work a magic to mix with time to become old)然而,老诗人的华发终究遮不断岁月的刀刻斧凿。难以想象,一个穿过了所有港口、迷失和时间打击的人,最终会是否会抵达他心灵的福祉,就像老来获得内心宁静的丁尼生和托马斯·哈代。这旅途中间有好些风险,坦白讲,我自己在买"诗歌"这份保险的时候,并不清楚最后受益人应该是谁……

现在是深夜,我孑然坐于书桌前,最后一次在逼仄的房间里读那些只属于我的诗。重庆诗人柏桦在多年前写下这么一句:"长夜里,速度应该省掉。"现在是深夜,万籁俱寂,四下无人。这微微颤动的书页让我得以省掉白天多余的速度,在一首诗中安然地慢慢老去。

跋

在人生所剩无多的乐趣里，写字是很重要的一项。

不过，写字之趣往往止于"写"的当下，一旦搁笔停墨，乐趣遂失。

坦白讲，当初写下这些文字时的乐趣，已给编选本书的劳动消磨殆尽，而面对数年间自己在纸上笔下造的业，我几乎不敢承认有些文章为己出。

但好坏摆在那里，赖账是赖不掉的。文艺腔的小资们嘴边爱挂着那句话："写下就是永恒。"其实，人间事永恒者寡，速朽者夥，文字亦如是。之所以将几十篇涉及英国的文章编而集之，无非想对这段异域文字缘作个交代。

这些文字有缘见诸报端，得力于媒体朋友的帮助。我由衷感谢《南方都市报》的戴新伟、雷剑峤诸君，《新民周刊》的苏庆先兄，《第一财经日报》的罗敏女士，网易新闻中心的羽良、谢云巍兄，以及《21世纪网》的孟兴蓉女士等人。他们在本就拥挤的媒体空间开拓出一方舞台，我才有机会在众人面前耍两下文字的花腔，过几场评头论足的笔墨之瘾。盖因最初刊发时需投不同媒体所好，书中文章体例杂陈，有新闻报道式的"特写"，亦有专栏、书评甚至讣文，行文语调、遣词造句皆缓急有别，乞读者辨之。

古人云："文章一小技，于道未为尊。"卸下"载道"的妆奁，写作无非是场左右互搏、自娱娱人的表演，尽兴之余，若能引起读者的些许思考或会心一笑，此书便不算枉费。

作者谨识

2012 年 8 月 25 日